编 委 会

国家社会科学基金教育学一般课题：
重建“乡土记忆”的方言童谣教育研究
（立项号：BHA200157）阶段性成果

重建乡土记忆的潮汕文化课程

广东高等教育出版社
Guangdong Higher Education Press
·广州·

图书在版编目（CIP）数据

重建乡土记忆的潮汕文化课程/林朝虹主编. —广州：广东高等教育出版社，2021.3（2021.9 重印）

ISBN 978-7-5361-6908-1

Ⅰ. ①重… Ⅱ. ①林… Ⅲ. ①地方文化-文化教育-研究-潮汕地区 Ⅳ. ①K296.5

中国版本图书馆 CIP 数据核字（2021）第 204609 号

重建乡土记忆的潮汕文化课程
CHONGJIAN XIANGTU JIYI DE CHAOSHAN WENHUA KECHENG

出版发行	广东高等教育出版社 地址：广州市天河区林和西横路 邮政编码：510500 电话：(020) 87551597 87551163 http://www.gdgjs.com.cn
印　　刷	广州市友盛彩印有限公司
开　　本	787 毫米×1 092 毫米 1/16
印　　张	20.75
字　　数	368 千
版　　次	2021 年 3 月第 1 版 2021 年 9 月第 2 次印刷
定　　价	48.00 元

前 言

2020年10月12日习近平总书记考察潮州古城，他强调："潮州是一座有着悠久历史的文化名城，潮汕文化是岭南文化的重要组成部分，是中华文化的重要支脉。潮绣、潮雕、潮塑、潮剧以及工夫茶、潮州菜等都是中华文化的瑰宝，弥足珍贵，实属难得。我们爱这个城市，就要呵护好她、建设好她。"（《人民日报》2020年10月13日官微）习总书记关于潮汕文化的精辟讲述，对于海内外3 000多万潮人以及从事乡土文化教育、研究、保护、传承的人来说，是莫大的鼓舞与鞭策！

2016年，北京大学著名学者陈平原教授与林伦伦、黄挺教授联手为家乡的孩子们主编《潮汕文化读本》（以下简称《读本》）（小学3册一套，初中全一册一套）。在3位大主编的带领下，我有幸作为小学三分册主编，与潮州市20多位教师参加了《读本》的编写。当年年底，《读本》通过了广东省中小学教材审定委员会初审。2017年1月正式出版；同年5月，我们在10所学校启动了教材试验。2017年年底，全省各单位共提交了111套（754册）中小学地方课程教材评审的申请，其中通过初审6套、审定11套、复查9套，共通过26套，总通过率只有23.42%，《读本》小学版和初中版是11套通过审定的教材中的2套。2019年潮州市有70多所中小学把《读本》作为校本课程教材；2020年4月潮州市湘桥区教育局发文（湘教通〔2020〕51号），决定从2020年秋季起，把《读本》作为全区地方课程教材，列入教育教学计划，显示了《读本》较强的生命力，也表明越来越多的教育者对传统文化进校园、进课堂的关注与重视。

本书第一部分“教材编撰”，是大主编陈平原、林伦伦教授关于《读本》编写的理论探讨。“最浅之教科书，必得最深其学者为之。”（严复语）大教授俯下身段为家乡小朋友编写乡土教材，第一册童谣，第二册故事，第三册古诗，第四册（初中）散文，让有关潮汕的历史、地理、文学、艺术、教育、科技等知识都隐藏在众多有趣的诗文中，经过多年讲习，力求“随风潜入夜，润物细无声”。两位教授的文章回顾和分析了晚清及民国时期乡土教材编写和乡土文化教育的历史，时人积极编写乡土文化教材并将其引入学校和课堂，尤其是潮汕地区文人学者更是热心地编写了多种乡土文化教材，在其时的乡土教材编写和乡土文化教育中居于先进地位。这种做法在今天仍然具有积极意义，值得认真借鉴。乡土文化教材的编写一定要做到重建“乡土记忆”，进而达成因“爱乡”而“爱国”以及保护“文化多样性”的目标。

第二部分“课程设计”，是我们关于《读本》课程的思考、设计与实践概括。优秀地方传统文化进校园、进课堂是文化自觉、文化自信的新时代呼唤，但这种“进”不能仅仅靠一腔热情，积极的实践必须有学理的支持，必须遵循教育教学规律，必须开展科学化研究。这些年我们努力探求如何在优秀潮汕文化与中小学生之间建立有意义且有效的“链接”，这是课程实施的难点。唯有突破难点，才能让优秀乡土文化进孩子们的脑袋。以方言文化为主的“引入文体”的“教材型读本”的教材体系构建和以重建乡土记忆为目标的语文综合性学习的课堂建构，是从静态和动态两个视角建立了“链接”。在“教材”与“课程”之间的师资提升培训，是抓住传统文化进校园的“牛鼻子”。研究优秀传统文化进校园的科学性与规律性，在当下具有时代意义和现实意义。

第三部分“课程实践”，选编的23个课例是潮州市20来所中小学一线教师集体智慧的结晶。这一部分的亮点首先在于教师们创新性地建构了“读本课堂”。这种地域色彩浓郁且教材编著特色明显的乡土文化课程，可供借鉴的资料少之又少，本来很万能的“度娘”显得很“无能”。书中的每一个课例，实际上都是每所学校集体教研的成果。其次，这里毫无保留地分享了包括图片、音频、自制游戏等在内的电子课件23个、视频28个、微课33个，以及具有可读性的“名师有话”20篇。这样立体的课例更具参考价值。选编这部分是经过一番纠结与取舍的，因一本书不可能放太多的课例。最后以童谣这一册完整的20个课例以及其他3册各选一个代表性课例的形式呈现，也希望以后能把其他3册所有课例编辑出版。

第四部分“文本解读”，对《读本》小学3册60篇诗文进行简要解读，对初中全一册的体例与特点进行简述。（链接的媒体资源有10个原创潮汕童谣动画）

关于《读本》还有不少感人的故事：潮州市一位教师收看了陈平原教授于2018年12月16日在韩山师范学院潮州师范分院大礼堂主讲的“乡土教材的编写与教学”网络直播后，被教授们的乡土情怀感染了，委托我赠送给一所乡村小学50套《读本》。我在自己的朋友圈记下了这件事，题目是《传承的力量：一场讲座引发的故事》。然而当晚陈平原教授得知后，却说他心里感到不安，他觉得潮州市中小学教师薪水不高，不能让他们出力出汗又出钱。于是，陈平原教授自掏腰包买了1 000套《读本》，捐给愿意开展教学的学校。2018年，当林伦伦教授了解到基础教育一线教师执教《读本》存在方言与乡土文化知识及能力不足时，提出举办乡土文化教学高级研修班。2018—2020连续两年，林伦伦教授每月一次从广州到潮州给学员们上课（防疫期间改为网上授课），林教授融入自己学习与教学、研究经验的以身示范的教学方式，让学员大受鼓舞，激发了大家对乡土文化的兴趣与热爱，增强了乡土教育与传播的使命感和工作激情，点燃了乡土教育的“星星之火”！一线教师帮助潮安区江东镇和龙湖镇社工站开设以《读本》为载体的潮汕文化教育服务。2020年中央电视台“新闻调查”《一个都不能少》节目用42分钟专门报道江东社工帮助辍学儿童重返校园的个案，特别讲述了高研班9位学员开设8场潮汕文化兴趣课对孩子的影响，我们用乡土文化教育激发了边缘弱势少年的求知兴趣，提振他们读书学习的自信心。获2020年全国优秀纪录片的《童唱岭南》收录了高研班学员、百年老校城南小学教师在本校开展潮汕童谣教学的故事。2020 年 4 月高研班 2 位学员为第一、第二作者的《潮汕童谣画你知》一书被香港中和出版社看中，我们授权在境外发行的中文繁体版即将出版。(相关几段报道视频见本书链接的媒体资源)

今年防疫期间，我宅在家中，梳理了过去几年关于中小学《读本》以及幼儿园童谣课程的理论探索与教育实践。方言与方言童谣都属于乡土文化，文化自觉视域下方言童谣教育不应该仅仅停留在从“童谣”到“童谣”，如何从“童谣”到“乡土”，重建乡土记忆，在孩子们幼小的心灵里“植”进乡土文化之根，增强文化自觉意识，进而达成因“爱乡”而“爱国”的目标。最终以“重建‘乡土记忆’的方言童谣教育研究”为题，申报了 2020 年全国教育科学规划课题，获得了国家一般课题立项。本书既是该课题在小学低年级童谣教育的阶段性成果，更是《读本》课程建设阶段性成果，列入韩山师范学院与潮州市教育局共创国家教师教育创新实验区专项建设之中。

总之，本书既有著名学者们对理论之探讨，又有中小学教师们教学设计和课程实践的真实呈现以及乡土文化教学实践经验的总结，内容丰富多彩。希望这本书对潮汕文化教育具有指导与参考价值，对其他民系开展乡土文化教育也具有一定的借鉴意义。

乡土文化教育永远在路上！

林朝虹

2020 年 10 月 14 日凌晨于潮州榕华园

2019 年陈平原教授赠书仪式及陈平原、林伦伦教授公益讲座

《一个都不能少》

潮汕童谣教学故事

目 录

1 教材编撰

1.1 乡土教材的编写与教学①

——关于《潮汕文化读本》

陈平原②

今天谈“弘扬传统文化”，必须兼顾高文典册与百姓日用——写在书本上、汇集成各种“皇皇大典”的，是“文化积累”；活在乡野间，主要靠口传与实践的风土人情，同样是值得关怀的“文化传承”。而在整个教育体系中，后者的声音非常微弱——即便有“非物质文化遗产保护”这杆大旗可以略为借用。

任何时代的教育，从内容到形式，都不可能十全十美。敏锐地发现问题，指出缺憾，这不算太难；难处在于如何进一步完善，而不是按下葫芦浮起瓢。教育的事，关系千家万户，不到万不得已，别轻言推倒重来，最好采取补天而不是拆台的策略。目前由教育部统一规划的全国性义务教育，从宗旨、学制、课程到教学方式，乃现代中国无数教育家努力的结果，有很大的合理性，不是读经班或在家教育所能挑战的。当然，它也有不少遗憾，那就努力修补吧——引入乡土教育，就是其中一个重要环节。

所谓“传统文化的传承”，并非只是背诵古诗文，单纯回到“四书五经”或唐诗宋词，那是没有出路的。教育必须与时俱进，寻求更加合理的教育理念与教学方式，此乃有责任感的读书人的共同愿望。知识从何而来，知书能否达礼，怎样学习更有效，哪些道理非深入体悟不可。还有，大传统与小传统的对话、往圣与今贤的交流、书本知识与日常经验的结合等，所有这些，都值得认真探究。借助晚清以及当下乡土教材的编写与教学，笔者希望能推进上述话题。以《潮汕文化读本》的编写为例，思考当下中国的读书人，如何超越小资情调的“乡愁”，在教育实践中，情系家国，学通远近，文含雅俗。

---

① 本文发表于《韩山师范学院学报》2017 年第 4 期。

② 陈平原，1954 年出生，广东潮州人，北京大学中文系教授、博士生导师。

一、相隔百年的对话

谈及乡土教育，晚清最后十年朝野的协力推进，值得我们认真借鉴。1904年1月13日，清廷颁布《奏定初等小学堂章程》，规定小学一、二年级应注重乡土教育，具体做法是——

> **历史：**“尤当先讲乡土历史，采本境内乡贤、名宦、流寓诸名人之事迹，令人敬仰叹慕、增长志气者为之解说，以动其希贤慕善之心。”
>
> **地理：**“尤当先讲乡土有关系之地理，以养成其爱乡土之心。先自学校附近指示其方向子午、步数多少、道里远近，次及于附近之先贤祠墓、近处山水，间亦带领小学生寻访古迹为之解说，俾其因故事而记地理，兼及居民之职业、贫富之原因、舟车之交通、物产之生殖，并使认识地图，渐次由近及远，令其凑合本版分合地图尤善。”
>
> **格致：**“先就教室中器具、学校用品，及庭园中动物、植物、矿物（金、石、煤炭等物为矿物），渐次及于附近山林、川泽之动物、植物、矿物，为之解说其生活变化作用，以动其博识多闻之慕念。”[①]

一年多后，学务大臣责令编书局制作《乡土志例目》，发交各府厅州县，按目查考，依例编写，而后“呈请学务大臣审定，通行各省小学堂授课”[②]。若全都照章办事，则晚清的乡土教育不知猴年马月才能展开。好在与《奏定初等小学堂章程》同时发布的，还有《奏定学务纲要》，那里有“教科书应颁发目录，令京外官局、私家合力编辑”；而私家所纂教科书，“呈由学务大臣鉴定，确合教科程度者，学堂暂时亦可采用，准著书人自行刊印售卖，予以版权”[③]。发行量大且意识形态色彩浓烈的“伦理”或“国文”教科书，官方审查比较严格[④]；至于乡土教材则相对宽松多了，各省府县行政长官批准即可。

晚清的乡土志与教科书有密切联系，编写者不乏一身二任者，如翁辉东、

---

① 《奏定初等小学堂章程》，璩鑫圭、唐良炎编《中国近代教育史资料汇编·学制演变》第295－296页，上海：上海教育出版社，1991年。标点略有调整。

② 参见《学务大臣奏据编书局监督编成乡土志例目拟通饬编辑片》，《东方杂志》1905年第9期。

③ 参见璩鑫圭、唐良炎编《中国近代教育史资料汇编·学制演变》第501－502页。

④ 参见王建军《中国近代教科书发展研究》第二章第五节“清末的教科书审定制度”，第158－190页，广州：广东教育出版社，1996年。

黄人雄既编《海阳县乡土志》，也编《潮州乡土历史教科书》与《潮州乡土地理教科书》。但总的来说，乡土志有源远流长的方志可资借鉴，更能显示学问与见识；教科书则完全是新起炉灶，重在教化与普及。前者若编得好，可纳入学术史考察；后者因追求浅白与实用，只能在教育史上论述。具体到编写者，前者可以是知县挂名（如广东修《新会乡土志》的蔡尧爔和修《新兴县乡土志》的邹增佑）；后者则大都是学堂教师执笔。这么说，似乎尊卑有序；可放在历史长河中，那些分门别类的教科书其实更值得关注，因其开启了一种新的教育形式。

晚清乡土文化教育以及相关教科书的编写，背后涌动着救亡图存的时代大潮。蔡惠泽（字润卿）为翁辉东等编《潮州乡土地理教科书》所撰“弁言”称：“夫地理学之关系于爱国心至钜，爱国必基于爱乡，故乡土地理之编尤亟亟不容缓，潮州乡土地理又有甚焉者。”① 这其实是那时候知识界的共识。引领这个编写乡土教科书潮流的上海国学保存会，1907 年在其直隶、江苏、安徽、江西、湖北、广东等省“乡土历史地理教科书”的广告中，除了介绍“编辑宗旨”“图书特色”，更强调其“功效作用”：

> 泰西各国教育，咸注重乡土史志一门。就其闻见中最亲切有味者以为教授，则记忆力与感觉力皆易粘触。所以感发其爱乡土心，由是而知爱国，其为效至巨。②

再往上追，你会在留日学生关于爱国须爱乡、爱乡必爱国的诸多论述中找到此说的滥觞。不过这位“序于汕头中华新报社”的蔡惠泽还是有所发挥——为何潮州人尤其应该学习乡土地理呢？因“我父老子弟之工商于南洋群岛者，波波相续，不可以数计”；而在外的潮州人之所以拒绝诱惑，不被同化，“盖于爱国心是赖”。在这个意义上，普设学校，“日以我潮州乡土地理教科书教育其子弟，其宜也”③。

短短几年间，从朝廷到民间竟一致认定，强化乡土教育，乃提振国人爱国

---

① 蔡惠泽：《〈潮州乡土地理教科书〉弁言》，《首版潮州乡土地理教科书》，海阳：剑光编书社，1909 年。

② 载黄晦闻《广东乡土历史教科书》封底，上海：国学保存会，1907 年。

③ 参见蔡惠泽《〈潮州乡土地理教科书〉弁言》。

精神的最佳途径。于是，举国上下，编写乡土教材蔚然成风。[1] 只可惜随着辛亥革命成功，朝代更迭，学制转变，此风潮也就迅速衰落。此后不同时期，虽偶有努力，再无如此规模与气势了。

传统中国社会缺乏国家观念，因此，必须通过乡土教育来培养国人的爱国心，那是晚清救亡图存大背景下知识界的思考。今天不一定了，我们谈论乡土，更多地基于文化多样性的考虑——经济全球化与文化多样性之间并不完全合拍，前者势如破竹，后者则举步维艰。这个时候，相对于欧美主导的“国际潮流”，我们讲“本土情怀”；相对于步调一致的“国家意志”，我们讲“乡土意识”。简单点说，对外讲“本土”，对内讲“乡土”，都是立足当下，自居边缘，与中心展开积极对话，或拨乱纠偏，或拾遗补阙。谈论乡土，最好兼及理智与感情，超越“谁不说俺家乡好”，拒绝片面的褒扬与贬抑，在自信与自省之间，保持必要的张力。

对于乡土的记忆与认知，并非自然而然形成，这与早年教育及日常经验有直接关联。十年前，我应邀为南方日报出版社策划的《广东历史文化行》作序，谈及“如何深情地凝视你生于斯长于斯的‘这一方水土’”[2]；去年我撰写《六看家乡潮汕—— 一个人文学者的观察与思考》[3]，结尾处提及《潮汕读本》的编写计划：“以历史、语言、风俗、民情、文学、艺术为主体，兼及教育课本与文化读物，分小学、中学及成人三种，既要接地气，又得有高度。”如今，这包含小学三册、初中一册的《潮汕文化读本》已经刊行（高中及成人册尚在修订中），在书前的“致同学们”中，有一段话可谓感慨系之：

> 一个时代有一个时代的困境，某种意义上，教育的任务就是帮助我们

---

① 关于晚清乡土教材编写的思想资源及实际运作，参见郭双林《西潮激荡下的晚清地理学》（北京：北京大学出版社，2000 年 5 月）第三章“晚清地理学研究与民族救亡”、程美宝《由爱乡而爱国：清末广东乡土教材的国家话语》（《历史研究》2003 年第 4 期）、王兴亮《清末民初乡土教育研究》（成都：四川大学出版社，2013 年 8 月）第四章“‘爱国之道，始自一乡’：乡土志书的思想资源及其表达”、李新《清末乡土教材的产生及其文化价值探微》（《湖南师范大学教育科学学报》2013 年第 5 期）以及石鸥《百年中国教科书忆》第 207 – 231 页（北京：知识产权出版社，2015 年）。

② 参见陈平原《深情凝视“这一方水土”》，《同舟共进》2006 年第 4 期；作为序言，收入杨兴锋主编《广东历史文化行》，广州：南方日报出版社，2011 年。

③ 参见陈平原《六看家乡潮汕——一个人文学者的观察与思考》，2016 年 7 月 12 日《潮州日报》，收入陈平原、林伦伦、黄挺合著《潮汕文化三人谈》，广州：广东教育出版社，2016 年 12 月。

> 采取一切可能的手段，解决这些难题。四十年前的中国，高考制度刚刚恢复，那个时代的年轻人，对于外部世界知之甚少，其知识与视野大都局限于自家的一亩三分地。四十年后的今天，情况完全不同。随着互联网的迅速普及，远在天边的人与事，不再遥不可及；反而是眼皮底下的日常生活，以及那些蕴含着历史、文化与精神的仪式与习俗，因习焉不察，容易被忽视。因此，所谓的"世界眼光"，必须辅以"本土情怀"，否则，我们的知识及趣味会出现严重的偏差。①

今天谈乡土文化，没有百年前亡国灭种的紧迫感，但不等于问题不严重。即便你长居潮汕，家乡的历史地理、风土人情，同样不是自然获得。那些既近在眼前又远在天边的"乡土"，必须不断提醒与学习，才可能被记忆。

热爱家乡的历史、文化、风土、人情，这一般不会有异议；问题在于，这种乡土情怀，到底该怎样传承、如何发展？这就要说到《潮汕文化读本》的编写。

二、为什么是"潮汕"

江湖上行走，若被问及是哪里人，有多种回答方案：南方人、广东人、潮汕人、潮安人，甚至可以细到哪个镇哪个村。那么，讲授乡土文化，到底是哪个级别的呢？换句话说，你的"家乡"到底有多大，是省、是市、是县，还是村。

编写乡土教科书，首先必须界定"何为乡土"，这个问题从一开始就存在。《奏定初等小学堂章程》只是规定一、二年级开设乡土历史、地理、格致三门课，每周各一节课，至于这乡土教材的编写范围，到底是省、是府，还是县，不做统一规定。这样一来，编写及使用哪一级的教材，其实是大有讲究的。假如你当年在潮汕某学堂教书，选用黄节编《广东乡土历史教科书》，那没有问题；如果你觉得不合适，愿意编潮州府或澄海县的乡土教科书，同样可以接受。

那当年的情况到底怎样？著名学者及诗人刘师培、陈去病、黄节等为江苏、

---

① 陈平原：《致同学们》，见《潮汕文化读本》小学各册及初中册，广州：广东教育出版社，2017 年。

安徽、直隶、江西、广东等省编写的乡土教科书就有15种[①]，因出自名人之手，虽系普及读物，仍然备受关注。即便如此，今日查阅这些教材，也都无法凑齐。至于其他人所编，散佚情况那就更严重了。

王有朋主编《中国近代中小学教科书总目》收录大陆及台湾十七家大图书馆所藏教科书目录，其中“小学教材”部分专设“乡土教育”（中学及师范无此课程），仅收录了晚清乡土教科书25种[②]。其中省一级最多，共19种，府一级的有汤寅臣编《扬州历史教科书》（出版者不详，1908年）、林骏编《广州乡土格致教科书》（广州：萃文书报会社，1909年）、翁辉东与黄人雄编《潮州乡土地理教科书》（海阳：剑光编书社，1909年）。县一级的则是马钟琇纂修《东安乡土地理教科书》（天津大公报馆，1907年）、马锡纯编《泰州乡土历史教科书》（泰州教育会劝学所，1908年）以及旧庐编《常昭乡土历史教科书》（城南商立学堂，1908年）。如此记载，当然有很多遗漏；比如潮州的乡土教科书，目前能找到的，就还有另外六种。

先说这三种县编乡土教材，都是大有来头的。这里的“东安”，不是湖南永州市东安县，而是清代直隶省东安县，1914年改安次县，现为河北省廊坊市安次区，居京津之间，位置很重要，单看该书由天津大公报馆印制，就可以明白其中道理。清代的“泰州”属扬州府，1996年“扬泰分设”，泰州由县级市升为地级市，现辖三市三区，2007年增补为中国历史文化名城。“常昭”指的是苏州府下面的常熟、昭文二县，清代有分有合；今天的常熟市乃副地级市，由苏州市代管，与潮州一样，是第二批中国历史文化名城（1987年），不过经济比潮州好多了[③]。单看这三种县编教材你就明白，敢于撇开省、府两级而另起炉灶的，必定是经济繁荣、文化发达的地区。

回到广东的情况。《中国近代中小学教科书总目》收录25种晚清乡土教科

---

① 上海国学保存会刊行了刘师培编《江宁乡土历史教科书》（1906）、《江宁乡土地理教科书》（1906）、《江苏乡土历史教科书》（1906）、《江苏乡土地理教科书》（1906）、《安徽乡土历史教科书》（1906）、《安徽乡土地理教科书》（1906），陈庆林编《江西乡土历史教科书》（1907）、《江西乡土地理教科书》（1907）、《直隶乡土历史教科书》（1907）、《直隶乡土地理教科书》（1907）、《湖北乡土历史教科书》（1907）、《湖北乡土地理教科书》（1907），黄晦闻编《广东乡土历史教科书》（1907）、《广东乡土地理教科书》（1907）、《广东乡土格致教科书》（1909）。

② 参见王有朋主编《中国近代中小学教科书总目》第261－263页，上海：上海辞书出版社，2010年。

③ 常熟市2015年人均GDP达到21 748美元，为潮州的4倍。

书，其中广东占了8种——除黄节编历史、地理、格致三种教科书外，再就是黄佛颐编《广东乡土历史教科书》（广州：时中学校，1906年），岑锡祥、黄培堃编《广东乡土地理教科书》（广州：粤东编译公司，1909年），蔡铸编《广东乡土地理教科书》（广州：粤东编译公司，1909年），以及林骏编《广州乡土格致教科书》，翁辉东与黄人雄编《潮州乡土地理教科书》。这里有偶然性，受这十七大图书馆收藏的限制，如刘师培的《江宁乡土历史教科书》与《江宁乡土地理教科书》就没有列入；潮州只列一种，也远远不够。暂时以此"总目"为例，假设晚清编写乡土教科书，广东一省最为积极。

若以府为单位，则潮州不仅在广东，而且在全国，都很可能独占鳌头。因得到诸多学者的热忱帮助①，我看到的晚清潮州乡土教科书有以下7种。

（1）蔡鹏云编：《（最新）澄海乡土历史教科书》，澄海：景韩学堂，1919年10月第十版（初版1909年?）；

（2）蔡鹏云编：《澄海乡土格致教科书》，澄海：景韩学堂，1909年；

（3）蔡鹏云编：《（最新）澄海乡土地理教科书》，澄海：景韩学堂（上海萃英书局印刷），1910年2月第四版（初版1909年?）；

（4）郑忂亮编：《（最新）潮州乡土地理教科书》，揭阳：邢万顺书局，1909年；

（5）翁辉东、黄人雄编：《潮州乡土地理教科书》，海阳：剑光编书社，1909年初版；

（6）翁辉东、黄人雄编：《潮州乡土历史教科书》，海阳：剑光编书社，1909年初版，次年2月第三版；

（7）林宴琼编：《潮州乡土格致教科书》，汕头：中华新报馆，1910年。

晚清广东辖有九府四直隶州，府州这一级所编乡土教科书（不含乡土志），目前知道的，除了林骏编《广州乡土格致教科书》、萧启冈与杨家鼐编《学部审定嘉应新体乡土地理教科书》（启新书局，1910年），再就是潮州这七种了。随着考求深入，广府及嘉应的乡土教科书或许会增加，但大的格局不会改变。

那么，晚清潮州人为何热心编写乡土教科书呢？在我看来，理由很简单：第一，非主流；第二，有文化。这其实牵涉广东省内广府、潮州与客家这三大

① 在查阅及复制这些教科书时，我得到了韩山师范学院黄挺教授、林伦伦教授、陈俊华教授以及澄海文史专家陈孝彻老师、华东师范大学魏泉副教授、北京师范大学林分份副教授、华南师范大学杜新艳副教授、北京大学图书馆副研究馆员栾伟平等人的热忱帮助，特此致谢。

民系（或曰三个方言区）各自的自我定位。广府占主流地位，不管谁来编广东的“乡土历史”或“乡土地理”教科书，都必定以广府文化为中心。而比起嘉应州来，历史悠久且辖有九县的潮州府，当然更有资格编写自认为合适的乡土教科书了。除了教学需要、商业计较，这里还包含某种文化上的独立、自尊与自信。

这就说到今天编乡土教材，为何选择“潮汕文化”，而不是以“岭南文化”或“潮州文化”作为基本框架。今天的潮汕四市，略小于晚清的潮州府（原本九县中的丰顺、大埔，现归梅州市管辖），但基本风貌仍在。而今天作为行政区划的“潮州市”，虽拥有“府城”的历史与光荣，但代表不了整个大潮汕。若以此为名，就像晚清的澄海县编教科书一样，会有难以克服的局限。蔡鹏云所编三书中，“格致”大致妥帖，因潮汕各地物产，本就大同小异；“地理”仅限澄海，已经有点画地为牢了；问题最大的是“历史”，因“本书由《广东通志》潮府志澄海志搜摘纂录，间及正史，并采取近事”①，故刻意回避了韩愈治潮，显然眼界过于狭隘。

编乡土教材，范围太小，施展不开；范围太大呢，则很容易纠缠不清，且矛盾重重。不妨以“岭南文化”为例。考虑到地域文化与行政区划错综复杂的关系，今天讲“岭南文化”，其实很憋屈——既甩开了广西与海南，又不好妄谈香港和澳门，只能在广东省所辖范围做文章。而且，广东省内三大民系，你还得努力做到“一碗水端平”。于是，评选“岭南文化十大名片”，粤菜、粤剧、广东音乐、广东骑楼、黄埔军校旧址、端砚、开平碉楼、广交会、孙中山、六祖惠能，基本上都是珠三角的人物与故事②，为了表示公平，再添上“潮州工夫茶”和“客家围龙屋”。明眼人一看，后两者显然属于“政策性照顾”。不是抱怨如此评选不公，而是感叹谈“文化”而局限于现有的行政区划，无论你怎么努力，都只能是全力以赴堵漏洞，很难有精彩的表现。

去年8月，我应邀在广州289艺术PARK开园暨“新时代视野中的岭南文化”活动演讲，题为《岭南文化如何自我更新》，最后归结为以下三句话：第一，必须意识到，不管是教育还是文化，国际化与本土性，二者应并行不悖；即便做不到相互扶持，也别互相拆台。第二，理工科注重国际化，人文及社科

---

① 蔡鹏云：《澄海乡土历史教科书·编辑例言》，《（最新）澄海乡土历史教科书》，澄海：景韩学堂，1919年10月第十版。

② 六祖惠能有点复杂，幼随父流放岭南新州，即今粤西云浮市新兴县，父亡随母移居南海。

对本土性有更明确的追求。政府倾向于发展科技，故国际化优先；而具远见卓识的民间人士，有义务经营好不断更新的“乡土文化”。第三，“上天入地求创新，雅俗并进图发展”。所谓“上天”，就是国际化——至少也是全国视野，不满足于华南称霸；所谓“入地”，就是努力接地气，关注自己脚下这一方水土所蕴含的地理历史、政治经济、风土民情，尤其是方言文化①。

在我看来，广东三大民系各有特色，全都不可低估，也都无法互相取代。若你想编写乡土文化教科书，最佳状态是行政区与方言区重合。这也是我为何认定“岭南文化读本”很难编好，而《潮汕文化读本》以及《客家文化读本》《广府文化读本》则大有可为的缘故。

三、乡土、儿童与文章

借鉴晚清乡土教科书编写的经验教训，我们今天完全有可能更好地重建潮汕人的“乡土记忆”，进而达成因“爱乡”而“爱国”，以及保护“文化多样性”的目标。只是今人编写《潮汕文化读本》，不可能再像晚清那样，将乡土教育集中在小学一、二年级，而必须拉长战线。之所以设计小学三册、初中一册、高中及成人一册，目的是由浅入深，依次递进，符合学习规律。此外，晚清学堂章程规定，乡土教科书分历史、地理与格致（物产）三种，本意是兼及时间与空间、人事与自然、物产与习俗；可分科太细，必定重床叠屋，既浪费课时，也很难编好。三科合一，以文本为中心，不求体系完整，但求片断精彩，这样，更适合于教学。

另外，今天的乡土教材，并非国家规定的必修课，要想在课堂上真正站稳脚跟，就必须有“统编教材”所不可及处。回过头来，总结与林伦伦、黄挺合作主编《潮汕文化读本》的特点，比较得意的有以下三点：第一，乡土气息；第二，儿童趣味；第三，文章魅力。

先说“乡土气息”。中国史视野中的往圣先贤，与潮州乡土志上的英雄豪杰，不是一个概念。之所以编乡土教科书，就是希望“采本境内乡贤、名宦、流寓诸名人之事迹”，让学生们见贤思齐。中国通史不必谈论明嘉靖壬辰科状元林大钦（1511—1545），而潮州乡土教材则不能漏了他。翁辉东、黄人雄编《潮州乡土历史教科书》第三册第六课“林大钦讲学”（有图）：“林大钦，少

① 参见《289艺术PARK 陈平原对话熊育群：岭南文化要“雅俗并进”》（李培），2016年8月21日《南方日报》。

聪颖异侍。嘉靖登殿撰，官词垣三年，乞养归。结庐宝云岩，与乡弟子讲贯六经，究性命之学。时人称东莆先生。”而我们编《潮汕文化读本（三、四年级）》的第3课“林大钦对对子”，相对要有趣得多。

更理想的例子是各地物产介绍。林宴琼编《潮州乡土格致教科书》编目有点杂乱，可课文有趣，以第33课“鲢、鳙”为例：

> 鲢（《本草》）一作鲊鱼，俗呼鳞鱼，大头细鳞，背青腹白，形扁。又，鳙（郭璞云）形似鲢，而色黑，其头最大，俗呼大头松。鳞之美味在腹，而松之美味在头。①

蔡鹏云编《最新澄海乡土格致教科书》，内页署“澄海乡土物产教科书”。第一册前三课教鸡、鹅、鸭，最后三课则是孔雀、犬、猫，这不算稀奇。有趣的是第二册，一半以上篇幅讲河鲜与海产，如河豚、石首、鲨鱼、墨鱼、虾蟹、龟鳖鲎、蚶、薄壳、日月蚝、九孔螺、田螺等。要说对于海产品的了解，潮州府中，海阳（潮安）不及澄海，大埔、丰顺更不要说了。至于同属广东的嘉应州，或省外的云南、贵州等，更有可能不知“龟鳖鲎”为何物。全国各地的谚语、俗语、歇后语，有的可意会，如闽台流行的“金厝边，银乡里”“秀才人情纸一张”“好马不食回头草”，北方人也能看得懂；但有的则需要生活经验，如潮汕人喜欢说的“龟笑鳖无毛，蟹笑蟛无膏”，不是生活在沿海，很难准确领会。

不满足于静止地介绍当地物产，《潮汕文化读本（一、二年级）》第13课“南风去了东风来”以及第17课“雨落落”，借助童谣的吟唱，带出诸多海鲜与河鲜的介绍，除了兼及图像与声音（拜科技进步所赐），还有文化百科、活动天地等，对于儿童来说，既新鲜又有趣，相信教学效果会很好。

编写乡土教材，必须借鉴先贤所撰各种地方文献。但教科书的特点，决定了其不以专深见长，而更注重儿童的认知水平与接受能力。《奏定学务纲要》再三叮嘱：“盖视此学堂之程度，以为教科书之浅深；又视此学堂之年限，以为教科书之多少，其书自然恰适于用。”② 也就是说，学问大小不是关键，关键在于是否体现儿童趣味。晚清编写乡土教科书，体例上都遵循《学堂章程》的规

① 林宴琼编：《潮州乡土格致教科书》第22页上，潮阳：端本学堂，1909年。该书《编辑大意》称：“是册多采郡邑志书乡土之动物植物矿物”，“是册考据多以古籍为宗，课中皆旁注而标所自出”。

② 《奏定学务纲要》，见《中国近代教育史资料汇编·学制演变》第502页。

定，如小学一、二年级共四册，每册18课，每课150字以内，文字尽量浅显，且配以插图等；最后，还可能提供教学参考书。可何为“浅显”，不同人体会不一样；没有教过书的，往往忽略了儿童的接受特点。请看刘师培编《江苏乡土历史教科书》第一册第一课“上古时代江苏之情况”：

> 上古之时，江苏省地，属于苗族。有共工氏者，苗族之酋长，立国江淮间。其国南境，盖达江南。自伏羲、女娲以来，时与中国战争，以颛顼、帝喾二朝为尤盛。中国之所以不能通江南者，以共工氏阻其间也。历尧、舜、禹三朝，共工之余裔，悉为中国所平。是为江南省入中国之始，然其地仍为夷民所居。《禹贡》有岛夷，商有髾发文身之国，而商末之时，犹有荆蛮。盖自昔日江苏土著之民，与汉族不同者也。①

这还不算，为了落实《编辑大意》“凡课中事实，皆可考见，讲师由此可以得教授之法”的承诺，作者还在《江苏乡土历史教科参考书》这一课上，加了五个注，单是提及“共工”一句，就引了《国语》《左传》《淮南子》《楚辞》《史记》《逸周书》《书经》等②。那是因为，此前一年他刚出版了《中国历史教科书》和《中国地理教科书》，博学多闻、驾轻就熟的刘师培，编写小学教科书时，依旧驰骋才华。而这样的教科书，虽很好看，但无法教。

教科书的最大特点，在于不脱离学生的学习、思考及接受能力。在这方面，晚清潮州的七种乡土教材全部出自教师之手：蔡鹏云是澄海景韩学堂的教习，后任该校校长；翁辉东、黄人雄是汕头同文学堂师范毕业生（见书后海阳县令签署的版权保护令），编书那两年在海阳县东凤育才小学堂、龙溪肇敏小学堂任教；林宴琼是潮阳端本学堂校长；郑喦亮则是汕头正英学堂毕业生，编书时任该校教习。③ 这就难怪诸人编写的教材比较贴合学生的水平及趣味。比如，同样讲沿革，翁辉东等《潮州乡土历史教科书》第一册第一课只有两句话（附

---

① 刘师培编：《江苏乡土历史教科书》第一册第一课，见万仕国辑校《刘申叔遗书补遗》上册第508页，扬州：广陵书社，2008年12月。

② 刘师培编：《江苏乡土历史教科参考书》第一册第一课，见万仕国辑校《刘申叔遗书补遗》上册第514－515页，扬州：广陵书社，2008年12月。

③ 参见林英仪《笃学力行，发扬潜幽——记潮州文史专家翁辉东》，《潮州文史资料》第27辑，政协潮州市委员会文史编辑组编，2007年；陈孝彻《蔡鹏云其人其事》，《汕头特区晚报》2008年4月13日；潮阳县知县崔炳炎为林宴琼编《潮州乡土格致教科书》作序，开篇即称“潮阳端本学堂校长林宴琼”；至于郑喦亮的身世，见《翻刻地图澄海商埠审判厅案》，汪庆棋编、李启成点校《各省审判厅判牍》第231页，北京：北京大学出版社，2007年。

“历史统系图”）：

潮地唐虞时属南交，周始名海阳。秦汉置县，名曰揭阳，属南海郡。①

紧接着，第二课讲晋至隋，第三课说唐至明，第四课则明成化到当下，也都以几句话概括。如此教学内容，比刘师培编《江苏乡土历史教科书》简单多了。可即便如此，这种“从头说起”的历史课（不管是中国史还是地方史），其实与儿童趣味格格不入。单是那么多稀奇古怪的古人名字，就会把孩子们吓跑的。

有感于此，这回《潮汕文化读本》的编写，采取了专家学者与一线教师相结合的办法，兼及理论与实践，选择阶梯性的知识传授方式，第一册童谣，第二册故事，第三册古诗，第四册（初中）散文，第五册（高中）论文，让有关潮汕的历史、地理、文学、艺术、教育、科技等知识都隐藏在众多有趣的诗文中，经过多年讲习，力求“随风潜入夜，润物细无声”。

最后说说文章魅力。这其实是借鉴语文教材的编写经验——首先是好文章，而后才是知识与立场。一般认为，乡土教科书只是介绍相关知识，文章好坏不必太计较。如翁辉东等《潮州乡土历史教科书》第一册第13课“韩愈善政一”（有图）：

韩愈因谏迎佛骨，被贬守潮。始设乡校，延赵德为师，文风渐盛。并创筑南北堤，为一方保障。②

第14课“韩愈善政二”：

潮城东北意溪中，有鳄鱼，为潮民害。韩愈投以猪羊，为文驱之，鱼忽去，民害始除。③

文字浅白，意思也没错，可就是文章不美——这可有点对不起韩愈这位大文豪。以潮汕的历史传统及文化水准，无论讨论什么话题，完全可以找到雅俗共赏的好文章。

过去只求把事情讲清楚，现在需要考虑逻辑推进以及文章美感。以韩愈对

---

① 翁辉东、黄人雄编：《潮州乡土历史教科书》第一册第4页下，海阳：剑光编书社/庵埠肇敏两等小学堂，1909年。

② 翁辉东、黄人雄编：《潮州乡土历史教科书》第一册第13页下，海阳：剑光编书社/庵埠肇敏两等小学堂，1909年。

③ 翁辉东、黄人雄编：《潮州乡土历史教科书》第一册第14页下，海阳：剑光编书社/庵埠肇敏两等小学堂，1909年。

于潮州的重要性，三五句话是说不清的。《潮汕文化读本》起码有五篇课文牵涉到这位大人物——小学三、四年级第 1、2 课“韩愈祭鳄鱼”“留衣亭：韩愈与大颠和尚的故事”属于讲故事，小学五、六年级第 4 课“谒韩祠”（清人吴兴祚）、第 6 课“韩山”（宋人刘允）则是古诗，再加上初中册第 22 课“古祠不老，文德永辉 ——潮州韩文公祠”（今人曾楚楠），如此步步推进，针对不同年级的学生，兼及韩愈业绩（知识）与后人追怀（文辞）。

引入文体的观念，注重文章的趣味，兼及声音与图像，这其实是吸纳语文课教学的特点。“乡土”不仅是话题、是材料、是知识、是情怀，同时也应该是好文章。20 多年前，为《漫说文化》撰序时，我提及选择一批有文化意味而又妙趣横生的散文分专题汇编成册，目的是让读者体会到：“‘文化’不仅凝聚在高文典册上，而且渗透在日常生活中，落实在为你所熟悉的一种情感，一种心态，一种习俗，一种生活方式。”[①] 在乡土教材的编写及教学中，这种打通古今、兼及雅俗、既日常又好玩的“文化”，更有可能、也更应该得到充分的落实。

四、记得刘师培、潘光旦的叩问

我之关注乡土文化教育，有学理的思考，有历史的探究，也有现实的刺激。那天读现代中国著名社会学家、民族学家、教育学家潘光旦（1899—1967）的《说乡土教育》(1946)，真的出了一身冷汗：

> 近代教育下的青年，对于纵横多少万里的地理，和对于上下多少万年的历史，不难取得一知半解，而对于大学青年，对于这全部历史环境里的某些部分，可能还了解得相当详细，前途如果成一个专家的话，他可能知道得比谁都彻底。但我们如果问他，人是怎么一回事，他自己又是怎样一个人，他的家世来历如何，他的高祖父母以至于母党的前辈，是些甚么人，他从小生长的家乡最初是怎样开拓的，后来有些甚么重要的变迁，出过甚么重要的人才，对一省一国有过甚么文化上的贡献，本乡的地形地质如何，山川的脉络如何，有何名胜古迹，有何特别的自然和人工的产物 ——他可以瞠目不知所对。我曾经向不少的青年提出过这一类的问题，真正答复得有些要领的可以说十无一二，这不是很奇特么?[②]

---

① 陈平原：《漫说“漫说文化”》，《北京日报》1992 年 11 月 18 日；收入《漫说文化》(与钱理群、黄子平合作)，长沙：湖南教育出版社，1997 年。

② 潘光旦：《说乡土教育》，《政学罪言》第 63－64 页，上海：观察社，1948 年。

其实，再往前推40年，近代中国大学问家、思想家刘师培（1884—1919）在《编辑乡土志序例》（1906）中，已有类似的感叹：

> 今也教民之法，略于近而详于远，侈陈瀛海之大，博通重译之文，而钓游之地，桑梓之乡，则思古之情未发，怀旧之念未抒，殆古人所谓数典忘祖者矣。①

半个多世纪乃至一个世纪前的这两段话，今天读来，依旧如芒在背。离乡多年，你我还记得湘子桥头的“二只鉎牛一只溜”、笔架山下的宋窑遗址，或者凤凰塔塔尖那3米高的铁葫芦吗？

夜深人静，打开百年前翁辉东等编《潮州乡土地理教科书》，第三课：“吾潮土壤肥饶，人民富庶，海岸延长，岛屿环列，诚可爱之土地也。”② 不禁会心一笑，是的，谁不说俺家乡好！读到描述潮州位置的第四、五课：“潮城在北纬二十三度三十一分，东经一百一十六度五十七分”；“居广东省城东北，相距一千六十里；北京之南，相距七千二百里。”③ 猛然涌上心头的，竟然是“八千里路云和月！”

《潮汕文化读本》的“致同学们”开篇这段话，虽略嫌煽情，却是道出了乡土文化教育的真谛：

> 也许有一天，你会跑到很远、很远的地方去求学、工作乃至定居，夜深人静，回想曾经生活过的潮汕——那些日渐远逝的乡音、人物与食品，说不定你会泪流满面。当然，你也可能长居潮汕，但千万别以为这么一来，家乡的历史地理、风土人情，你就了如指掌。有关乡土的缤纷知识，并非自然习得，同样需要学习与提醒、关怀与记忆。

有感于高考压力山大、教材日趋一统、城市迅速扩张、科技泯灭距离、年青一代的“空间感”被极度扭曲，而“寂寞的家乡”也正日渐消亡，你我不妨剑及履及，就从发掘、传播、表彰我们理应熟悉的“乡土文化”做起。

---

① 刘师培：《编辑乡土志序例》，《国粹学报》第二十一至二十四期，1906年10月至1907年1月。此处引文见《刘申叔遗书》下册第1587页，南京：江苏古籍出版社，1997年。

② 翁辉东、黄人雄编：《潮州乡土地理教科书》第一册第2页上，海阳：剑光编书社/庵埠肇敏两等小学堂，1909年。

③ 翁辉东、黄人雄编：《潮州乡土地理教科书》第一册第2页下、第3页上，海阳：剑光编书社/庵埠肇敏两等小学堂，1909年。

1.2 《潮汕文化读本》的编写理念与实践[①]

林伦伦[②]

语言资源保护工程，语言和方言点的语言资料的调查和研究固然重要，但要使少数民族语言和汉语方言及其所承载的文化能够继续“存活”下去，在少年儿童中进行语言或者方言的教学、培养他们的母语（方言）的能力和忠诚度是很有效的措施。为了达到潮汕母语方言及其文化进学校、进课堂、进头脑的目的，我们编写了《潮汕文化读本》，并开展了试验性教学，取得了良好的教学效果。

一、《潮汕文化读本》的文化背景：潮汕方言及乡土文化教材的编写历史

潮汕文化是一种带有强烈地域性色彩的族群文化。它主要流行于广东省东部与闽西南、赣东南、粤东梅州客家地区交界的潮汕方言地区，包括汕头市、潮州市、揭阳市和汕尾市的海丰县等一部分地区，人口约 1 500 万人。国内各地（深圳、广州等）、港澳台地区和海外各国潮汕人也有很多，媒体常说：“海内一个潮汕，海外一个潮汕。”据不完全估计，海内外讲潮汕方言的人口约有3 000 万人。

潮汕文化是中华文化中的一个分支，这个分支带有强烈的地域性色彩，但它又不同于以地域为绝对特征的地方文化，如齐鲁文化、荆楚文化等。杜松年先生在他的《潮汕大文化》一书中认为：“潮汕文化，是居住在本土的潮汕人、居住在国内其他地方及海外的潮汕人和关心潮汕人士所创造的有鲜明地方特色的潮汕

---

① 本文发表于《韩山师范学院学报》2018 年第 5 期。基金项目：2015 年教育部人文社会科学研究规划基金项目（项目编号：15YJA850002）。

② 林伦伦，1957 年出生，广东汕头澄海人，广东技术师范大学教授。

文化，属广义文化也即大众文化范畴，包括物质文化和精神文化的总和，其外延包括潮人文化，是一种地域性群体文化。"[①] 窃以为，说"地域性群体文化"还不是十分准确，应该是"带有强烈地域性色彩的群体（族群）文化"。

潮汕文化中含有重要的海洋文化成分，是由于有大量的潮汕人移居海外，潮汕文化在海外与外国文化产生了融合和变异，有了不同于本土文化的发展。饶宗颐教授说："潮州学之内涵，除潮人在经济活动之成就与侨团在海外多年拓展的过程，为当然主要研究对象。""中国文化史上，内地移民史和海外拓殖史，潮人在这二方面的活动的记录一向占极重要的篇幅，……久已引起专家们的重视而且成为近代史家崭新的研究对象。"[②] 由此可知，潮汕文化的重要一部分是在海外。

潮汕方言，也称"潮汕话""潮州话"等，属于闽南方言的一个分支，专业术语应该叫"粤东闽南话"。流行于汕尾市海丰县等地的"鹤佬话"也同属于闽南话，应该归属于粤东闽南话之中。潮汕方言之重要性，一方面在于它保留了不少古代汉语的成分，对于汉语语音史、词汇史的研究极有价值。[③] 正如高本汉（B. Karlgren）先生所说的："汕头话是现今中国方言中最古远，最特殊的。"[④] 高本汉所说的"汕头话"是对潮汕方言的泛指。另一个方面，潮汕方言还是潮汕文化很多内容的载体。首先，潮人最明显的标志就是讲一口别的地方人听不懂的潮汕话。在《潮汕方言：潮人的精神家园》一书中，笔者写道："语言（方言）还是一个国家、地区、族群的文化标记，就像 LOGO 之于品牌。"[⑤] 其次，语言既是人类进行思维和表达交流思想的工具，同时也是文化内容的载体，像潮剧、潮州歌册、潮州歌谣、潮语相声及小品等文化内容则更是以潮汕方言为表现形式，没有潮汕方言，就没有这些颇具特色的民间文艺形式。正因为如此，潮汕区域史专家黄挺教授在他的《潮汕文化源流》一书中指出："潮汕文化包含着许多文化特质……在这些文化特质中，语言是最具区别性特征的一种。因而，我们把潮汕文化理解为，由讲潮汕话的民系所创造的一个文化

---

① 杜松年. 潮汕大文化［M］. 北京：中国科技出版社，1994：1.

② 饶宗颐. 何以要建立"潮州学"：潮州学在中国文化史上的重要性［G］//潮学研究：创刊号. 汕头：汕头大学出版社，1994：1.

③ 林伦伦. 潮汕方言的特点及其学术价值［J］. 文史知识，1997（9）：81－85.

④ 高本汉. 中国音韵学研究［M］. 赵元任，李方桂，罗常培，译. 北京：商务印书馆，1940：143.

⑤ 林伦伦. 潮汕方言：潮人的精神家园［M］. 广州：暨南大学出版社，2012：2.

共同体。”①

关于潮汕乡土教材的编写，可以追溯到晚清。1904 年 1 月 13 日，清廷颁布《奏定初等小学堂章程》，规定小学一、二年级应注重乡土教育，并对历史、地理、格致各科做了具体的要求，如历史科：“尤当先讲乡土历史，采本境内乡贤、名宦、流寓诸名人之事迹，令人敬仰叹慕、增长志气者为之解说，以动其希贤慕善之心。”晚清编写乡土教科书，广东一省最为积极。若以府为单位，则潮州府不仅在广东，而且在全国，都很可能独占鳌头。陈平原教授在朋友们的帮助下，列出以下 7 种晚清潮州乡土教科书。②

（1）蔡鹏云编：《(最新) 澄海乡土历史教科书》，澄海：景韩学堂，1919 年 10 月第十版（初版 1909 年?）；

（2）蔡鹏云编：《澄海乡土格致教科书》，澄海：景韩学堂，1909 年；

（3）蔡鹏云编：《(最新) 澄海乡土地理教科书》，澄海：景韩学堂（上海萃英书局印刷），1910 年 2 月第四版（初版 1909 年?）；

（4）郑쓰亮编：《(最新) 潮州乡土地理教科书》，揭阳：邢万顺书局，1909 年；

（5）翁辉东、黄人雄编：《潮州乡土地理教科书》，海阳：剑光编书社，1909 年初版；

（6）翁辉东、黄人雄编：《潮州乡土历史教科书》，海阳：剑光编书社，1909 年初版，次年 2 月第三版；

（7）林宴琼编：《潮州乡土格致教科书》，汕头：中华新报馆，1910 年。

二、《潮汕文化读本》的编著缘起及宗旨

《潮汕文化读本》（以下简称《读本》）的编著，基于下面的三个原因。

（一）培养学生对中华优秀传统文化的兴趣和爱好，增强民族的文化自信

中华优秀传统文化是习近平总书记党的十八大以来治国理念的重要来源之一。习近平总书记多次强调中华传统文化的历史影响和重要意义，并赋予其新

① 黄挺．潮汕文化源流［M］．广州：广东高等教育出版社，1997：1.

② 陈平原．乡土教材的编写与教学：关于《潮汕文化读本》［J］．韩山师范学院学报，2017（4）：1－9.

的时代内涵。教育部《完善中华优秀传统文化教育指导纲要》指出，“加强中华优秀传统文化教育，是深化中国特色社会主义教育和中国梦宣传教育的重要组成部分”，“是培育和践行社会主义核心价值观，落实立德树人根本任务的重要基础”，并指出要“把中华优秀传统文化教育系统融入课程和教材体系”。[①]

潮汕文化历史悠久、内容丰富，既与中华优秀传统文化一脉相承，又具有独特的地方特色，是一种优秀的地域性色彩浓厚的族群文化。弘扬潮汕优秀传统文化，对振奋海内外潮汕人艰苦奋斗、勇于开拓、诚信经营、乐于奉献的精神，增强海内外潮人的凝聚力，共同为促进原乡和海外潮人住居地经济社会发展，促进中外文化合作和交流，都具有重大的意义和作用。

然而，我们不得不看到，现在的少年儿童受到现代科技和时尚文化的广泛而深刻的影响，对传统文化反而了解和认识不足，缺乏文化自觉和文化自信，有的甚至把说方言看成是很“老土”的事情，羞于说它，更不要说其他的文化内容了。所以需要“从娃娃抓起”，运用少年儿童喜闻乐见的多种方式方法，对他们进行优秀传统文化教育，培养其对自己家乡乡土文化的热爱，从而建立文化自信。

（二）培养学生的家国情怀，为家乡和祖国的建设培养人才

基于上述的宗旨，几位潮汕籍的著名学者和潮汕三市的中小学教师联合起来，编写地方文化教材，推进潮汕优秀传统文化进学校、进课堂，大力弘扬和发展地方优秀文化、践行社会主义核心价值观，培养具有家乡情怀、乐于为家乡建设做奉献的未来人才。

利用乡土优秀文化对学生进行家国情怀教育的做法，同样可以运用到境外和海外潮裔少年儿童中去。现在的境外和海外潮裔少年儿童，对原乡文化已经很陌生了，仅有的一点点了解是通过爷爷奶奶、外公外婆的介绍得到的，绝大部分潮汕话也不会讲了。所以，通过把《读本》做成繁体字版或者双语版，并配以音频和视频，发行到海外的华文中小学去，或者通过世界潮团联谊会发行到世界各国的每一个潮团组织，再发行到海外的每一个潮籍家庭，将大大地促进境外和海外潮裔少年儿童对原乡文化的学习和了解，从而进一步学习和了解中华优秀传统文化，培养其对祖籍国的感情。

---

① 完善中华优秀传统文化教育指导纲要［EB/OL］．［2018－03－05］．http://www.moe.edu.cn/publicfiles/business/ht?mlfiles/moe/s7061/201404/166543.html.

（三）对学生进行优秀乡土文化教育，提升学生的综合素质

优秀的乡土文化是每个人的精神根基。了解优秀乡土文化，传承优秀乡土文化，在优秀乡土文化的滋养下成长，是孩子健康成长的必由之路。优秀乡土文化教育对学生的成长具备以下功能：一是人格教育功能，即帮助学生了解自己、认识乡土，发展健全的乡土观念并获得积极的乡土文化认同；二是生活教育功能，乡土教育可以增进学生的生活经验，充实学生的生活技能；三是民族精神教育功能，学生通过乡土教育培养服务乡土、贡献社会的家国情怀，由爱乡而爱国；四是世界观教育功能，乡土教育以了解自身所属的乡土环境、民族文化为出发点，以培养学生对各民族及文化的尊重与包容的态度。

总之，潮汕文化蕴藏着巨大的教育财富。学习与了解潮汕文化，可以让潮汕文化的精华在学生心中播种、生根、发芽。文化是一个民族、一个地方的根基和灵魂，学生对文化的情感态度价值观，最终决定了本土文化的生存与发展，也决定了整个民族是否具有此种文化的精神气质和人文底蕴。学习优秀本土文化，了解优秀本土文化，可以让学生以家乡文化为荣，热爱潮汕乡土文化，从而增进对家乡的热爱，产生对家乡的归属感，并进一步形成中华优秀传统文化的自觉和自信，形成热爱祖国，甘愿为祖国而奉献一切的价值观。

三、《潮汕文化读本》的定位和编写思路

《读本》的定位是“读本＋课程”，全套5册，既可以用作教材，又是课外文化读物的配有音像视频的出版物。

为了达到这种定位目标，《读本》组建了学术力量强大的编写组：由北京大学陈平原教授、韩山师范学院原院长林伦伦教授、韩山师范学院黄挺教授组织策划并主编，由韩山师范学院潮州师范分院林朝虹教授、揭阳职业技术学院欧俊勇副教授和汕头市澄海中学许泽敏高级教师分别担任小学编写组（三册）、初中编写组（一册）和高中编写组（一册）的分册主编，每一个分册都由4～8位中小学教学骨干和大学教师组成编写组。《读本》由广东教育出版社课程研发中心负责策划出版，并报送广东省教育厅教材出版专家组评审通过，列为广东省中小学地方课程教材目录，并将作为国家侨联“中华优秀文化走出去”项目，通过世界潮团联谊会向全世界发行。

编写组的编写思路是：

（一）文学性和可读性是《读本》的基调

《读本》的文学性基调决定了编写组在选择课文时更注重可读性和趣味性。小学一、二年级是潮汕方言歌谣，三、四年级是潮汕民间故事，五、六年级是诗词；初中是散文；高中是散文化的小论文。可读性和趣味性是《读本》追求的目标，首先要使学生对《读本》有兴趣、能引起学生的阅读和学习意愿。

（二）知识性和学术性是《读本》的质量保证

《读本》以文学性的歌谣、故事、诗词和散文作为体裁，但这些歌谣、故事、诗词和散文必须有反映潮汕文化的内容，从地理自然，到民俗风情；从名人名胜，到历史古今。编写组强调保证《读本》所反映出来的潮汕文化知识是正确无误的，尽量避开有争议的话题。

《读本》的三位主编，陈平原教授是现代文学、文化史、教育史的专家，林伦伦教授是方言学与民俗学的专家，黄挺教授是区域历史文化学的专家。这个三人主编小组强有力地保证了编写意图的实现。

（三）渐进性和互动性是《读本》的编写路径

为了体现不同年龄学生对文化知识学习的循序渐进，《读本》强调小学、初中、高中的课文体裁和内容的从易到难：小学一、二年级是潮汕方言歌谣，三、四年级是潮汕民间故事，五、六年级是简单的诗词；初中是散文；高中是散文化的小论文。小学三册都配有潮汕方言的音像视频辅助教学资料，并在课文之外的学习设计中逐步体现知识点的扩充、简单的田野调查、课外延伸阅读资料的导读和问题的讨论，充分体现了互动性与参与性。

（四）生动性和形象性是《读本》吸引人的手段和方法

《读本》的受众基本上是少年儿童，其对乡土文化本来缺乏了解，必须有一些吸引人的方法和手段来让孩子们感兴趣，有了兴趣才谈得上喜欢学习和了解。所以《读本》基本上采用了多模态的方法来吸引学生的兴趣，尤其是小学的三册读本。一是配上学生们喜欢的动漫插图；二是附带音像视频光盘：第一册配有方言朗读歌谣的音频资料和配上音乐的歌谣演唱视频资料，第二册配有方言讲故事的音频资料，第三册配有方言朗诵诗词的音频资料。总之，就是努力采用现代化的视听手段来刺激学生的兴奋点，从而增强学生们对传统乡土文化的兴趣，使他们有兴趣学、学得有兴趣。

四、《潮汕文化读本》的内容及教学设计

《读本》根据不同年龄阶段学生的学习需求和理解程度，每册设计 20 课，每课体现一到两个知识点。如小学一、二年级的 20 课的歌谣名称及其体现的知识点如下：

第 1 课：畲歌畲嘻嘻（潮汕方言歌谣的序歌，用夸张的表现方法唱出歌谣之多）；①

第 2 课：老鼠拖猫上竹篙（颠倒歌，故意违背事理的歌谣，表现潮汕劳动人民的幽默）；②

第 3 课：一脚雨伞（以“脚”为点，教学各种有脚的动物的方言名称）；

第 4 课：潮州姿娘好针工（表现潮汕姑娘善于抽纱刺绣的特点，同时介绍潮州刺绣的知识）；

第 5 课：门脚一丛柑（介绍潮剧代表作《陈三五娘》，同时介绍潮剧的知识）；

第 6 课：年年冬节边（介绍潮汕人过冬至节日的习俗，同时介绍潮汕节日民俗）；

第 7 课：红屐桃（以小孩儿过家家的歌谣形式介绍潮汕生活民俗）；③

第 8 课：天顶一条虹（介绍辛亥革命民俗改良故事）；

第 9 课：一溪目汁一船人（这是一首“过番歌”，介绍潮汕人含泪告别亲人、漂洋过海谋生的故事）；④

第 10 课：洋船到（介绍潮汕人到海外谋生，一去经年，家乡亲人苦苦等待其归来的思念之情）；

第 11 课：农事歌（介绍一年十二个月里农作物的生长及其耕作知识）；

第 12 课：大家来唱作田歌（介绍水稻耕种知识，强调勤劳“田地出金宝”、懒惰“田地长猫毛”的勤劳致富观念）；

第 13 课：南风去了东风来（介绍按不同季节和风向潮流出海捕鱼的知识，潮汕是滨海地区，沿海多渔民，海鲜是潮州菜的主要食材）；

---

① 畲歌［sia^{55} kua^{33}］，潮汕本地对方言歌谣的叫法。

② 竹篙［tek^{5} ko^{33}］，竹竿。

③ 红屐桃，女孩子穿的小木屐，形似桃子，叫“屐桃”；前面的橡胶皮多为红色，故称“红屐桃”。

④ 目汁［mak^{5} tsap^{2}］，眼泪。

第14课：细细生理好安家（介绍经商致富的观念，潮汕人善于经商，举世闻名）；[①]

第15课：拍啊拍铰刀（以儿童《拍手歌》的形式介绍潮汕家庭和睦的生活习俗）；[②]

第16课：保贺阿公食百岁（介绍潮汕家庭四代同堂、尊老爱幼的生活观念）；[③]

第17课：雨落落（介绍潮汕河流及淡水捕捞知识，潮汕平原江河密布，水产资源丰富）；

第18课：粿名歌（介绍潮汕著名小吃点心）；[④]

第19课：潮汕特产歌（介绍潮汕各地特产）；

第20课：潮州八景好风流（介绍潮州八景以及潮汕各地风景名胜）。

为了达到教学目的，我们在小学版的一至三册中每一课都设计了"主课文、文化百科、活动天地"三个部分。"文化百科"主要是对课文内容所涉及的文化知识点进行延伸。"活动天地"中包括一至两个活动，让学生参与到一些跟文化知识有关的活动中去，让学生亲身感受和体验潮汕文化。

在初中版中，课文的主要体裁是散文，文学性和可读性很强。除了"文化百科"和"活动探究"之外，我们设计了"旁批""交流""阅读导引"，培养学生学习的主动性、互动性和创新性，拓宽学生的阅读面和知识面。

在高中版中，我们设计了"题解"和"研究性学习"栏目，主要是培养学生思考和讨论、写作小论文的能力。

五、《潮汕文化读本》的教学实践

《读本》的试验教学是在广东省政府和潮州市教育局的支持和指导下，由韩山师范学院潮州师范分院方言文化教研中心领导实施的。广东省人民政府2018年的政府工作报告要求全省各地"加强广府、潮汕、客家等岭南优秀传统文化和非

---

① 生理［seng^{33} li^{53}］，生意。

② 铰刀［ka^{33} to^{33}］，剪刀。

③ 保贺［po^{53} ho^{11}］，保佑；阿公［a^{33} kong^{33}］，祖父，儿媳妇称公公也叫"阿公"，是随自己的儿子叫的，表示对公公的尊重。

④ 粿［kue^{53}］，各种以米、面做成的小吃点心的统称。

物质文化遗产传承发展，推动优秀传统文化进校园、进课堂”[1]。潮州市教育局为贯彻落实省政府工作报告精神，2018 年 4 月专门下达了《关于推进潮汕文化进校园、进课堂实践的通知》，“建议……有条件的学校将《潮汕文化读本》列入校本课程，以《潮汕文化读本》为载体开展系列活动，并作为潮汕文化进校园、进课堂的实践学校”。韩山师范学院潮州师范分院方言文化教研中心领导这些实践学校以方言文化教育教学为研究内容，在基础教育学校开展以《读本》教学为主的活动。每所实践学校集中学校团队力量组织 1 ~ 2 场《读本》公开研讨活动，所有参与实践的学校派老师参加观摩与研讨。往往观摩 1 节课、研讨 2 ~ 3 节课，上课很精彩，研讨更精彩，不同观点的交锋总能碰撞出智慧的火花，《读本》的课程定位与幸福学习原则和方言使用原则都是在研讨中、在讨论交流中达成共识的。过去一年多来，课题组组织了 20 多场这种“教、研、训一体化”的研讨活动。这个过程培训了师资，锻炼了一支方言文化教育的优秀队伍。

除一线教师外，课题组诚挚邀请有兴趣的学校校长，县区语文教研员，名师工作室、名班主任工作室主持人参加“教、研、训一体化”活动、名家讲座和专家座谈，使大家对方言文化教育有更进一步的认识。有的校长主动把方言文化教育纳入该校办学特色之中去进一步凝练提升，有的教研员或校长牵头开展以方言文化教育为主要内容的课题研究，有的工作室主持人要求成员学校开展《读本》教学与研究。或许是乡土文化容易引起共鸣与关注，方言文化教育在潮州本土进行，开局良好。没有参加教学实验的学校看到了《读本》教学的良好效果，纷纷要求参加，师生们的积极性都很高，有点出乎课题组的意料。教师们通过实验教学，也有所收获，他们撰写了教学经验总结和研究论文，并准备出版《潮汕文化进课堂的教学实践与研究》（暂名）和《潮汕方言童谣音乐与表演》两本著作。

当然，通过教学实验实践，我们也发现了读本的一些不足，例如高中版的小论文难度较大、不适合教学，一些地方的注释不太准确，小学三册和初中一册的难度和内容的联系性未臻完善，等等。我们正在做进一步的修订与完善工作，还包括为第一册的歌谣配上演唱音频，为第二册的民间故事配上口语版的故事音频，为第三册的诗词配上朗诵音频。现在，《潮汕文化读本》已经由广东省教育厅审定，被列入“2018 年秋季教学用书目录”。向港澳地区和海外华文学校发行的繁体字版，也正在编改之中。

---

① 政府工作报告［EB/OL］.（2018 - 02 - 02）［2018 - 03 - 05］. http://news.southcn.com/gd/content/2018 - 02/02/content_ 180670819. htm.

2 课程设计

2.1 《潮汕文化读本》课程定位与实施原则[①]

林朝虹[②]

目前中小学教材评审更为严谨、规范，据2017年12月28日《广东省教育厅关于公布2017年地方课程教材审查结果的通知》，2017年全省各单位共提交了111套（754册）中小学地方课程教材初审、审定和复查的申请，其中通过初审6套、审定11套、复查9套，共通过26套，总通过率只有23.42%。而由陈平原、林伦伦、黄挺主编的《潮汕文化读本》（小学版三册）[③④⑤] 和《潮汕文化读本》（初中全一册）[⑥] 是11套通过审定的教材中的两套。《潮汕文化读本》（以下简称《读本》）是很具创新性的“教材型读本”，是潮汕文化进校园、进课堂（“两进”）的很好载体。“潮汕文化是海内外潮人共同创造和传承的族群文化，潮汕优秀传统文化是岭南文化的重要基础之一，也是中华优秀传统文化的组成部分。”[⑦] 中共中央办公厅、国务院办公厅印发的《关于实施中华优秀传统文化传承发展工程的意见》要求“以幼儿、小学、中学教材为重点，构建中

---

① 本文发表于《韩山师范学院学报》2018年第5期。基金项目：2015年教育部人文社会科学研究规划基金项目（项目编号：15YJA850002）。

② 林朝虹，1970年出生，韩山师范学院潮州师范分院教授。

③ 陈平原，林伦伦，黄挺．潮汕文化读本：一、二年级［M］．广州：广东教育出版社，2017.

④ 陈平原，林伦伦，黄挺．潮汕文化读本：三、四年级［M］．广州：广东教育出版社，2017.

⑤ 陈平原，林伦伦，黄挺．潮汕文化读本：五、六年级［M］．广州：广东教育出版社，2017.

⑥ 陈平原，林伦伦，黄挺．潮汕文化读本：初中全一册［M］．广州：广东教育出版社，2017.

⑦ 林朝虹．《潮汕文化读本》小学版编写和教学的创新性、层次性与方言文化性［J］，韩山师范学院学报，2017（5）：90－95.

华文化课程和教材体系”。2018 年，广东省政府工作报告提出了“加强广府、潮汕、客家等岭南优秀传统文化和非物质文化遗产传承发展，推动优秀传统文化进校园、进课堂”。《读本》的编写与试验性教学实践体现着一种文化自觉与文化自信。

《读本》自 2016 年通过广东省教育厅初审后至今，我们团队牵头组织了基础教育 20 所学校对《读本》（小学版）进行试验性教学实践，目前已举行了 20 场课例观摩研讨培训。每所学校 1 场，每场在观摩研讨课之后由所有参加试验学校的教师代表评课，最后由笔者做总结性点评发言。通过一线教师上课、听课、评课与分册主编的引领，达到了教学、教研、培训一体化的师资培训新要求。我们将《读本》定位为语文综合性学习课程，其经典文本阅读与潮汕文化拓展是实现这一定位的基本路径。为达到本课程学习既趣味盎然又轻松愉快的目的，根据美国心理学界 20 世纪末兴起的积极心理学理论，我们提出了潮汕文化进课堂必须贯彻幸福学习的原则；在保护传承方言文化的时代背景下，我们提出了在统一方言区《读本》教学实施方言使用的原则。使用是最好的保护，潮汕方言是世界潮人共同的精神家园，《读本》的试验性教学实践，将为我国方言文化教育提供可资借鉴的潮汕民系案例，也将为其走向境外、海外潮人社区提供原乡范本。

一、语文综合性学习课程定位的主要依据

《读本》每册 20 节课上两学年，即平均每学期上 5 节课，每学月上 1 节课。试验教学阶段，有的学校在班会课上，有的在语文课上，有的在综合实践课上，有的在兴趣课上……关键问题是：《读本》课程应该如何定位，才能凸显这套教材内容特点且与主编意图相吻合和符合基础教育新课标理念。在多次实验性教学实践基础上，我们将其定位为语文综合性学习课程，依据如下。

1. 依据《读本》内容特点

这套教材有别于其他乡土教材的显著特点就是引入文体，以文本为中心去解说乡土文化。每一册均有一种文体的经典作品作为阅读重点。小学一、二年级是民间歌谣，三、四年级是民间故事，五、六年级是吟咏本地古诗，初中是散文，因此课堂教学必须进行经典文本阅读指导，体现“语文味”，即体现教师引导学生跟文本和编者的对话，而实行阅读教学就是学生、教师、教科书编者、文本之间对话的过程。另外，《读本》不仅仅是停留在经典文本的阅读上，而是根据每一首歌谣、每一个故事、每一首古诗、每一篇散文所触发的乡土文

化，《读本》在每一课的文化百科里，都归纳了该课学生要学习、了解的关于某一本土文化的两个知识点，因此课堂教学必须进行文化拓展，体现“综合性”，即语文新课标所要求的“语文课程与其他课程的沟通、书本学习与生活实践的紧密结合”。

2. **依据主编意图**

陈平原教授在《读本》的“致同学们”的短文中讲到，“有关乡土的缤纷知识，并非自然习得”，“需要学习与提醒、关怀与记忆”，《读本》是帮助现代人实现“上天入地”知识结构中“入地”的追求，即“努力理解脚下的这一方水土，体会区域文化的魅力”。因此，《读本》课堂教学的文化拓展必不可少。《读本》“从童谣、故事、古诗，到散文、随笔与短论”，“逐渐呈现一个丰富多彩、活色生香且与你的生命息息相关的‘潮汕’”，也就是说，童谣、故事、古诗……经典文本本身就是潮汕的，潮汕童谣、潮汕民间故事、潮汕古诗，这是潮汕文学，是潮汕文化的重要组成部分，需要孩子们学习与记忆，将来孩子们长大了，还能用方言读出、讲出这 20 首童谣、20 个故事、20 首古诗，这种文化的根、乡土的基就还在，也可能传承下去。因此经典文本在每一课的作用不是引子，是引领，是需要重点学习的。

3. **依据九年义务教育语文新课程标准**

2015 年版语文课程标准提出了“努力建设开放而有活力的语文课程”作为课程四大基本理念之一，明确要求“应拓宽语文学习和运用的领域，并注重跨学科的学习和现代科技手段的运用，使学生在不同内容和方法的相互交叉、渗透和整合中开阔视野，提高学习效率，初步获得现代社会所需要的语文素养”。《读本》课堂教学，既体现“语文味”又不仅仅是语文学习，还包括历史、地理、品德与社会、生物、美术、音乐等各学科的知识与技能的渗透与整合。所以，我们要求的微课、微视频的课堂融入，幸福学习原则下的自主合作探究，方言使用原则下的乡土文化学习，与新课标大语文观下语文素养的培养是相吻合的。

二、《读本》教学实现课程定位的基本路径

《读本》教学如何实现语文综合性学习的课程定位？这就既要避免把《读本》课堂上成没有语文味的活动课，也要避免上成纯粹的语文阅读课。因此《读本》课堂既要把经典文本阅读作为必不可少的重点环节，也要有潮汕文化拓展环节，这是实现课程定位的基本路径。这两个环节既可以前后呈现，也可

以有机融合，且文化拓展环节可以由一至几个文化体验活动组成。

1. 创设经典文本阅读环节，重在引导学生跟文本对话

缺少这一环节，无法体现《读本》这套教材最闪亮的特点；没有经典文本阅读支撑的课堂教学，会成为很肤浅的活动课。譬如《潮汕文化读本（三、四年级）》第5课“有千年池厝渡，无百年郑大进”，至少必须引导孩子们弄懂何谓“千年”（好几代、世世代代）、“百年”（一代）。如果没有文本阅读对话指导，仅让学生去记故事、讲故事，也就是活动课而已；且让孩子们记忆没有弄懂的东西是很痛苦的，他也不会去运用。说严重点，这样没有文本阅读的课堂教学将适得其反，孩子们可能会因此不喜欢自己的乡土文化。因此，或是通过言语、文字、图片、视频等帮助孩子们理解歌谣和古诗，或通过点拨故事中孩子们不懂的重点词句去引导他们理解故事内容，再让他们用恰当的适合各自年段的表达方式去朗读、讲述与吟诵，这些语文课程文本阅读需要的环节、方法与手段，同样是适合也必须用于《读本》课堂的。

这一环节要让孩子们直接接触经典文本材料，如新课标所要求的，不能“以教师的分析来代替学生的阅读实践”，“或远离文本过度发挥”，要让孩子们在弄懂的基础上多读、多讲、多诵，提倡各种形式的朗读与讲述。譬如童谣有拍手读、快板伴奏读、回声读、应答读、表演读等各种形式的呈现。以应答读为例，《潮汕文化读本（一、二年级）》第20课“潮州八景好风流”，湘桥区实验学校的教学设计是：

潮州八景好风流，（应答：乜生样?）
十八梭船廿四洲，（应答：好）
廿四楼台廿四样，（应答：上）
二只鉎牛一只溜。（应答：儒）

潮州八景好踢跎，（应答：呾来听!）
十八梭船廿四垛，（应答：过雅，过雅，过敢雅）
廿四楼台廿四样，（应答：架势，架势，过架势）
二只鉎牛一只无。（应答：趣味，趣味，过趣味）

第8课“天顶一条虹”，枫溪区瓷都实验小学的教学设计则是：

天顶一条虹，（应答：过雅哩）
地下浮革命；（应答：是做呢）
革命铰掉辫，（应答：哦障些）

娘囝放脚缠；（应答：吓就好）
脚缠放来真架势，（应答：就是哇）
插枝花囝冻冻戏。（应答：欢喜绝）

设计这样的应答，可以增加语气、增添趣味、增强感情色彩，使童谣朗读充满童趣。表面看似非常简单，实则来之不易。这些闪烁着执教者智慧光芒的设计，往往还是各实践团队共同“磨课”集体智慧的结晶。

2. 创设潮汕文化拓展环节，重在引导学生体验区域文化的魅力

引导学生跟文本对话是最见语文教师功底的教学，体现“语文味”是大家认同的语文课必须具有的特点。而《读本》不仅仅是文本的阅读，它还必须通过文本触及的潮汕文化知识点，让学生去体验自己民系的文化，在有趣的体验中去感受区域文化的魅力，去认同自己民系的文化。因此，《读本》教学文化拓展环节要重在创设学生文化体验情境，可以是一至几个文化体验活动。

（1）执教者要与编者对话，研读“文化百科”，把握好文化拓展的广度与深度。

要根据《读本》“文化百科”确定每一课所要拓展的文化内容。《读本》每一课“文化百科”所提炼的两至三个知识点，是根据经典文本触发生成的，这些知识点的概括与归纳，既有参与编写一线教师的智慧，更有几位主编的思考与见解，应作为每一课文化拓展的主要内容。譬如童谣《粿名歌》拓展讲粿文化的两个知识点，一是潮汕人为什么要做粿，二是粿印的意义；故事《富翁嗜工夫茶》拓展讲工夫茶文化的两个点：工夫茶器“四宝”和客至则设茶；古诗《龙虾》拓展讲饮食文化：无海鲜不成筵与鲜美清淡的潮汕饮食。

《读本》“文化百科”虽是解说性文本，但其知识点的确立已考虑了各年段学生的接受能力，也考虑了60个课功能的划分，执教者要读出编者意图，切忌无限拓展。譬如《潮汕文化读本（一、二年级）》第7课“红屐桃”拓展讲红屐桃与出花园这两个知识点，也就是集中说清楚潮汕出花园民俗即可。有位执教者上这一课时，拓展讲到潮剧，讲到其他潮汕民俗如营老爷等等，则范围过大、过泛，不可能讲好。这既是没有把握好深度和广度的无限拓展，也有重复解说之嫌，因讲潮剧，低年级《潮汕文化读本（一、二年级）》第5课“门脚一丛柑”的“文化百科”已拓展介绍了潮剧《陈三五娘》，而高年级《潮汕文化读本（五、六年级）》第10课“韩江竹枝词”的“文化百科”则还会进一步对潮剧进行介绍，体现一种解说的层次性。

（2）执教者要把文化拓展设计成学生文化体验活动，让《读本》课堂趣味盎然。

《读本》“文化百科”是从潮汕生活中来，必须回到生活中去，课堂可以呈现为生活—文本—生活的螺旋式上升。一开始的生活体验是粗略的，或许是只言片语，通过文本学习之后文化体验环节的真切感受，又回到生活中去。每一课“活动天地”是参考性文本，老师们可以选用，也可以配合文化拓展内容自行设计。譬如上《潮汕文化读本（一、二年级）》第18课“粿名歌”，枫溪区奎元学校老师从图片认识“粿”开始，学习歌谣之后，设计了学生用超轻黏土做粿的活动体验，最后还让学生吃上热乎乎的几种潮汕特色粿。学生识粿、说粿、做粿、念粿、分粿，还把童谣最后一句“食了免分人”的“免（方言词，不用的意思）”改为“着（方言词，应该的意思）”，原意思是粿很好吃、舍不得分给别人，一字之改，马上升华了主题，表达了好东西要与别人分享的意思，获得大家的一致好评。同样，这一册第19课“潮汕特产歌”，湘桥区实验学校执教者也是从图片认识特产开始，设计的文化拓展活动有两个：一是让学生各自带一种手信与师生分享并口头介绍所带特产；二是为自己所带的特产设计一张名片，说出它的品名、特点，并用一句话推荐它。喜欢家乡特产，推荐家乡风物，爱乡教育融入文化体验之中。《潮汕文化读本（三、四年级）》第17课“富翁嗜工夫茶”，潮州市绵德小学老师从家庭喝茶谈起，学习这个民间故事之后，把工夫茶传承人请进课堂演示，并让学生自己学泡茶，请老师和同学们喝上自己泡的茶。学生在观摩传承人讲述、演示以及自己实践的一系列文化体验活动中，学得了礼貌、谦让与恭敬。《潮汕文化读本（五、六年级）》第18课“潮州竹枝词”，潮安区庵埠小学教师让学生把在潮汕“有意思”的水果、植物如潮州柑、橄榄、甘蔗、芹菜、葱、蒜等带到课堂上来，并要求他们说出各自在潮汕特有的民俗含义。往往这个时候，学生特别开心、特别活跃、特别投入。观摩听课的教师说，孩子们都乐得忘记课堂了！基础教育的课堂不仅是教师的讲坛，更是学生的学堂！让学生在愉快的活动中去体验、去感受、去认识、去认同自己的民系文化，何乐而不为！

三、《读本》进课堂的实施原则

《读本》作为潮汕文化进校园、进课堂的载体，通过经典文本阅读与潮汕文化拓展的基本路径实现其语文综合性学习的课程定位，而幸福学习原则和方言使用原则则是理想课堂教学必须实施的两大原则。

1. 幸福学习原则

什么是幸福学习？陈平原教授说“衷心希望本课程的学习，对你来说，既趣味盎然，又轻松愉快”（《读本》的“致同学们”），如是的情感体验，就是一种幸福。幸福学习原则着眼于情感，即内心感受。愉快地学习、体验之后，内心充盈着幸福，对自己民系文化有强烈的认同感，让自己有了归属感。《论语·雍也》“知之者不如好之者，好之者不如乐之者”，说了学习的三层境界：知、好、乐。懂得学习的人比不上喜爱学习的人，喜爱学习的人比不上以此为乐的人。

幸福学习的理论依据是积极心理学。积极心理学是美国心理学界于20世纪末兴起的一个新的研究领域，以塞里格曼（Seligman）和西克赞米哈依（Csikzentmihalyi）的《积极心理学导论》为标志。积极心理学（Positive Psychology）倡导对问题做出积极的解释，它的三大研究支柱是：积极的情感体验、积极的人格特质和积极的组织系统。这三个支柱分别代表三种不同的生活理念：积极的情感对应的是“愉快的生活”；积极的人格特质对应的是能够让个体“充分参与的生活”和“有意义的生活”；积极的组织系统，即允许个人能够在这样健康的环境中蓬勃发展和贡献。积极教育就是指教育要以学生外显和潜在的积极力量、积极品质为出发点，以增强学生的积极体验为主要途径，最终达成培养学生个体层面和集体层面的积极人格，促进学生的良性发展。

这里举一两个例子谈谈幸福学习原则的贯彻。譬如，某小学老师上《天顶一条虹》这一课时，在贯彻幸福学习原则上就有得有失。这是一首时政童谣，背景是辛亥革命，很多观摩研讨课的老师坦言这一课很难上，难在经典文本内容离学生的生活有些遥远。执教老师迎难而上：通过设计各种形式的诵读，让学生喜欢上这种颇有历史的童谣；通过图片、视频、剪贴报等形式的展示，让学生了解了辛亥革命与红色革命。这种愉快学习就是积极情感的培养。而这个过程有各个学生小组选用喜欢的方式诵读的小组学习童谣，每个组、每个学生都在组里、在班里朗读与表演，是让个体充分参与有意义活动的积极人格培养，值得提倡。但笔者在观摩中发现，有些小组合作学习就徒有形式，其本质是个别优秀学生的“汇报演出”，而一般学生得不到充分参与，没有让小组全体学生都充分参与学习活动，不利于全体小组学生积极人格的培育，没有贯彻幸福学习原则。另外，在了解潮汕红色革命的剪贴画展示中，执教者过多关注那些图文并茂的介绍，有个坐在教室最后的孩子，他的剪贴画只有五个字“潮州七日红”，并贴了几张照片，是他同妹妹在潮州西湖涵碧楼前和楼里图片展前的合影以及涵碧楼的照片，或许老师认为太简单了，没有选中他去展示。但读这张图，我们可以知道这是最符合低年级小学生水平的剪贴报，是最真实的参观活动。《读本》课堂应倡导多展示这一类作业，这种班级氛围才是幸福学习所要追求的。当然执教者创设的学生课前活动参观、搜集资料做成剪贴报、课堂展示汇报的学习环境是值得肯定的，这是积极心理学第三支柱"积极的组织系统"所研究的范畴，是班级的教育环境与氛围。又如，湘桥区实验学校老师在非洲鼓特长班上《潮汕特产歌》，小组合作环节，有个学生趴着不动、不愿意按小组定下的那种节奏来拍打并朗读歌谣，理由是节奏太简单了、没意思。这时执教老师过来了，告诉他要学会合作，并提出打完后可换另一种节奏类型，他开心地接受了。这就达到了让每个学生学会合作、培养积极人格的目的。总之，幸福学习原则就是要求能让学生愉快学习，培育学生积极情感；让学生能充分参与有意义的学习活动，培育学生积极人格；为学生愉快学习创设环境和氛围，包括学校的、班级的和课堂的，促进学生的良性发展。

通过贯彻幸福学习原则，让学生对潮汕民系文化有一种认同、喜爱的情感，达成《读本》课程学习目标。当一个人真正喜爱自己的民系文化时，他就有了一种归属感，而归属感又让他对自己民系优秀文化所蕴含的思想观念、人文精神和道德规范会去自觉追求与遵循。譬如《潮州姿娘好针工》课的教学，通过潮绣展示体验，让学生感悟潮州女子的心灵手巧，这种文化熏陶会让学生也想做个这样的人，会自觉遵守这种文化所倡导的行为规范。又如《读本》谈祠堂、谈做粿祭拜祖宗，是蕴含慎终追远、民德归厚的教育。这些跟党的十九大报告提出的"激励人们向上向善、孝老爱亲"以及社会主义核心价值观的培育都非常吻合，这种乡土教育是一种润物无声的文化浸染。

2. **方言使用原则**

《读本》进入中小学课堂，其教学语言是普通话还是方言？还是双语（普通话＋方言）？哪种效果更佳？如果使用方言，是否有政策依据？是否违背了国家的"推普"政策？

2017 年 1 月 25 日，中共中央办公厅、国务院办公厅印发了《关于实施中华优秀传统文化传承发展工程的意见》，提出"大力推广和规范使用国家通用语言文字，保护传承方言文化"，这是国家层面对"方言文化"保护传承的政策支撑。当然，"方言文化"这个概念在学界有不同的含义。周振鹤、游汝杰

《方言与中国文化》谈到语言本来属于文化的范畴，但在文化现象中比较特殊。[①] 可见，方言本身就是一种文化。张磊探讨了上海方言保护的必要性和可行性，文中的“方言文化”指的是方言。[②] 美国的人类学家多萝西·李（Dorothy Lee）从语言着手透析文化，通过大量的田野调查材料，指出特罗布里安德岛人的语言特征铸就了其文化特征，被称为“方言文化”研究。[③] 可见“方言文化”也可指一种研究方法。曹志耘在《北语语言所十年述略》中指出“方言文化是指用特殊方言形式表达的具有地方特色的文化现象，包括地方名物、民俗活动、口彩禁忌、俗语谚语、民间文艺等”[④]。笔者认为，方言文化是民系文化的重要组成部分，是指地方方言和以方言为载体的地域文化，包括方言、方言熟语、民间文艺和民俗活动等等。

潮汕民系方言文化是潮汕文化的重要组成部分，是指潮汕方言和以潮汕方言为载体的民间文学艺术与民俗活动，包括属于民间文学的潮汕歌谣、潮语讲古（含传说与民间故事）、潮汕灯谜等，属于民间艺术的潮州歌册、潮州音乐、潮剧等，还有以潮汕方言为表现形式的各类民俗活动等等。从《读本》小学版三册的内容看，第一册潮汕童谣是以方言为载体的口头文学，第二册民间故事是以潮语讲古的形式进行再创作，小学高年级第三册是古诗，古诗词更多属于方言而不是共同语，而且“第二、三册的文化百科涉及诸多属于方言文化的地方名物、俗语谚语、地方民俗等”，都是属于潮汕民系方言文化的内容。

在教学实践层面上，试验学校曾用双语（普通话 + 方言）教学，民间故事用方言讲，其他教学语言用普通话，结果师生把方言表达很是生动、有趣的话语翻译成共同语时，味道顿失。之后，同样的教学内容尝试教学语言使用方言，效果非常好，尽管学生的方言讲得不溜，但他们感觉很亲切，很乐意用方言努力地表达。当然，贯彻方言使用原则对执教者是很大的挑战。很多老师坦言习惯了上讲台用普通话思维与表达，一下子要转换成方言颇有难度；而且一些字词自己都不知道方言怎么说了，课前得查字典、问问老人家，得做足这方面的工作。

---

① 周振鹤，游汝杰. 方言与中国文化［M］. 上海：上海人民出版社，2015.

② 张磊. 刍议我国方言文化的立法保护：以上海为例［J］. 太原教育学院学报，2006（z1）：127－129.

③ 叶舒宪. 出“文”入“化”与“小学”更新：说解《说文解字的文化说解》［J］. 中外文化与文论（第4辑），1997（2）：99.

④ 曹志耘. 北语语言所十年述略［J］. 语言教学与研究，2011（4）：1－6.

根据国家政策的新要求以及《读本》内容特点和实践效果，我们建议在统一方言区班级，《读本》课堂教学语言使用潮汕方言；在外地孩子较多的班级，则用双语。其实在这样外地孩子比较多的班级，外地孩子学会用潮汕方言诵读潮汕童谣时，孩子们很兴奋，家长也很高兴，觉得自家孩子真正融入了当地的生活与学习。使用才是最好的保护，《读本》课堂贯彻方言使用原则未曾不是对方言文化最好的保护与传承！“而潮人遍布海内外，潮汕本土 1 000 多万人，世界各地也有 1 000 多万人”①，四海潮声，哪里有海水，哪里就有潮人；哪里有潮人，哪里就有潮人文化。目前《读本》在制作繁体字版，将在澳门等地推行。留住乡音、记住乡愁，潮汕民系方言文化是东南亚国家潮人血脉乡情的联系纽带，是“一带一路”下加强交流、增进情感的共同文化，是“民心相通”工程建设应有之义。

总之，依据《读本》内容特点、主编意图以及九年义务教育语文新课程标准，《读本》定位为语文综合性学习课程；经典文本阅读和潮汕文化拓展则是实现课程定位必不可少的环节，是实现课程定位的基本路径。通过基本路径实现语文综合性学习课程定位，《读本》教学必须始终贯彻幸福学习原则；而《读本》因其方言文化教育内容，则提倡在课堂教学上给予方言以合适的时空。《读本》的实践在新时代文化自信背景下进行，其意义更为深远。

---

① 林伦伦. “潮人文化”与“潮人”的身份认同［J］. 韩山师范学院学报，2017（1）：10－19.

2.2 《潮汕文化读本》小学版编写和教学的创新性、层次性与方言文化性[①]

林朝虹[②]

潮汕文化是海内外潮人共同创造和传承的族群文化，潮汕优秀传统文化是岭南文化的重要基础之一，也是中华优秀传统文化的组成部分。中华优秀传统文化“是中国传统文化中的非常好的成分或因素，在内容上包括从自然到社会和人类自身，涵盖政治、经济、文化、哲学、军事、医药等诸多方面”，“是中华民族长期发展过程中形成的，有着积极的历史作用，至今具有重要价值的思想文化”。[③] 习近平总书记指出，“培育和弘扬社会主义核心价值观必须立足中华优秀传统文化”，“使中华优秀传统文化成为涵养社会主义核心价值观的重要源泉”。[④] 2017 年 1 月 25 日，中共中央办公厅、国务院办公厅印发了《关于实施中华优秀传统文化传承发展工程的意见》，指出“文化是民族的血脉，是人民的精神家园。文化自信是更基本、更深层、更持久的力量”，强调把中华优秀传统文化贯穿国民教育始终，“以幼儿、小学、中学教材为重点，构建中华文化课程和教材体系”。

在这种时代背景下，一套由教育部“长江学者”特聘教授、北京大学教授陈平原，国家语言资源保护工程核心专家组成员、广东省首席专家林伦伦教授，韩山师范学院潮学研究院副院长、历史学教授黄挺任主编，从小学至中学的民系文化读本——《潮汕文化读本》[⑤] 由广东教育出版社出版了（小学三册，以下简称《读本》）。文本教材是优秀传统文化教育最主要的载体，这套由文学、

---

① 本文发表于《韩山师范学院学报》2017 年第 5 期。

② 林朝虹，1970 年出生，韩山师范学院潮州师范分院教授。

③ 李宗桂．试论中国优秀传统文化的内涵［J］．学术研究，2013（11）：37－38.

④ 习近平．把培育和弘扬社会主义核心价值观作为凝魂聚气强基固本的基础工程［N］．人民日报，2014－02－26（1）.

⑤ 陈平原，林伦伦，黄挺．潮汕文化读本［M］．广州：广东教育出版社，2017.

语言、历史领域“术有专攻”的三位知名教授带领潮汕30多位一线教师编写的教材，是为了帮助潮汕孩子更好地理解脚下的这方水土，感受活色生香的潮汕。《读本》通过广东省中小学教材审定委员会初审，并将于2018年进入广东省地方教材目录。这是一套教材型读本，陈平原教授认为《读本》“得意之处有三：乡土气息、儿童趣味和文章魅力”。[①] 作为小学版三册主编，笔者想谈谈何谓教材型读本及其创新性、层次性与方言文化性。帮助参与编写的小学教师真正理解教材型读本及其创新性，使文化解说有层次地展开，这是实施编写意图最要紧之事；而方言文化性则让这套教材又兼具了方言文化教育读本特点。阐述这套乡土教材兼方言文化教育读本几大鲜明特色的形成，在当下对于其他民系文化读本的编写与教学实践具有参考价值和现实意义。

一、教材型读本及其创新性

“教材型读本”这种编写理念本身就很具独创性与新颖性。教材，我们见过了不少，出版社也做惯了；读本，我们经常看到的有成人的、孩子的、亲子共读的。教材型读本是一种什么概念的读本？这是一种既可以走进课堂具有教育课本功能，又可在没有课时安排的情况下作为学生自主阅读或家庭亲子共读的读本，简言之，要兼具教材和读本两种功能。这种教材型读本可以不受学校课时制约，有课时安排就可以构建读本课堂；没有课时安排也可以走进学校，利用早读、午读、大课间引导孩子们自主阅读；再不然，也可以走进家庭，亲子共读。不做成纯粹的教材而兼具教材与读本功能，可以扩大其使用范围和阅读群体，让读本走得更远。

《读本》的创新性还在于它不追求体系严密、结构完整，而是以文本为中心去解说乡土文化，以乡土文化去推动方言教育。一、二年级是潮汕方言童谣，三、四年级是潮汕民间故事，五、六年级是歌咏潮汕古诗，并不一定从文本的主题思想引发，而是从文本触及的内容出发，从孩子们学习乡土文化的兴趣出发，自然引出知识点，组成了有关潮汕文化的百科知识文库。

如何使一线教师准确理解这一定位，使自己编写出来的《读本》就是教材型读本？笔者让编者通过“样章”的打磨去模仿与体会。样章不仅是形式上体例的确定，更有内容上的示范，可让编者以一个个具体可仿的课例去读懂“教

---

① 陈平原．乡土教材的编写与教学：关于《潮汕文化读本》［J］．韩山师范学院学报，2017（4）：1－9.

材 + 读本”的含义。小学三册编写体例是一样的，每一课的内容分为三部分：一是经典文本，或是歌谣或是故事或是古诗；二是文化百科；三是活动天地。而低、中、高三个年级三个样章，从经典文本的选用，到文化百科的解说，到活动天地的设计，都是在不同观点的碰撞中升华火花、集中智慧。最后的定稿版，教材型读本及其创新性得以清晰地呈现。

《潮汕文化读本（一、二年级）》（以下简称“第一册”）样章是第 18 课“粿名歌”。这一册 20 课 20 首歌谣是在《全本潮汕方言歌谣评注》[①] 千首歌谣中精选出来的。《粿名歌》这首童谣说的是潮汕地区十来种粿，显然第二部分文化百科是解说粿文化。跟六七岁的孩子可讲粿文化的哪些方面？如何讲明白？陈平原教授认为，“教科书的特点，决定了其不以专深见长，而更注重儿童的认知水平与接受能力”[②]。我们选定了两个知识点，一是潮汕人为什么要做粿，二是粿印的寓意。有很多的参考资料，最初稿在阐述第一个知识点时，一线教师唯恐讲不明白，写了很多，把自己懂的都写进去，这是教师们编写之初普遍存在的问题。笔者对初稿大刀阔斧地删减，这一知识点，文字就剩下这么一句：“潮汕人逢年过节要祭拜祖先和神灵，粿品是必不可少的供品，做粿就成了过节的序曲，而品种丰富的粿品也是潮汕人喜爱的风味小吃。”[③] 第三部分活动天地则设计了做红桃粿，分为用米粉做皮、包馅、用模具印出形状、蒸熟等四个步骤。

《潮汕文化读本（三、四年级）》（以下简称“第二册”）样章是第 17 课“富翁嗜工夫茶”。这一册 20 个潮汕民间故事都是我们改编的，而这则民间故事的选定还颇有争议。出版社在初审样章时，认为选文不佳，不如选宋茶的故事。但笔者坚持改写这个故事，理由如几位主编教授所支持的。林伦伦教授在指导笔者编写《读本》时说：“《富翁嗜工夫茶》的故事出自《清稗类钞》，但秦牧先生改写过，有两个版本，一个是《敝乡茶事甲天下》，一个是《茶乡笑谈》。如果觉得《清稗类钞》的文章小学生读起来有点难，是否可以选秦牧先生改写过的为蓝本，可以通过注解说明故事来源自《清稗类钞》。或者编写组自己改写后注明故事来源自《清稗类钞》，也说明秦牧先生在《敝乡茶事甲天下》和

① 林朝虹，林伦伦．全本潮汕方言歌谣评注［M］．广州：花城出版社，2012.

② 陈平原．乡土教材的编写与教学：关于《潮汕文化读本》［J］．韩山师范学院学报，2017（4）：1－9.

③ 陈平原，林伦伦，黄挺．潮汕文化读本：一、二年级［M］．广州：广东教育出版社，2017：70.

《茶乡笑谈》两篇散文中都讲过这个故事。可见这个故事在作家心里印象至深。”黄挺教授也建议用《清稗类钞》中的故事为蓝本。笔者请三位一线教师改编，再把三份改编稿拿到三所小学同时让三、四年级学生阅读，请孩子们选出最喜欢的改编稿，然后笔者再对选出的稿子详细修改成故事样章。要求其他改编故事的教师参照故事样章的篇幅、语言表达去创作，以确保文本的可读性，增强其文章魅力。《富翁嗜工夫茶》的文化百科解说工夫茶，包含两个知识点：一是工夫茶器“四宝”，图文呈现茶壶（冲罐）、小茶杯、陶制小水壶和红泥小火炉。如果仅仅这样，就只停留在低年级的文化现象解说上。二是“客至则设茶”，则上升到文化内涵的简要揭示，介绍潮汕人喝工夫茶的礼节，让孩子们懂得何谓敬、和、精、乐。活动天地是喝茶习惯的小调查。

《潮汕文化读本（五、六年级）》（以下简称“第三册”）样章是第19课“龙虾”。这一册20首歌咏潮汕的古诗，是三位主编教授在从宋代到清代的潮汕文献中精选出来的。这一课首先呈现的是清代赵执信的五言绝句《龙虾》：“神龙好头角，何意落盘中？莫讶争相嗜，人间尽叶公！”其文化百科并非从主题思想去解说，而是从诗文涉及的内容“龙虾”触发，自然生成解说的文化点是“潮汕海鲜”。原设计先从丰富的海产说起，然后谈“无海鲜不成筵”，最后谈“鲜美清淡的潮汕饮食”，集中解说海鲜。活动天地是学做蒜蓉虾和学做潮汕家常菜。但样章初审时出版社认为《龙虾》一课偏离了主题，变成望文生义的漫谈，还建议解说时可不仅仅围绕龙虾和海鲜，建议围绕潮菜展开。陈平原教授在指导笔者编写《读本》时却认为：“单就诗而言，《龙虾》并不出色，若有更合适的，当然可替换。若找不到谈潮州美食的更合适的诗歌，则保留此篇，理由是——我们需要‘外人眼中的潮州美食’，赵执信是清代著名诗人及诗评家，到过潮州，且写过潮州美食，这样的例子不好找。解说时，建议就集中在海鲜，如何体会或向外人介绍‘食在潮州’，可不只这一课。”这样，我们坚持了原设计，不过删去了“认识海产”这个知识点，留给低年级“海鱼谣”去学习。

样章，从体例、内容、表达都有着榜样示范作用。通过样章的打磨，从文本、百科到活动，既有经典文章的阅读，也有教学活动的设计，从文本内容触发，不求体系的完整，但求片段的精彩，更有利于教学。小学三册的编者从学习、修改、交流、讨论与分享中，体会了教材型读本及其创新性特点。

二、文化解说的层次性

《读本》低、中、高三个年级共60课，其文化百科的解说必须适合小学不同年龄段孩子的阅读水平，即解说内容的不同侧重、图文模态的不同呈现以及同一话题的不断深入，从内容到形式都体现一种螺旋式上升，这就是文化解说的层次性。

（一）解说内容的不同侧重

我们认为，《读本》中每一课文化百科的解说，低年级以解说文化现象或历史事实为主，中年级是文化现象与内涵的简要阐述并重，高年级则是揭示蕴含于文化现象或历史事实背后的文化内涵。譬如第一册第 13 课“南风去了东风来”和第 17 课“雨落落”，第 13 课文化百科的小标题是“唱一唱海鱼谣”与“尝一尝海鲜宴”，第 17 课则是“淡水鱼歌”与“腌河蚬”，其实就是在认识“海鲜”与“河鲜”。而中年级的文化百科是文化现象解说与内涵的揭示并重，如上文提到的样章。又如第二册第 1 课“韩愈祭鳄鱼”，其第一个知识点“治潮八月，流芳千古”，图文并茂陈述韩愈驱鳄、兴学、治水、赦奴的功绩；第二个文化点则揭示了为何潮州江山改姓韩。高年级《读本》每一课文化百科的解说则应侧重在文化内涵的进一步阐述上，这也是我们把第三册样章第 19 课“龙虾”原设计中“认识海产”这个知识点删去的原因。

（二）图文模态的不同呈现

笔者认为，根据低、中、高不同年级的年龄特征，《读本》中文字和图片这两种模态所占的比重应该有所不同：低年级以图片为主、以文字为辅，读图也是一种阅读；中年级是图文并茂；高年级则以图片为辅、以文字为主。这种儿童趣味的呈现也是有年龄层次的不同要求的。

小学低年级，图片模态很重要，尝试让低年级教材具有绘本的味道。绘本也是一种读本，符合教材型读本的编写理念。如《读本》中第一册样章第 18 课“粿名歌”的文化百科围绕“做粿就成了过节的序曲”这个意思，精选了祭拜祖先、红桃粿、朴籽粿和生活中常见的各色粿品等四张图片。其活动天地配合做红桃粿四个步骤也配上了四张图片。又如《读本》第一册第 13 课的“唱一唱海鱼谣”呈现了 12 种海鱼的 12 张图；其第 17 课的“淡水鱼歌”是通过 6 张图认识 6 种淡水鱼。而其“海鲜宴”和“腌河蚬”则每一步都少不了图片模态。同样解说海鲜，到了第三册第 19 课“龙虾”，则重在阐述“无海鲜不成筵”与“鲜美清淡的潮汕饮食”，以文字的阐说为主，其中精选的几张美食图片是起辅助作用的。

（三）同一话题的不断深入

作为分册主编，必须完成60课的功能划分。即使是同一话题，也要不断深入，使文化解说呈螺旋式上升。

例如介绍潮汕人物，一定会谈到让潮州江山改姓的大文豪韩愈。小学共有4课涉及韩愈，第二册民间故事第1、2课“韩愈祭鳄鱼”和“留衣亭：韩愈与大颠和尚的故事”，第三册古诗《谒韩祠》《韩山》，我们尝试让孩子们通过各个角度了解这位对潮汕做出重大贡献的大文豪。在文化百科，第二册解说的是“治潮八月，流芳千古”“赢得江山都姓韩”；第三册解说的则是“朝奏夕贬”“雪拥蓝关”，韩愈“夕贬潮阳路八千”被贬潮州以及当时身心被摧残的惨况，还有“橡花卜科名”“走马牵堤防”等传说故事，“口口相传有韩公”“崇韩文化”是潮汕地区特有的人文奇观。

又如介绍中国四大古桥之一的广济桥，第二册《仙佛造桥》解说了“十八梭船廿四洲”和“廿四楼台廿四样”，这是广济桥最主要的特色。但到了第三册古诗《湘桥即目》，诗句“一个桥洲一画亭”本来可谈“廿四楼台廿四样”，但为了避免重复，这里文化百科就解说了“斜阳十里印晴汀”和“一里长桥一里市”。

再如介绍潮汕民系过番历史的解说。第一册两首过番歌谣，解说了“红头船”和“过番三宝”。当年潮汕先民就是乘坐红头船出海，走向世界的。过番时很多人会带浴布、市篮和竹笠（雨伞），这是“过番三件宝”。而第二册中《唔对凯伯个数路》是关于侨批的故事。第三册清代杨少山《潮州竹枝词》中的诗句“儿曹昨岁暹罗去”，显然还是谈“过番”。一开始，这个课的编者觉得无所适从：红头船、过番三宝、侨批这些关于过番的知识点都被解说了，还有什么可说的呢？笔者则让他谈“家破无奈过暹罗”与“通日拼生死”，揭示当年先辈过番的辛酸历史以及到异邦的拼搏。

三、乡土教育的方言文化性

方言文化性使乡土教材具有了方言文化教育的功能。方言“式微”是一种不可逆转的大趋势，保护方言和方言文化成了一个重要的命题。《关于实施中华优秀传统文化传承发展工程的意见》明确提出“保护传承方言文化”。但有语言专家说“保护方言并不是让大家学方言说方言”，“方言的保护其实就是一个专门的资源保护与利用研究问题”。“果真如此，方言也死了。语言的使用是语言的生命，‘使用’才是最好的保护和发展。方言文化课程的开发与实施，是对方言与方言文化的传承，是一种很好的‘使用’，是一种‘活态’的保护。”①《读本》是地方课程教材，是乡土教育读本，也是方言文化读本。这里的方言文化性有以下两个意思。

（一）方言教育应着力于它所承载的方言文化

方言教育的着力点不应在其工具性。方言进校园，单靠几节45分钟的课，单靠零星半点的方言词和个别句子的学习，单靠一两首方言童谣的学习，是没有效果的。这种为了方言而方言，把方言当目的来学习的做法是不可取的。陈阿娇《方言进课堂为什么不能拯救上海话》就谈道，一些地方在语委和教育部门的主导下，开始尝试方言文化进课堂的活动，希望让学生在课堂上会说方言，但是近日著名语言专家、吴语研究专家钱乃荣却直言“效果不会太大”，并表示不会去学校里教孩子们方言。陈阿娇认为，只有学没有使用的语言，永远是死的、没有生命力的。② 方言教育的着力点应该在其文化性，在它所承载的方言文化。2015年6月上海市依法构建和谐语言生活考察团到潮州市调研方言文化教育，对湘桥区向上实验幼儿园把《精选潮汕方言童谣》③ 作为教材、把方言童谣学习列入教学计划、每周一节持之以恒的做法给予了赞赏，认为此举比单纯教学方言要有趣得多。同歌同声，方言方音是海内外血脉乡情的联系纽带。

《读本》是以潮汕方言歌谣、民间故事和方言诵读的古诗为学习重点的。第一册方言歌谣是以方言为载体的口头文学，这一册教学语言尝试用方言。第二册民间故事也计划以潮语讲古的形式进行再创作，第三册古诗将是方言与普通话诵读。第二、三册的文化百科涉及诸多属于方言文化的地方名物、俗语谚语、地方民俗等，因此乡土文化课的教学语言尽量使用方言。总之，方言进校园，在有了整套教材的前提下，我们将尝试给予方言文化教育以合适的时空。

（二）多种模态呈现方言文化

《读本》第一册选取笔者主持教育部项目千首潮汕方言歌谣音频的20首，植入二维码，使读本的歌谣有了声音模态。但这远远不够，方言文化应以孩子

① 林朝虹，林伦伦．潮汕方言歌谣研究［M］．广州：暨南大学出版社，2016：204.

② 陈阿娇．方言进课堂为什么不能拯救上海话［EB/OL］．（2016－11－14）［2017－04－22］．http://cul.qq.com/a/20161114/036393.htm.

③ 林朝虹，林伦伦．精选潮汕方言童谣［M］．广州：花城出版社，2013.

们喜欢的各种模态呈现。在潮汕方言歌谣多模态传承体系的建构中，我们提出并实践了歌谣文字、声音、音乐、漫画、动画等多种模态的传播。我们将坚持多模态呈现方言文化的做法，且以精品的理念来创作。譬如新创作的歌谣音乐，一是做给小学生唱的，二是将作为Q版动画的音乐，所以作品风格明快，以四分、八分、十六分、附点音符的节奏先将歌谣诵读一遍，融“谣”入“歌”，以唱白的形式将歌谣吟诵；再按潮州方言8个声调的高低抑扬去谱曲，配上衬词帮腔，使曲调更为丰富且有了潮曲的味道。

第二册民间故事，一些表达我们不避方言词。譬如第13课“一条牛索激死三个师傅”，“牛索”指牛绳，这根牛绳是指从熙公祠石雕中牧童手中细如牙签、双股相缠的牛绳，精细得让人怀疑是否用石头雕刻而成。“激死”，是被急死的意思，相传当年几位石雕师傅相继在眼看就要成功时牛绳断了，前功尽弃，为此累死、急死了三任师傅。“一条牛索”精神，“其实这正是李克强总理提倡的‘工匠精神’在潮人文化中的具体体现”①。还有潮汕民俗活动如第12课“盐灶老爷欠拖”，与上文提到的《唔对凯伯个数路》都是句潮汕俗语，诸如此类的标题，我们不避方言词，尽量原汁原味，保留原生态。这是文字模态的呈现。而民间故事，将讲古艺人不同声线的声音刻画以及讲古态势语言的表达，通过摄录留下，使民间故事还以音频和视频模态呈现。

包括第三册在内，整套教材涉及许多潮汕地方名物、民俗活动、口彩禁忌和俗语谚语等等，我们少不了用方言形式表达。譬如第三册第17课“潮州杂兴”：“蛮女科头足踏尘，丈夫偏裹越罗巾。天无晴雨穿高屐，岂是风流学晋人？”② 清代江苏人徐乾学来到潮州，看到当时男女潮人衣着打扮，或许觉得有些奇怪，便写下了这首诗。于是文化百科我们解说了“穿木屐”“打鬃”“系‘肚腰’”三个知识点。这类民俗事象，地域色彩浓烈，从教材文字到教学语言，非方言不能表达，正是方言文化所属范畴。

《读本》小学版3册60课涵盖了潮汕衣食住行、人物、历史、建筑、自然风光、风俗礼仪、民间文学、戏曲、音乐、工艺美术、文化心态等方面。诚如陈平原教授在《读本》的卷首“致同学们”中所说：“成长过程中，最好能‘上天入地’。这当然是比喻——‘上天’指的是获得全国乃至国际性视野，‘入

---

① 林伦伦．“潮人文化”与“潮人”的身份认同［J］．韩山师范学院学报，2017（1）：10－19．

② 陈平原，林伦伦，黄挺．潮汕文化读本：五、六年级［M］．广州：广东教育出版社，2017：68．

地’则是努力理解脚下的这一方水土，体会区域文化的魅力。”《读本》首发式上，香港砚峰文化出版社首批购买10万册，将在东南亚华人社区及学校免费赠阅，以唤起海外潮人的共同记忆，《读本》将由本土走向海外。在21世纪“海丝”语境下，《读本》的编写与教学实践，将为其他民系乡土文化教育读本的编写以及方言文化教育提供潮汕民系成功范例，也将具有海内外交流的现实意义。

2.3 地方优秀传统文化进校园的有效“链接”及实现路径[①]

——以《潮汕文化读本》为例

林朝虹[②]

优秀传统文化进校园、进课堂是文化自觉、文化自信的新时代呼唤。地方优秀传统文化是中华优秀传统文化的组成部分，这种乡土教育有利于维护乡土社会秩序。粤东闽语区在陈平原、林伦伦、黄挺教授带领下，2017 年 1 月出版广东省省编地方课程教材《潮汕文化读本》（以下简称《读本》）小学一至六年级三册和初中全一册[③]，构建了涵盖小学、初中的潮汕文化课程教材体系。目前在潮州市 78 所中小学开展实践教学。作为小学《读本》三分册的主编以及中小学《读本》课程实践的负责人，笔者参与了静态的教材编撰与动态的课程建构，组织策划了乡土教育师资培训。本文以《读本》为例，聚焦传统文化与不同年段受教育者之间建立有意义且有效“链接”的关键问题，概括并总结其实现路径，探求优秀传统文化进校园、进课堂的科学性与规律性，以期对其他民系优秀地方文化进校园具有参考价值与借鉴意义。

一、传统文化与受教育者之间必须建立有意义且有效的“链接”

传统文化都是在一定历史条件下产生的，是传统社会的产物。地方传统文化往往具有“积极”与“消极”两重性，必须用扬弃的观点对其“取其精华、去其糟粕”。进校园的传统文化应该是“优秀”的，就是非常好的成分或因素，包括

---

① 本文发表于《韩山师范学院学报》2020 年第 5 期。基金项目：国家社会科学基金教育学一般课题（批准号：BHA200157）。

② 林朝虹，1970 年出生，韩山师范学院潮州师范分院教授。

③ 陈平原，林伦伦，黄挺. 潮汕文化读本［M］. 广州：广东教育出版社，2017.

自然、社会和人类本身，具有“积极性”，是与社会主义核心价值体系与社会主义核心价值观相一致的文化内容。就语言文化遗产来说，《再论语言保护》指出，那些“入录”（即列入国家或地方政府文化主管部门批准的非物质文化遗产代表性项目名录）和“入区”（即纳入国家级文化生态保护区）的保护项目，“是具有历史、文学、艺术、科学价值的语言文化遗产，是优秀语言文化遗产”[①]。

“从基层上看去，中国社会是乡土性的”，这是费孝通先生《乡土中国》一书开篇第一句。1989 年费先生在“21 世纪婴幼儿教育与发展国际会议”上讲到，面对文化多样性的世界，可从人的思想和意识方面进行和平共处的教育，在精神文化领域里建立一套促进互相理解、宽容和共存的教育体系，即“跨文化交流”（Cross-Cultural Communication）。[②] 1997 年他首次提出“文化自觉”。文化自觉是一个艰巨的过程：首先要认识自己的文化，根据其对新环境的适应能力决定取舍，其次是理解所接触的文化，取其精华去其糟粕。[③]

按照吉尔兹阐释人类学观点，建构和维持乡土社会秩序是一种“地方性知识”。地方优秀传统文化进校园、进课堂是对各具特色的区域文化的传承与教育，是地方性知识在学校教育视野中的应用，有利于保护文化的多样性，体现了一种文化自觉。审视一些传统文化进校园的课程：从教材内容看，没有改造，没有引导；从文本呈现方式看，没有吻合受教育者认知水平；从目标定位上看，不是把文化育人而是把文化传承放在首位；从课程教学上看，不具有适宜性，总之，传统文化与受教育者之间没有建立有意义且有效的“链接”。这样的传统文化进校园，注定是不成功的。这里的“不成功”有两层意思：一是孩子们不认可、不接受传统文化，这一层是最致命的，往往产生负面作用；二是传统文化自身不能通过进校园的形式得到维持。《民歌传承与乡土教育的耦合研究》一文采访了江苏省省级非物质文化遗产“南闸民歌”进校园的情况，认为其“民歌进课堂”这一实践并不成功[④]，其教材的编写是把省级传承人唱过的十几首认为适合小学生唱的歌曲放在一个教材里，作为南闸民歌校本教材研究。这样的教材内容的选择与编写也太过简单与生硬了，由一两个人选内容，没有设

---

① 周庆生．再论语言保护［A］//张世方．语言资源：第二辑．北京：语文出版社，2019：88.

② 费孝通．中国文化的重建［M］．上海：华东师范大学出版社，2013：254.

③ 费孝通．中国文化的重建［M］．上海：华东师范大学出版社，2013：132－133.

④ 傅碧雯．民歌传承与乡土教育的耦合研究：以“南闸民歌”为例的音乐教育人类学探索［D］．南京：南京艺术学院，2017：66.

计好适合小学生的文本呈现形式；更糟糕的是把“民歌课”上成“唱歌课”，这样的课程设计与实施肯定是跑偏的。

从中央提出的弘扬中华优秀传统文化的新时代要求，到“地方性知识”理论观点分析，优秀地方传统文化进校园、进课堂是具有很强现实意义的。但这种“进”不能仅仅靠一腔热情，积极的实践必须有学理的支持，必须遵循教育教学规律，必须开展科学化研究。几年来，我们进行《读本》教材体系和课程建构以及师资培训，边实践边总结，努力探求优秀潮汕文化与中小学生之间有意义且有效“链接”及实现路径，力求使优秀传统文化进校园、进课堂，更能进孩子们的脑袋。

二、以方言文化为主的“教材型读本”的编撰，从静态的视角建立了“链接”

以方言文化为主要内容，引入文体，以文本为中心解说文化，这样的教材型读本，从静态的教材体系视角看，在内容选择、文本呈现、教材设计上颇具特色，牢牢抓住了地方文化与中小学生之间的契合点，从而建立了有效“链接”。中小学《潮汕文化读本》课程整套教材四册就是这样设计的。

（一）从内容选择上看：以方言文化为主要内容，让受教育者愿意与教材对话

选择以方言文化为主要内容的乡土教材，让学习者倍感亲切，产生学习兴趣，引发与教材、与文本对话，让孩子们更好地关注自己脚下的一方水土，体会区域文化的魅力。而且，方言是民系文化的根，留住方言即留住根，这样的乡土教育是根的教育，让孩子们知道自己是谁，来自哪里。即便是外地孩子，乡土教育应该是外地人了解当地的一座“桥”，而不是一面“墙”。以《读本》为载体的乡土教育让外地孩子借此了解潮汕、融入潮汕，更快地成为新潮汕人。而且接受乡土教育的孩子，将来看问题还比较立体，不会过于片面，知道大一统之外，还有另一种知识体系的存在。也就是说这样的教材内容才更容易使传统文化与学习者之间建立有效的“链接”。

“行政区与方言区的重合”，这是《读本》主编认为的乡土文化教材编写最佳状态。“范围太小，施展不开；范围太大，很容易纠缠不清，且矛盾重重。”①

① 陈平原．乡土教材的编写与教学：关于《潮汕文化读本》［J］．韩山师范学院学报，2017（4）：1－9．

以广东为例，《岭南文化读本》很难出彩，因为它要涉及广府、潮汕、客家三大方言区，兼及文化、经济与政治等多方面内容。地方文化读本最好以方言区来编，像《潮汕文化读本》出版以来大获好评。其小学低、中年级中选入的潮汕童谣和潮汕民间故事，都是“入录”的广东省省级非物质文化遗产项目，是以潮汕方言为载体的优秀语言文化遗产。其小学高年级册中选录了20首吟诵潮汕的古诗，用潮汕方言诵读则更符合平仄韵律要求。《读本》小学3册都录制了潮汕方言音频。初中册6单元22篇散文中的第二单元5篇散文就是包括潮州歌谣、潮剧、潮语歌曲等在内的潮汕曲调，其他单元文章因为写的都是潮汕的物产、饮食、民俗、人物、风光，免不了课堂上会使用母语方言的俗语与表达。

（二）从呈现形式上看：以文本为中心，更适合不同年段学生的学习

如何实现“乡土”既是话题、知识又是好文章，开辟乡土教材编写新路子？引入文体，为文本为中心，这样的编撰思路非常巧妙，一改以往乡土教材重知识性轻文学性的弊端，而且借助好文章的体味与感悟，更容易达成培养学习者的乡土认知、乡土情感与乡土建设的乡土教育目标，从内容的呈现方式上建立乡土文化与受教育者之间的有效“链接”。《读本》主编原设计是每册均以童谣引入，但这样到了中、高年级，童谣就只能成为文化主题的“引子”。后来设计为小学一、二年级是童谣，三、四年级册为民间故事，五、六年级册以吟诵潮汕的古诗，初中册以当代潮汕文人散文引领来讲述潮汕故事。这样童谣、故事、古诗、散文就不仅仅是引子，而是主要的阅读文本，是好文章。

1. 不同文体的引入，体现了教材的层次性

从童谣到故事、古诗，再到散文，四种不同文体本身就体现了符合不同年段学习者年龄特征的层次性。例如关于我国四大古桥之一、潮州“湘子桥”的学习，《读本》4册都安排了相应的诗文，小学低年级选用潮汕童谣《潮州八景好风流》，小学中年级选了潮汕民间故事《仙佛造桥》，小学高年级是古诗曾廷兰的《湘桥即目》，到了初中则选录当代散文黄挺教授的《石洲与梭船：作为环境艺术的广济桥》。这样让孩子们在不同年段有不同的收获：小学低年级会唱“潮州湘桥好风流，十八梭船廿四洲”童谣；到了小学中年级还会讲述《仙佛造桥》的传说；小学高年级则会欣赏“一个桥洲一画亭”的美妙；到了初中，进一步了解广济桥的风流，首先在于它“十八梭船廿四洲”的建筑形式，是由于建桥过程中中流的流速过高，难以建墩，只好用浮桥来代替，这种在工程技术上的无可奈何，造就了广济桥独特的建筑形式，反为游观者提供了审美的愉悦。

2. 以文本为中心，吻合了不同年段受教育者的认知发展水平

所谓“以文本文中心”是指在文化解说时，“并不一定从文本的主题思想引发，而是从文本触及的内容出发，从孩子们学习乡土文化的兴趣出发，自然引出知识点”①。这样一来会感觉教材乡土知识的系统性不强，比较零散。其实这种不分学科的融合型乡土教材，正是“不求体系完整，但求片段精彩”②。而且分科太细，必定重床叠屋，浪费课时，不利于教学。小学生认知发展是逐步从具体形象思维为主过渡到抽象思维为主，每一首童谣、每一个故事、每一首古诗更为可感有趣，更能调动小学生形象思维，更能引发联想、想象。条分缕析地讲述乡土，不适合小学阶段儿童心理发展的一般特征。

（三）从教材设计上看：“教材型读本”有利于学生自学，讲好当地故事

所谓“教材型读本”是指“这是一种既可以走进课堂具有教育课本功能，又可在没有课时安排的情况下作为学生自主阅读或家庭亲子共读的读本”，“兼具教材和读本两种功能”。③这样的设计，一则使读本有利于中小学生自学，二则可以让读本能走出本地，走向全国，走到境外、海外，在海内外华人社区交流。

《读本》小学3册的编写体例是：童谣/故事/古诗＋文化百科＋活动天地；初中册的编写体例是：散文＋阅读导引＋文化百科＋活动探究＋延伸阅读。譬如“潮绣”这一题材，小学低年级用《潮州姿娘好针工》童谣引领，其文化百科有“潮绣”和“抽纱”两个知识点，通过精美的图片让孩子们认识精美绝伦的潮绣，活动天地是要求孩子们拍下生活中见到的潮绣、抽纱和钩花作品。到了小学中年级民间故事《姑嫂鸟》，是关于潮绣的传说，其文化百科是关于潮绣的图文介绍：立体瑰丽的传统绣、剔透玲珑的抽纱绣和“一浮一通”的通锦，整个内容其实也很适合孩子们自学。到了初中《神工巧手话抽纱》散文，则有注释与导引帮助阅读，让初中生自己去阅读也未尝不可。

作为地方课程或校本课程的乡土教材，没有国家课程教材的刚性要求，往往会成为中小学“灵活”处理的对象，在课时得不到落实的情况下，教材型读

---

①③ 林朝虹.《潮汕文化读本》小学版编写和教学的创新性、层次性与方言文化性[J]. 韩山师范学院学报，2017（5）：90－95.

② 陈平原. 乡土教材的编写与教学：关于《潮汕文化读本》[J]. 韩山师范学院学报，2017（4）：1－9.

本有助于学生自学。同时这样的教材设计也扩大了使用范围。目前《读本》做成繁体字版在澳门发行，新加坡潮汕童谣民间学习机构也用上了《读本》。在“一带一路”民心相通的文化交流中，《读本》着力讲好潮汕故事，促进了海内外潮文化的沟通与交流。

三、以重建乡土记忆为目标的语文综合性学习课堂建构，从动态的视角建立了“链接”

（一）从目标定位上看：重建乡土记忆，实现文化育人、立德树人

传统文化进校园的目标定位可以是从受教育者角度着眼，实现文化育人、立德树人，培养学习者对传统文化的认知、认同，也可以从文化传承着力，维系传统文化自身的传承与发展。两者可以并存，两者都需要，但两者谁为先？笔者认为立德树人是学校教育永恒的主题，尤其在中小学、幼儿园，传统文化的学习，不应因维系某种文化传承之需而过早地把技能学习与训练放在首位，而应以文化育人、培养完整人格为首要目标。乡土教育应该着眼于重建乡土记忆，达成因“爱乡”而“爱国”的目标。

图 1 至图 4 是《读本》教材的主题内容图。

图 1 《潮汕文化读本（一、二年级）》主题内容图

图2 《潮汕文化读本（三、四年级）》主题内容图

图3 《潮汕文化读本（五、六年级）》主题内容图

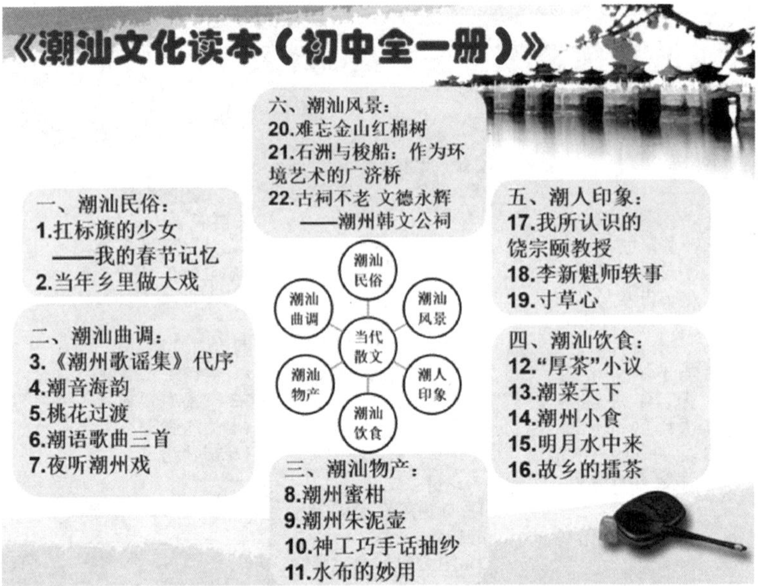

图 4 《潮汕文化读本（初中全一册）》主题内容图

从图 1 至图 4 可以看出，《读本》内容的选择涵盖了潮汕的衣食住行、物产风光、民俗风情、语言文学、历史、人物、艺术、人文、地理等方方面面，且把与新时代社会主义核心价值观相吻合的潮人道德准则、价值观念、传统美德等蕴含在诗文学习与文化体验中，体现了文化育人、立德树人，重建了潮汕人的乡土记忆。这样就让潮汕文化与受教育者之间建立起了有意义的“链接”。

《读本》课堂教学的具体目标，在实验之初是以三维目标为导向，期待“知识与能力”“过程与方法”“情感态度与价值观”三个维度的协调。然而由于三维是“逐维递进”的关系，为了掌握“知识与能力”，可能牺牲了“过程与方法”的科学性。同理，只有满足了前面两个维度目标之后，教学才转向“情感态度与价值观”维度。这样跟我们编撰乡土教材原设想的，培养孩子们对乡土文化的认同，达成从“爱乡”到“爱国”的“重建乡土记忆”的目标定位，就产生了较大距离。后来我们调整为在立德树人、文化育人的根本目标下，每一节课的具体目标就指向语文核心素养和人文素养，即能朗读/讲述/阅读该篇童谣/故事/古诗/散文，了解文本触及的乡土文化，感受到文化所蕴含的精神或观念。这样师生都觉得整个课堂教学的指向很清晰。

（二）从课堂教学上看：文本对话与文化体验，构建了语文综合性学习课堂

文本对话与文化体验是乡土课堂必不可少的构成环节，两者可一前一后，也可同时进行。理想的“体验”是充分调动学生各种感官，让学生能与对象互动，从而形成共情。在动态的课堂教学中，真正实现乡土文化与受教育者的有效“链接”。根据《读本》内容特点、主编意图和九年义务教育语文新课程标准，我们把《读本》课程定位为“语文综合性学习”①，要求课堂教学执教者能引导学生跟文本对话，并创设文化拓展环节，让学生在情境创设中体验文化、感受文化。动态的课堂教学描述，只能借助中小学教师的实践案例。下面是笔者在“教、研、训一体化”研讨活动中的记录：

《潮汕文化读本（一、二年级）》第 14 课“细细生理好安家”是歌咏潮人做小生意的童谣。如何让低年级孩子跟文本对话，明白何谓“细细生理”（小小生意），同时又达到文化体验的目的？潮州市实验学校吴老师精心采录潮汕街头卖废品、卖豆腐花、卖麦芽糖等几种叫卖声音，母语方言如歌的叫卖声一传出，在听感的刺激下，即便是一年级小学生也一下子明白了自己家乡的“细细生理”，从而感知做小生意潮人的艰辛与不易。

《潮汕文化读本（三、四年级）》第 14 课“吴潘强捏豆渣猴”是关于国家级“非遗”保护项目大吴泥塑的传说。如何让孩子们感受潮汕民间工艺美术所蕴含的“工匠精神”？潮州市城南小学方校长在执教时糅合了涉及大吴泥塑的传说、谚语、潮剧等潮汕民间文学艺术形式的视频，让学生借助视频媒介与文本再次对话；还安排一节课时间让学生到陶艺室，亲自动手捏制十二生肖泥塑。真实的体验，让学生感受了精益求精、一丝不苟的“工匠精神”！

《潮汕文化读本（五、六年级）》古诗教学，有的执教者让学生体验多种方言朗读法：诵读法、吟诵法、潮剧唱腔法、说唱法，使学生不断跟文本对话，也为古诗学习增添了不少乐趣。而第 11 课“潮州元宵”的学习，执教者安排了花灯制作与潮汕灯谜两个文化体验环节。

《潮汕文化读本（初中全一册）》教学中，在上陈平原教授所写的散文《扛标旗的少女——我的春节记忆》时，潮州市湘桥区磷溪镇侨光中学陈老师抓住“扛

---

① 林朝虹.《潮汕文化读本》课程定位与实施原则［J］. 韩山师范学院学报，2018（5）：59－65.

标旗的少女”这一主线，用阅读分享的形式引导学生与文本对话；在读懂文本的基础上，创设了让学生回忆春节乡村“闹热”活动的环节，让学生讲述，让学生表演。因表演的学生都是乡村锣鼓队成员，不用事先特别准备，唢呐、笛子、扬琴都有，现场合奏一曲潮乐，不亦乐乎！让《读本》课堂教学很生活、很乡土！

初中教材教学，有的实验学校还尝试“1 + X”的文化拓展模式，即 1 篇部编教材文章的学习同时增加 1 篇乡土教材文章的体验，譬如学习鲁迅《社戏》的同时增加《读本》第 2 课剧作家李英群老师所写的《当年乡里做大戏》。这种拓展，既实现了增加乡土文化教育的目的，让潮汕孩子了解自己家乡的文化习俗，也有借此帮助学生更好地理解部编教材文章之意，学生通过对自己脚下这方水土所熟悉的《当年乡里做大戏》一文的学习，从而来理解颇有距离的《社戏》。李英群先生说：“我的散文是用方言写的。”用方言思维写成的文章，本方言区的人读罢意犹未尽，外地人也能读懂，此乃高手也！

四、通过师资培训点燃乡土教育“星星之火”，抓住了传统文化进校园的“牛鼻子”

有了理想的教材，要构建理想的课堂教学，靠的是教师。再好的教材，如果没有培训好师资，即便能走进校园成为师生阅读的书籍，也很难走进课堂。《人民日报》文章中指出：“师资队伍建设是传统文化进校园的‘牛鼻子’，传统文化在广大校园焕发生机，用优秀传统文化浸润学生成长之路，教师的能力至关重要。”① 因此，师资建设是继教材建设之后的第二大工程。基础教育教师们从事乡土教育的困难不少，需要培训的内容不少，当前最急需解决的问题是什么？

2017 年《读本》出版后，当年 5 月在 10 所中小学启动教学实验，但却引发如下关于“方言”的问题：一是文本如潮汕童谣、民间故事、古诗，用潮汕方言朗读，教师们普遍表示有难度。二是我们提出各年段方言文化教学使用方言作为教学语言，给予方言以适当的时空，但教师们说太难了。三是除极个别教师外，45 岁以下年轻教师不会用《潮汕字典》，不知道有潮州话拼音方案。四是教师们不懂潮汕方言声韵调知识，有的即便已学习了古诗吟诵，也因分不清自己母语方言的平、仄、入声而无法灵活运用于方言吟诵；有的撰写乡土教育文章时，涉及方言字音，也不会正确拼写。这些问题集中表现为基础教育教

---

① 赵婀娜，杨宁，毛殷平. 优秀传统文化进校园，这样“圈粉”［N］. 人民日报，2018－04－18.

师们方言知识的缺乏及说方言水平的弱化。

因此，提高中小学教师乡土文化教育水平迫在眉睫！师资提升工程包括三大平台的搭建。师资培训的初心是点燃乡土教育的“星星之火”。

1. “乡土文化教学”高研班培训

潮州市乡土文化教学高级研修班，遴选来自本市各县区《读本》教学实践学校40多位教学骨干作为学员，由潮汕方言研究名家林伦伦教授讲授主要课程。培训内容以潮汕方言为主线兼及相关学科，并且打通今古、学科融合，使受训者更新观念，增强知识与技能，点燃热爱乡土之情，自觉在中小学中开展乡土教育。根据一线教师实际，语音学的学习打通今古：从发音原理、发音气官和部位、发音方法，到国际音标、汉语拼音方案；从潮州话拼音方案，到潮声十五音，即十五音（声母）、四十字母（韵母）、八声（声调）、如何检索十五音字典；从古音的基本概念，即36字母、206韵部、16摄、“等”和“呼”，到反切。潮汕方言的学习，从潮汕方言形成的历史过程讲起，重点学习语音特点：古无轻唇音，保留重唇音；古无舌上音，保留舌头音；没有前鼻音，保留闭口韵；有鼻化韵，来自鼻音韵母；有清浊之分，四声变八；保留入声，部分变喉塞音；文白异读；连读变调；等等。还有词语的构成特点及其成因以及潮语方言写作的用字问题、潮汕方言语法等。同时还邀请了省内外10多位专家学者开设了乡土主题的讲座和教育科研讲座。在培训课堂上，林伦伦教授融入自己的知识学习与研究经验，以身示范进行讲授，让学员大受鼓舞，激发大家对乡土文化的兴趣与热爱，增强乡土教育与传播的使命感与工作热情。用林教授自己的话说：想在中小学带出一支乡土文化的师资队伍，哪怕只有十几人，星星之火可以燎原。

通过2018—2020年四期培训班的系统学习，高研班学员们充实了潮汕方言知识：一些学员能运用所学的潮汕方言声调知识，在童谣和古诗教学中采用方言吟诵法；一些学员创作了中小学生方言文艺作品，指导节目在省市学生会演中获奖；不少学员能主持或主要参与关于中小学潮汕文化教育教学的课题研究，已发表关于《读本》教学实践论文10多篇；有两位学员作为第一、二作者公开出版了国家出版基金资助的普及读物《潮汕童谣画你知》①。学员所在的学校，有两所入选广东省第一批中华优秀文化传承学校，有好几所入选省级艺术特色学校。高研班的成功举办，也为方言研究名家如何走出书斋，走出高等教育，走向中小学、幼儿园，为优秀传统文化进校园做贡献，提供了榜样。

---

① 余冬毅，洪菲，等．绘声绘色看方言：潮汕童谣画你知［M］．广州：新世纪出版社，2018.

2.“教、研、训一体化”研讨活动

除了名家专题讲座外，非常有效的师资培训就是“教、研、训一体化”研讨活动，即示范教学、研讨、培训一体化的教学观摩研讨培训综合化活动。笔者负责的韩山师范学院潮州师范分院方言文化教研中心，联合潮州市教育局教研室，在中小学开展了以《读本》教学研究为主的教学、研讨、培训三位一体的协同教研活动。“所有参与实践的学校派老师参加观摩与研讨。往往观摩一节课、研讨两至三节，上课很精彩，研讨更精彩，不同观点的交锋往往能碰撞出智慧的火花，《读本》的课程定位与幸福学习原则和方言使用原则都是在研讨中、在讨论交流中达成的共识。”①

3. 潮汕文化教育研讨会

这是为潮汕三市中小学、幼儿园教师搭建的区域文化教育与传承的经验交流与成果展示平台，自2018年起，每年一届。首届有400多位教师参加，第二届参加人数达800人，且有一半是通过网络报名主动要求参会的。研讨会的举办，一则通过专家的引领，让一线教师认识到，开展乡土教育不仅是接地气的事儿，也是在践行中央提出的弘扬中华优秀传统文化，是有高度的；二则通过交流与研讨，引发更多基础教育教师加入潮汕文化教育教学的行列中，让更多的潮汕孩子受益。

《读本》教学自2017年5月起在潮州市10所中小学开展实验，到2019年在潮州市各县区78所中小学实践，再到2020年4月潮州市湘桥区教育局发文（湘教通〔2020〕51号），2020年秋季起将把《读本》作为全区地方课程教材，列入教育教学计划，显示了《读本》教材较强的生命力，表明了越来越多的教育工作者对传统文化进校园、进课堂的关注与重视。

本文以《读本》为例，阐述优秀传统文化进校园如何在传统文化与受教育者之间建立有意义且有效的“链接”：以方言文化为主的“引入文体”的“教材型读本”的教材体系构建和以重建乡土记忆为目标的语文综合性学习的课堂建构，是从静态和动态两个视角建立了“链接”。在“教材”与“课程”之间的师资提升培训，是抓住传统文化进校园的“牛鼻子”。在方言式微、不少方言文化濒危的今天，以方言为主线的师资培训内容，对开展乡土教育的中小学教师来说，是“及时雨”，否则将会产生方言文化传承的“断层”。研究优秀传统文化进校园的科学性与规律性，在当下具有时代意义和现实意义；然而我们的探求仅仅是起步，还有很多的空白和不成熟，我们将不断反思教育教学，适时地进行理论总结。

---

① 林伦伦.《潮汕文化读本》的编写理念与实践［J］. 韩山师范学院学报，2018（5）：53－58.

3 课程实践

3.1 童谣教学设计与名师有话

教学媒体资源下载

《畲歌畲嘻嘻》教学设计[①]

畲歌畲嘻嘻，我有畲歌一簸箕。一千八百哩来斗，一百八十匆磨边。
畲歌畲嗨嗨，我有畲歌一米筛。一千八百哩来斗，一百八十匆磨来。

教材	《潮汕文化读本（一、二年级）》		
课时	1 课时	媒体资源	1. 课件 PPT； 2. 视频资源：《桃花过渡》《拥啊拥》《拍啊拍铰刀》等； 3. 音频资源：《天顶一粒星》等； 4. 图片素材等
教学内容分析	《畲歌畲嘻嘻》是《潮汕必修读本（一、二年级）》第 1 课。这首歌谣为我们再现了以前潮汕人唱畲歌、斗畲歌的有趣场景。本课主要是让学生学会用潮汕方言有感情地朗读童谣，理解畲歌与潮汕人民日常生活的密切关系，了解“斗畲歌”的习俗，体会畲歌作为由历代潮汕人民创作并口口相传的潮汕方言歌谣的趣味性、韵律美及其丰富内涵		
教学目标	1. 能用潮汕方言流利、有感情地朗读童谣，背诵童谣。 2. 通过自主学习、合作探究的方法读懂童谣，多形式诵读童谣，感受童谣的趣味性和音韵美		
教学重点	诵读童谣，理解童谣，感受斗畲歌给人们生活带来的乐趣		
教学难点	1. 能用潮汕方言有感情、有节奏地诵读童谣，感受童谣的趣味性和音韵美。 2. 理解“一千八百”“一百八十”的含义，了解“斗畲歌”习俗		

① 本课例教学设计 & 执教教师：余冬毅；授课学校：铁铺慈云小学；授课年级：二年级。

续上表

教学方法	讲授法、情景教学法、多形式诵读法（开火车式诵读、回声式诵读、问答式诵读）
预习要求 课前准备	1．亲子学读童谣。 2．复习已学过的潮汕歌谣，再跟家里长辈学几首新歌谣

• 教学过程设计（课堂实录）

一、童谣激趣，导入新课

1．释义：播放《洗浴歌》《天顶一粒星》，引入“畲歌”一词的含义。（出示课件）

师：同学们，刚才我们听了哪两首歌谣？感觉有趣吗？

生：《洗浴歌》《天顶一粒星》。过趣味，过好耍。（方言：很有趣，很好玩）

师：对，潮汕歌谣朗朗上口，明白如话，充满趣味性。来，让我们一起看看今天要学习的新歌谣——《畲歌畲嘻嘻》。

2．板书、教读课题。

3．释题。

师：畲歌是什么？畲歌又称畲歌团，是由历代潮汕人民创作并用口头方式代代相传下来的潮汕方言歌谣。我们刚才听到的《洗浴歌》《天顶一粒星》就是畲歌。来，跟老师齐读课题——《畲歌畲嘻嘻》。（生齐读）题目意思是说唱畲歌唱得好开心，“嘻嘻”是一个拟声词。

二、学习童谣，品读童谣

（一）初读童谣

1．听音频范读，教师示范读。

师：《畲歌畲嘻嘻》是一首什么样的歌谣呢？我们先听一听歌谣的音频范读吧。（听音频范读）

师：里面的小朋友读得好听吗？

生：好听。

师：知道这位小朋友为什么能读得这样好听吗？那是因为他字音读得准，又能注意读出节奏感。所以听起来生动又有趣。来，听老师朗读一遍。（老师朗读）

师：老师读得好不好？

生：好！

2．学生学读。

师：接下来你们自己看书学读童谣，再读给同桌听。不懂的字音可以问老

师或同学。等一会儿，老师要看看大家读得怎么样。（学生自由读，老师巡查）

3．全班齐读。

师：来，全班齐读一遍。（全班齐读，不大流利）

师：基本能读通顺，但还不太流利，不用担心，我们等会多读几遍就能读得更熟练啦。同学们再自读歌谣，边读边结合书里的注释理解歌谣的意思，有不懂的地方就提出来。

（二）品读童谣

1．学生自读，质疑。

（1）什么是簸箕？什么是米筛？

簸箕

生1：老师，第二行最后那两个字怎么读？

师：读作〔bua^3 gi^1〕。①

生2：第三行最后一个字读作什么？

师：读作〔dao^3〕。

生3：下面还有个“米乜个”？

师：哪位小老师来帮帮她？

生4：米〔tai^1〕。

米筛

师：真棒！你懂得怎么读，那你知道米筛是什么吗？

生4：知道，就是一种竹制圆形农具，注释里有。

师：对了。你听课真认真，老师刚才提醒大家边读边结合书里的注释理解童谣，你马上就学会了，为你点赞！还有什么不懂的？

生5：老师，簸箕是什么？

师：我们一起来看看吧。

生6：为什么说我有畲歌“一簸箕”？然后又说我有畲歌“一米筛”？

师：这里用“一簸箕”和“一米筛”来形容“我”会唱的畲歌很多，信心十足地向对手挑战。

（2）为什么说“一千八百哩来斗”“一百八十勿磨边”？“斗”“磨边”是什么意思？

生7：“斗”是什么意思？“磨边”又是什么意思？

师：这两个词语书里都有注释呢。“斗”指斗畲歌，就是比赛唱畲歌，看谁唱得多，唱得多的就是胜利者。“磨边”就是走过来，同下面的“磨来”意思一样。（板书：斗畲歌）

① 按潮州话拼音注音，下同。

生8：为什么说“一千八百哩来斗”“一百八十勿磨边”？（板书：一千八百、一百八十）

师：“一千八百”与“一百八十”哪个数字大？

生：一千八百。

师：对，“一千八百”说明会唱的畲歌数量很多，“一百八十”说明会唱的畲歌数量很少。（板书：多、少）

这两句歌谣的意思是说谁会唱的畲歌多就来比赛（板书：来斗），谁会唱的畲歌少就不要过来比赛了。［板书：勿磨边（来）］

这首歌谣为我们描述了唱歌一方挑战另一方的赛歌场景。歌谣中的“我”会唱很多畲歌，成竹在胸，从容自信，充满必胜的信心。同学们能读出这样充满自信的感觉吗？来，老师请一位同学来试一试。

（一生读，不够流利）

师：为你的积极举手发言点赞！基本能读通顺，“畲歌”“簸箕”“来斗”“勿磨边”“米筛”这几个词中有些字音发音不太标准，来，跟老师学读一遍。（师教读）

师：全班再齐声跟老师读一遍。（生跟读）

师：请大家齐读一遍，注意读准字音，读出节奏感，还要读出挑战者自信十足的感觉。（生齐读）

（3）什么是斗畲歌？

师：嗯，读得很不错，老师在你们琅琅的诵读声中仿佛看到了一个在斗歌活动中脱颖而出的胜利者形象哦。

2. 指名读，正音，释疑。（出示图片理解“簸箕”“米筛”）

“斗畲歌”就是比赛唱歌，唱得多的就是胜利者。这首歌谣描述的是唱歌一方挑战另一方的赛歌场景。

3. 全班齐读歌谣。

4. 小结：以前，潮汕人在婚丧节庆、待客会友时，都会唱歌、对歌，直到决出输赢，由此形成了“斗畲歌”的习俗，这样的习俗为节庆增添了乐趣，丰富了人们的生活。

5. 再读童谣：师生接读、学生齐读。

三、文化百科

过渡：斗畲歌究竟是什么样的呢？我们一起来看看潮剧《桃花过渡》中的斗歌场景吧。

1. 观看《桃花过渡》中斗歌视频片段；听《拥啊拥》《拍啊拍铰刀》童谣音频。

师：同学们，《桃花过渡》的对歌好听吗？

生：好听也好笑。

师：是，很生动，很有趣味性。

师：再来欣赏两首童谣音频，看看你是否曾经听过这样的歌团。（学生听《拥啊拥》《拍啊拍铰刀》童谣音频）

师：有没有同学听过？举手跟大家讲一讲你是什么时候听过的。

生1：老师，我听过《拥啊拥》。在我很小的时候奶奶要哄我睡觉时就总唱着这首歌谣。

生2：老师，我是听妈妈给我唱过的《拥啊拥》。

生3：我姐姐教我唱过《拍啊拍铰刀》，然后我们还边唱边拍手配上节拍呢。

师：哦，你能给大家表演一下吗？还有哪位同学能唱《拍啊拍铰刀》呢？（生4举手）

师：好，请你们一起为大家表演。

（两生一起边拍掌伴奏边唱童谣）

师：同学们，这两位同学表演得精彩吗？

生：精彩。

师：来，让我们用掌声表扬他们。

小结：畲歌朗朗上口、生动有趣，容易传唱，是每一个潮汕人童年的美好记忆。

2. 多种形式诵读童谣。

(1) 开火车式诵读。

师：刚才这两位同学创新了一种方式诵读童谣，一边拍掌一边读，节奏感更强，也更悦耳动听了。接下来让我们也来尝试用不同的方式体验诵读童谣的乐趣吧。首先，我们来体验一下开火车式诵读，从第1组开始，每组读一句，一组一组接读下去。(师引导学生进行开火车式诵读体验)

(2) 回声式诵读。

师：同学们读得真不错！表扬！这边有另外一种诵读方式——回声式诵读，来，咱们一起看看PPT上的内容吧。(出示PPT内容)

- 畲歌畲嘻嘻——嘻嘻 嘻嘻
- 我有畲歌一簸箕——簸箕 簸箕
- 一千八百哩来斗——来斗 来斗
- 一百八十勿磨边——磨边 磨边

- 畲歌畲嗨嗨——嗨嗨 嗨嗨
- 我有畲歌一米筛——米筛 米筛
- 一千八百哩来斗——来斗 来斗
- 一百八十勿磨来——磨来 磨来

(3) 问答式诵读。

师指导学生分成两大组练习回声式诵读。

师：好，现在请两位同学来表演一下回声式诵读。

(两生表演诵读)

师：读得真好啊！掌声送给你们。同学们，这样读童谣好玩吗？

生：好玩。过儒（方言，意为很有趣）。

师：嗯，还有更好玩的读法吗？我们一起看PPT。(出示PPT内容)

- 畲歌畲嘻嘻——笑做呢？
- 我有畲歌一簸箕——障敖？
- 一千八百哩来斗——来哩！
- 一百八十勿磨边——惊你唔成！

- 畲歌畲嗨嗨——嗨乜个？
- 我有畲歌一米筛——障敖？
- 一千八百哩来斗——来哩！
- 一百八十勿磨来——惊你唔成！

师：这是问答式诵读童谣，跟老师学读一遍。（师带学生诵读）

师：好，现在请你找找你最喜欢的同学，两个人一起分角色练习诵读童谣。（生分角色表演问答式诵读童谣）

师：读得真生动，很有感染力。同学们，诵读童谣的方式还有很多很多，比如拍手读、配上动作读等等，课后自己可以尝试更多创新读法哦。刚才我们用了几种不同的方式诵读童谣，相信大家已经将这首童谣熟记在脑海中了吧。来，让我们一起尝试背诵童谣吧！

（师带领学生一起背诵童谣）

四、活动拓展

咱们来斗畲歌吧！

1. 斗畲歌。

（1）个人赛。

师：同学们，刚才我们又学会了一首新童谣，老师知道你们都积累了不少童谣，现在让我们也来斗一斗，看看哪一个小组表现最出色。给你们一点时间回想学过的童谣，等一下就来一显身手吧！

（师引导学生先进行个人歌谣诵读比赛，再指导进行小组团体比赛）

（2）小组赛。

2. 玩转童谣。

师：在斗歌中，同学们热情高涨，表现极佳。现在，我们将难度来升级，不知道大家敢不敢来挑战？

生：敢！

师：好，那就来试试对歌吧！请看 PPT。（出示 PPT 内容）

（1）对歌（看课本第 4 页）。

你知乜鱼着火烧？　　我知墨鱼着火烧

你知乜鱼上战场？　　我知鲳鱼上战场

你知乜鱼好打索？　　我知鳗鱼好打索

你知乜鱼好围腰？　　我知带鱼好围腰

师：同学们，跟着老师读一读左边的问句。（师带生读）

师：你知道是乜鱼吗？

（师引导学生猜想各种鱼，生竞相抢答）

师：同学们，刚才的抢答竞争好激烈，好几个小组都加了分。通过大家的努力，我们攻克了课后的对歌。现在，让我们分角色朗读一次吧！

（生分角色朗读对歌）

小结：这种对歌是问答式渔歌，渔人以鱼为题展开对答、相互斗趣，劳动的辛劳一唱而解。

（2）小试牛刀［出示跳跳鱼、草鱼、鲤鱼、鲫鱼、鲮鱼（龙箭鱼）、乖鱼图片］。

师：同学们，上面的对歌好玩吗？

生：好玩。

师：现在我们把难度再升高一级，看看你还能不能成功挑战题目。来，请你开动聪明的小脑筋，根据老师提供的各种鱼的图片，模仿上面对歌的方式创编新的问答式渔歌。（出示跳跳鱼图片）我知跳鱼上好跳，前面的问句可以怎样编呢？

生 1：你知乜鱼上好跳？

师：这位同学好聪明，马上就编出来了，真棒哦！对，就是这样编的。给这位同学加分啦！

你知乜鱼上好跳？　　我知跳鱼上好跳
你知乜鱼爱食草？　　我知草鱼爱食草
你知乜鱼跃龙门？　　我知鲤鱼跃龙门
你知乜鱼会织布？　　我知鲫鱼会织布
你知乜鱼会射箭？　　我知龙箭会射箭
你知乜鱼上听话？　　我知乖鱼上听话

（结合图片提示，继续引导学生创编对歌，完成对歌内容。表扬在畲歌竞技中获胜的小组和个人）

五、课堂总结

师（总结）：同学们，今天我们学习了《畲歌畲嘻嘻》一课，歌谣为我们再现了以前潮汕人唱畲歌、斗畲歌的有趣场景，了解了潮汕地区斗畲歌的习俗，理解畲歌与潮汕人民日常生活的密切关系。学会了运用多形式诵读童谣的方法，还学会了创编问答式渔歌。可谓收获良多，最后让我们再一次流利、有感情地诵读歌谣吧！

六、活动天地

把你会唱的歌谣名称写进课本里（翻开课本第 4 页）。

• 主体板书设计

畲歌畲嘻嘻

一千八百　　多　　来斗

斗畲歌

一百八十　　少　　勿磨边（来）

• 教学后记

本课主要是教学生学会用潮汕方言有感情地诵读童谣，了解“斗畲歌”的习俗，理解畲歌作为由历代潮汕人民创作并口口相传的潮汕方言歌谣与人们日常生活的密切关系。让学生在诵读童谣中感受具有地方文化特色的畲歌的趣味性与韵律美，体会斗畲歌给人们生活带来的快乐。随着时代的发展，“斗畲歌”的习俗已经消失了，为了让学生能更直观地理解“怎样斗畲歌”，我找来潮剧《桃花过渡》中“斗歌”视频片段让学生观看，又设计了“斗畲歌”及“玩转童谣”活动，让学生切身体验斗歌场景，感受“斗畲歌”过程的快乐与激情。这样，本课的重点与难点也便迎刃而解了。

• 名师有话

畲歌声声润心田

——观余冬毅老师《畲歌畲嘻嘻》一课有感

潮州市教育局教研室　肖玩君①

潮汕童谣历史悠久，是潮汕传统文化的精髓，它以口耳相传的方式记述着潮汕民间流传的经典文化，篇幅短小，朗朗上口，语言生动，结构简单，富有趣味性，充满韵律美。潮汕童谣是潮汕文化的重要组成部分，小童谣里包含着大乾坤。它既是潮汕方言的载体，又是潮汕文化的缩影和折射，彰显着区域文

① 肖玩君，潮州市教育局教研室副主任，中学语文高级教师，潮州市督学；广东省教育学会小语会、中语会常务理事，潮州市教育学会监事长；“粤东基础教育学科群”小学语文、中学语文学科顾问；国家教材专家委员会委员，广东省中小学教师研训专家库专家。

化的独特色彩，反映潮汕人的精神特质和审美趣味。传唱潮汕童谣，既能得到快乐，又能学到知识，还能培养孩子们良好的审美趣味和热爱家乡的情怀。《畲歌畲嘻嘻》这首童谣为我们再现了以前潮汕人唱畲歌、斗畲歌的有趣场景，彰显了潮汕人自信、乐于分享、诙谐幽默的精神特质。余老师能根据童谣的内容和特色，精心设计课堂教学，创新运用多种有趣的诵读形式，巧妙地创设活动情境，观看“斗歌”场景，创设“斗畲歌”及“玩转童谣”的活动体验，让学生切心感受具有地方特色的畲歌团的趣味性与韵律美，体会斗畲歌给人们生活带来的快乐和激情。整节课教学过程生动有趣，精彩纷呈，屡有亮点闪现。余老师这节课主要体现了以下三大亮点。

1．以读为本，感受童谣韵律美

学习童谣，最主要的方法是朗读，余老师课堂以读为本，巧妙地创设诵读童谣的形式，层层推进，朗读贯彻整节课，余老师精心地设计了音频范读、老师范读，学生自由读、赛读、表演读、开火车式诵读、回声式诵读、问答式诵读等多种形式的朗读，学生的朗读使课堂变得活泼灵动，生趣盎然。特别是在回声式诵读中，余老师把每一行童谣的句末词语设计为回声词调，一唱一和，课堂互动活跃；在问答式诵读中，学生们一个个摩拳擦掌，跃跃欲试，于一问一答中，将潮汕人自信、乐于分享、诙谐幽默的斗歌精神表现得淋漓尽致，也将诵读的效果推向高潮。整节课孩子在反复的朗读中品味潮汕方言，感受它的音韵美，在品味中受到情感文化的熏陶。

2．视听体验，感受童谣趣味性

美国教育家杜威说：“教学必须从学习者已有的经验开始。”上课伊始，余老师播放潮汕家喻户晓的潮汕童谣《洗浴歌》和《天顶一粒星》视频，一群可爱的、天真活泼的潮汕小孩用悦耳的潮音诵读歌谣，潮音袅绕，给人一种亲切的感觉。孩子们一听到熟悉的童谣，立即沸腾起来，婴幼儿时期的美好记忆在脑海里重现。真是“一石激起千层浪”！童谣朗朗上口、生动有趣的特点，点燃了学生们学习新童谣的热情和兴趣。余老师制作了精美的课件，融声色光影于一炉，丰富了学生们的视听体验。用图片直接呈现在当今社会生活中已极为少见的旧时竹制农具——簸箕、米筛，直观形象的图片让学生们一下子便了解了“一簸箕”与“一米筛”的意思。形象地帮助孩子们了解了这两种农具，给孩子们留下深刻的印象。而随着社会的发展，潮汕地区斗畲歌的习俗也已经不复存在，如何让学生知道“斗畲歌”是怎么一回事呢？余老师播放潮剧经典片段《桃花过渡》中阿伯和桃花姑娘的精彩斗歌情境，很有画面感，让学生在生动、趣味中感受潮汕童谣的精妙之处。通过观看视频，学生们一下子便明白了何为“斗畲歌”了。借助声音、图像等现代科技手段，丰富学生的视听体验，让童谣的理解变得直观又形象，让童谣的学习变得好玩又有趣，也让童谣的教学难点瞬间迎刃而解，达到了事半功倍的教学效果。

3. 畲歌竞技，感悟潮汕人精神

余老师在活动拓展中安排了斗畲歌、补全对歌及创编问答式渔歌的文化活动体验，竞赛活动由易到难，循序渐进，层层推进。这样具有层次感的活动设计，能比较有效地调动学生参与课堂学习的主动性和积极性。于是，学生的课堂学习由最初的被动接受慢慢地转变为主动学习，再到自主探究，及至勇于创新的可喜飞跃。创设生动有趣的文化活动情境，让学生全身心地浸润在富有地方特色的文化氛围中，充分感悟潮汕人自信、乐于分享、诙谐幽默的精神特质。在趣味盎然的活动体验中，课堂教学也实现了从文本到生活的自然回归。学生们在老师创设的生活场景中，去真实地感受、深刻地认识自己家乡的优秀传统文化，进而认同自己的民系文化，从而提高区域文化自信。

在老师的引领与点拨中，学生们参与课堂学习的热情高涨，课堂气氛活跃灵动。畲歌声声，优秀区域文化犹如春雨点点，润泽着孩子们的心田。

《老鼠拖猫上竹篙》教学设计[①]

教学媒体资源下载

老鼠拖猫上竹篙，和尚相拍相挽毛。担梯上厝沽虾团，点火烧山掠田螺。
老鼠拖猫上竹枝，和尚相拍相挽辫。担梯上厝沽虾团，点火烧山掠蟛蜞。

教材	《潮汕文化读本（一、二年级）》		
课时	1 课时	媒体资源	1. 课件 PPT； 2. 微课：《点火烧山》《沽虾团》《掠田螺》； 3. 音频资源：《老鼠拖猫上竹篙》短版伴奏； 4. 视频资源：《创编颠倒歌》
教学内容分析	《老鼠拖猫上竹篙》是《潮汕文化读本（一、二年级）》第 2 课。潮汕方言古朴典雅，彰显着潮汕独特的地域色彩。随着时代的发展，老一辈口口相传的潮汕童谣，似乎被渐渐淡忘。作为教育者，我们更要立足本土，以课堂为阵地，将传统文化与课堂教学有机整合，让潮汕优秀传统文化进课堂，带领学生了解家乡传统，感受浓浓的地方文化气息。本节课主要引导学生了解潮汕歌谣中颠倒歌的特点，感受其幽默风趣的语言特色，并从学习中明白：做人做事都要遵循事物发展的规律		
教学目标	1. 能用潮汕方言正确、流利、有节奏地唱读歌谣。 2. 通过自主学习、合作探究等方式理解歌谣内容，了解颠倒歌的特点，感受潮汕方言的独特魅力。 3. 感受方言童谣的韵律美和趣味性，明白做事要遵循事物发展规律的道理		
教学重点	读歌谣，唱歌谣，理解歌谣内容		
教学难点	感受方言童谣的韵律美和趣味性，明白做事要遵循事物发展规律的道理		
教学方法	合作探究、小组交流		
预习要求 课前准备	喜欢潮汕歌谣，能初步认读歌谣，有一定的生活经验		

① 本课例教学设计教师：谢映华、邱琳、黄婷；执教教师：黄婷（语文）、丁敏仪（音乐）；授课学校：城南中英文学校；授课年级：二年级。

• 教学过程设计（课堂实录）

一、激趣导入

师生谈话激趣导入。

师 1：黄老师，“六一”儿童节快到了，你最喜欢看我们学生的什么节目？

师 2：我最喜欢看社团的潮州大锣鼓，大家嗌鼓拍的禾，太有趣了。

师 1：嗌鼓拍的禾？（问生）对吗？

生：不对。是拍鼓嗌的禾。

师 2：你们很聪明。老师说颠倒了，你们还能帮我纠正过来。今天我们一起来学习一首颠倒歌，这首颠倒歌错得很离谱。你们想不想知道歌谣里讲些什么？

生：想。

师 2：快快打开课本第 5 页。

二、学习歌谣

（一）初读歌谣

1. 师范读，请班里不会讲潮州话的学生读，师带读，读给同桌听，齐读。

2. 自由读。

3. 齐读。

（二）品歌谣，赏歌谣

1. 引导学生找出颠倒歌中“故错”的地方。

（1）歌谣中有什么内容跟我们平时看到的现象不一样？

师 1：大家读得既准确又流利，一学就会，非常聪明。你们发现歌谣中有什么内容跟我们平时看到的现象不一样吗？（先读再思考后讨论）

（出示小组讨论题）

歌谣中第一章有什么内容跟我们日常看到的现象不一样？

（两位老师同时巡查，指导学生讨论，了解学生学习情况）

2. 探究颠倒歌的特色。抓住“拖”“挽”“沽”“掠”“点火烧山”等关键词，并穿插微课为学生释疑。创设情境，学生随文学唱歌谣。

（1）老鼠拖猫上竹篙。（出示图片，帮助理解。并学唱这部分的歌曲）

生：猫捉老鼠就听过，老鼠捉猫从来都没听过。

（出示猫大老鼠小图片）

师 1：猫和老鼠，谁大谁小？按常理来说应该是谁捉谁？

生：猫大老鼠小，应该是猫捉老鼠上竹篙。

师1：歌谣中说老鼠拖（动作）猫——（板书：拖）把“拖”字圈起来。能不能拖起来？

生：不能。

（师2奏“有变阿是无？”的段落曲子，并示唱）

（创设情境，出示老鼠图片）

师1：你们看，这是谁？

生：老鼠！

师1：老鼠怎么叫？

生：唧唧唧唧……

（师1食指放嘴边做小老鼠，小声叽叽咽咽，跟学生做交流状，把学生牵到钢琴边）

（师2奏老鼠叫声部分曲）

师1：小老鼠力气不够，来，女生先来帮忙，一起把这只睡着的大猫拖走！

（女生一起唱）

（师2奏老鼠叫声部分曲，学生唱）

（师1提醒学生按节奏）

师1：男生也来帮忙哇！（再唱）

师1：这么吵，大猫被吵醒了。

（师2奏猫叫声部分曲，并示唱）

师1：老鼠这么小，这猫这么大，这群小老鼠拖得动吗？

师2（奏唱“老鼠拖猫上竹篙，咿呀！咿呀！上竹篙”，提醒学生）：出力哇！和老师一起唱。

师1：老鼠们，咿呀！咿呀！拖得起吗？

生：不行。

（出示课件）

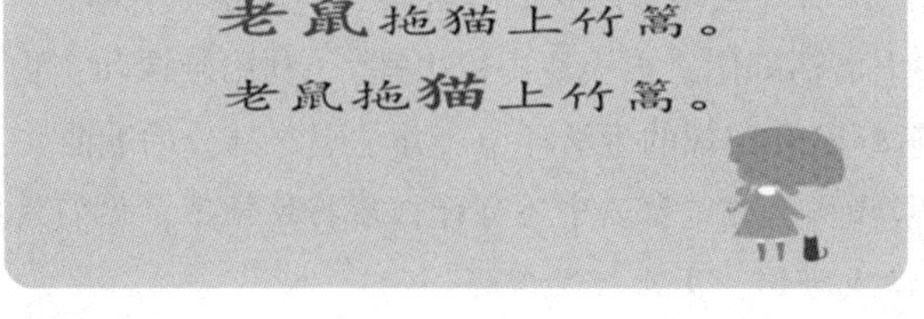

师1：（第一句指导生读出老鼠小）行不行？不行，老鼠这么小。（第二句指导生读出猫大）行不行？不行，猫这么大。所以大家，唱："未是拖哙起？"答案就在问句中，大家要好好唱哦。

（2）和尚相拍相挽毛。（出示图片，揭示颠倒歌的特点——故错。并学唱这部分的歌曲）

（师2带生奏唱"老鼠拖猫上竹篙，咿呀！咿呀！上竹篙！未是拖哙起？"）

（出示和尚图片）

师1：你知道这是谁吗？

生：和尚。

师1：你怎么知道是和尚？

生：和尚没有头发。

师1：凡是出家当和尚的人都要剃掉头发，这在佛教中叫作剃度，所以和尚没有头发。歌谣里说：和尚相拍相挽毛（动作）。挽有吗？

生：没有。

师1：是啊，挽无啊。（板书：挽）提醒学生圈"挽"。这跟事实符合吗？

生：不符合。

师1：写歌谣的人知道和尚无毛吗？

生：知道。

师1：那怎么还写错？

生：不知道。

师1：其实这是一种表现形式，叫：故错。（板书：故错）明明知道事实不是这样的，还故意表达错误，这个就叫——故错！好笑吗？

（师2奏笑声，带学生唱）

（师2奏唱"和尚相拍相挽毛，挽有阿是无，哈哈哈哈哈"）

（出示小组讨论题）

歌谣中第二章有什么内容跟我们日常看到的现象不一样？

（3）担梯上厝沽虾团，点火烧山掠田螺。（利用微课和实物协助理解"沽"和"掠"，了解虾团和田螺的生活环境。并学唱这部分的歌曲）

师1：大家找找，这首歌谣中还有什么事物故错了，你们找找？

生：厝顶沽无虾团，山上掠无田螺。

师 1：你们认识虾团、田螺吗？

生：认识。虾团就是小虾。

师 1：你怎么知道？

生：我通过课本的注释知道的。

师 1：你懂得利用课本的注释来帮助自己理解内容，这是一种很好的学习方法。以后我们也可以学学他。

师 1：小小的虾团要怎么抓？

生：用手、用网……

（借助微课帮学生理解“沽”。板书：沽。生圈“沽”）

师 1：去哪里“沽”？

生：大海里，小溪里，江河里，池塘里。

（出示屋顶照片）

师 1：如果老师搬着梯子爬上去，累得满头大汗，气喘吁吁。你们说，担梯上厝沽有虾团吗？

生（笑）：没有。

师 1：原来，第三句也是故意把事理颠倒过来。

（出示课件）

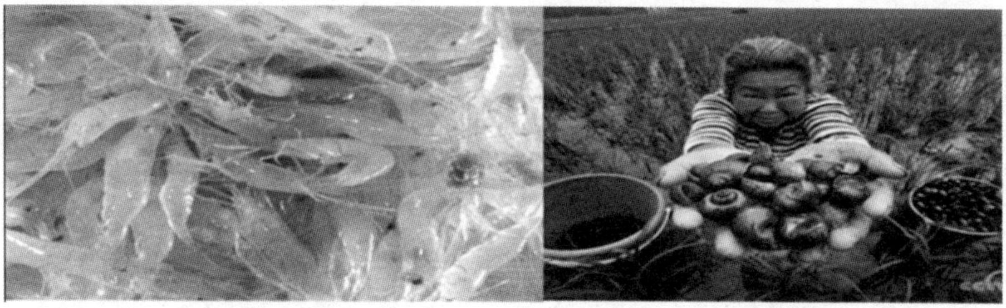

虾团：小虾　　田螺

师 1：一只只田螺在水里爬行，你们看一下，要怎么掠呢？（借助微课帮学生释疑。板书：掠，生圈“掠”）

师 1：到哪里才能掠到田螺呢？

生：田里，小溪里，水沟里。

（出示课件）

师 1：但歌谣里说在哪里抓田螺啊？

生：山上。

师 1：谁知道“点火烧山”是什么意思？

（借助微课为学生释疑）

师 1：点火烧山掠有田螺吗？

生：没有。

（师 2 奏“手空空……”）

师 1：这里也是故意写错，像这样故意把事理颠倒过来说的歌谣就是颠倒歌。（板书：颠倒歌）

师 1：颠倒歌有趣吗？请丁老师教大家唱这两句好吗？大家边唱边想：你们发现颠倒歌有什么特点？

（师 2 带唱后两句）

3. 小结颠倒歌的特点。

师 1：同学们唱得好听！想想：颠倒歌有什么特点？

①有趣、幽默。

②故意颠倒。

③押韵。（提示：竹篙、挽毛、田螺）

师 1：刚才我们知道颠倒歌是用故错的形式表现出来，让人读起来感觉有趣、幽默，而且押韵，它还能变身呢。

师 2：这么神奇，快来看看。

师 1：请同学们翻开课本第 8 页。(师带读)

颠倒歌：故意把事理颠倒过来，歌谣里唱的恰好跟事实相反。

颠倒歌特点：故错（颠倒)、有趣、幽默、押韵。

师 1：请你们读一读，看看画线的两个句子有什么区别?

生：颠倒了。

师 1：哪个跟我们日常看到的现象一样?

生：第二个。

师 1：现在看谁能把后三句也修改一下，使这首颠倒歌变成正常的歌谣。丁老师，你也一起来。

师 2：和尚相拍挽无辫。

师 1：谁赞成丁老师说的? 你们跟丁老师一样聪明。另外两句谁来回答。

生：担梯上厝沽虾团。

师 1：在哪里可以沽到虾团?

生：韩江。

师 1：你能不能把“担梯上厝”改成这两个地方。

生：走到韩江沽虾团。

师 1：最后一句谁来改?

生：江边溪边掠蟛蜞。

师生齐读修改后的歌谣。

师 1：颠倒歌除了把它修改成正常的歌谣来读，其实还有其他朗读方法。

师 1：以小组为单位，选择喜欢的方式朗读歌谣。如果能加上自创的节奏就更厉害，等下看哪一个小组读得更有趣味性。

(请学生展示)

生：我们想跟老师合作。

师 1：怎么合作?

生：老师，你知道歇后语吗?

师 1：知道。怎么说?

生：你读歌谣，我们小组读我们增加上的后半截。

(师生合作)

师 1：这样一改挺风趣的。

（全班师生合作读。请其他小组展示）

师 1：老师想请班里几个不会讲潮州话的同学来读一读，看他们掌握得怎么样。（大力表扬学生）

（师 2 伴奏，全班唱歌谣）

师 1：大家唱得真好听，老师奖励你们来玩游戏。

4．颠倒歌“大变身”。（引导学生把课后题的颠倒歌变成正常的歌谣）

老鼠拖猫上竹枝，
和尚相拍相挽辫。
担梯上厝沽虾团，
点火烧山掠蟛蜞。

（三）多种方式读歌谣，并唱歌谣。

三、拓展创作

（一）说颠倒话

1．妈妈送我去读书。

师 1：妈妈送我去读书。

生：我送妈妈去读书。

师 1：如果妈妈被你送去读书，那就好笑了。

（师 2 奏背景音乐“哈哈哈哈哈”）

2．猫捉老鼠。

师 1：猫捉老鼠。

生：老鼠捉猫。

师 1：颠倒。

（师 2 奏背景音乐“哈哈哈哈哈”）

3．老鹰抓小鸡。

师 1：老鹰抓小鸡。

生：小鸡抓老鹰。

师 1：故错。

（师 2 奏背景音乐“哈哈哈哈哈”）

师 1：你们真厉害，看来刚才的游戏难不倒你们？我们跟你们加大难度，有没有信心挑战？

（二）看视频，尝试创编颠倒歌

2. 看视频，创编颠倒歌。

师1：同学们，我们一起来看视频，看谁能编一首颠倒歌。

（生畅所欲言）

四、教师总结

（一）明白歌谣阐述的道理

道理：明白要遵循事物发展的规律。

师1：老师把大家说的归纳一下：

小鸟水中游，蚂蚁搬大树。

猴子一喊叫，狮子马上溜。

鸡翁在生卵，鸡母在打鸣。

是不是很好笑？老师告诉你们，在平时生活中别把事物弄颠倒、用错词，不然会闹出笑话的。我们潮州人创编颠倒歌是要告诉大家，做人得遵循事物的规律，做实在人。

（二）师生同唱颠倒歌

五、布置作业

1. 把这首颠倒歌讲给身边的人听。

2. 推荐阅读：金波编写《中国传统童谣书系》。

3. 和爸爸妈妈一起创编一首颠倒歌。

（配动作齐唱歌谣。结束本课的学习。）

• 主体板书设计

老鼠拖猫上竹篙

拖
挽　　颠倒歌　　故错
沽
掠

• 教学后记

本节课，我们打破传统的教学模式，将语文学科、音乐学科及信息技术相整合，向大家呈现了一节异彩纷呈的潮汕童谣课。执教老师善于抓住学生的年龄特点及生活经验，引导学生抓住重点字眼来品读，如抓住“老鼠拖猫”“和尚挽毛”“上厝沽虾团”“点火烧山掠田螺”等词句寻找歌谣中与现实生活不相符的地方，从而了解颠倒歌的特点。课堂上，我们两位教师结合自身专业知识，不因循守旧，不拘泥于传统，利用各自优势，大胆开创教学新模式。引导学生由理解童谣到学唱童谣，配合默契，衔接自如，还制作了简单、实用的微课作为辅助手段，帮助孩子们更好地理解字词。学生们从不会读到会读，从会读到能诵背，从诵背到表演展示，层层深化。最后还设计了游戏闯关的形式，引导学生创编颠倒歌，培养了学生的创新思维能力。然而语文与音乐学科融合的课堂教学，仅仅是一种初步尝试，还有很多的不成熟。

• 名师有话

变革课堂　“和”为贵

城南中英文学校　邱琳[①]

《老鼠拖猫上竹篙》是一首以颠倒歌的形式出现的潮汕童谣，用独特的“故错”表现手法把“老鼠拖猫，和尚挽毛，厝顶沽虾，山上掠螺”等现象以颠倒的方式，幽默地展现在孩子们面前，押韵顺口、节奏鲜明，读起来朗朗上口。

---

① 邱琳，潮州市骨干教师，现任广东省小语会教学研究中心委员会委员。

结合学生的年龄特点及文本特色，在这节课中，我们采用将语文与音乐进行整合的新的教学模式，实现工具性和人文性的统一，让学生在学习中感受潮汕童谣的独特魅力。

1. 抓重点字眼，了解颠倒歌特点

教师紧扣“歌谣里的内容和我们日常看到的现象有什么不一样的吗”这一问题，让孩子们通过讨论，引导学生抓住重点字眼来品读，如“老鼠拖猫”“和尚挽毛”“上厝沽虾团”“点火烧山掠田螺”等词句来寻找歌谣中与现实生活不相符的地方。为了更好地引导学生理解“拖、挽、沽、掠”等一系列动词，教师适时使用多媒体辅助教学，结合图片、微课及生动的肢体语言来帮助孩子理解，将抽象的内容形象化。

在学生汇报的同时，教师善于引导学生从文本中领悟“颠倒歌”故错的表达特点，明白歌谣中每一句描述的现象都与事实相反。让学生清楚地知道颠倒歌就是采用这种明知故错的写法，使童谣读起来感觉更风趣幽默。

2. 开展多种形式的个性化朗读，读出趣味

课堂上，为了凸显童谣的语言魅力，在学生了解歌谣、明白颠倒歌的特色后，教师巧妙地放手，让学生以小组为单位，集思广益，开展多形式的个性化朗读交流。我们惊喜地看到了孩子们的创意赛读：有节奏拍读，有采用正常形式读，还有师生合作的创新对答读。孩子们的创意读，读出了不同的节奏，读出了不同的风格，更读出了不同的乐趣。

3. 激发学生创新思维，创编童谣

孩子的潜力无限。在设计教学时，我们将创编颠倒歌带入课堂，教师由浅入深，化难为易，以游戏闯关的形式，潜移默化地激发学生的创新思维。从“学说颠倒话”到“看视频，创编颠倒歌”，让学生更直观形象地了解颠倒世界的奇妙之处。

4. 将语文学科与音乐学科进行整合，凸显“童谣味”

这是这节课的亮点，也是一次新的尝试。我们都知道，《潮汕文化读本》教学的定位是“语文综合性学习”，所以本节课我们将童谣的授课与音乐进行整合，更凸显“童谣味”。从理解童谣到学唱童谣，两位教师的密切合作，将童谣课推向新的研究领域。把音乐巧妙地整合到童谣教学的课堂中，使课堂显得自然而又艺术。两者的整合，弥补了纯单一教学的不足，给了学生更多的空间去感受。

让学生在轻松愉悦的环境中知道在平时生活中如果颠倒事物、用错词，是会闹出笑话的。

《老鼠拖猫上竹篙》这一堂课充分展现了语文综合性学习的特色，将语文与音乐巧妙地相互渗透，充满了浓郁的趣味性。无论是从对文本的揣摩，还是拓展；无论是教师的引导，还是学生的品读，无不体现“和”文化的课堂教学理念。课堂上的师师互动、师生互动、生生互动，让课堂更具实效、更具特色，让潮汕文化更深入人心。

《一脚雨伞》教学设计①

教学媒体资源下载

一脚雨伞，二脚鸡健，三脚蟾蜍，四脚水牛，五脚啼嗄，
六脚蜘蛛，七脚马鬼爷，八脚马龙骑，九脚无人有，十脚阿蟹舅。

教材	《潮汕文化读本（一、二年级）》		
课时	1 课时	媒体资源	1. 课件 PPT； 2. 微课：《斗蟋蟀》《灌杜猴》； 3. 图片与学生收集的动物名片
教学内容分析	《一脚雨伞》是《潮汕文化读本（一、二年级）》第 3 课。是一首诙谐有趣的潮汕童谣。按 1～10 的顺序，结合“脚”的数量讲述动物、事物的特征，读起来朗朗上口。语言朴实无华，生动流畅，简明易懂。平淡的语言，却教给儿童多方面的知识，让孩子们在歌谣诵读中认识数字、认识事物并增长知识		
教学目标	1. 学会用潮汕方言正确、流利、有感情地诵读童谣。 2. 能够从平时的生活、学习中寻找童谣创作的题材，用简洁明快的语言仿编童谣。 3. 从童谣中获取新的知识和经验，体会小动物给我们带来的乐趣，激发好奇心，养成主动观察、了解大自然、与自然共在的良好习惯		
教学重点	1. 读准童谣中动物的方言名称，并知道其相应的普通话名称。 2. 培养对本土文化的情感，学会关爱大自然，积极健康地生活		
教学难点	读准童谣中动物的方言名称，并知道其相应的普通话名称		
教学方法	阅读法、讲授法、谈话法、情景教学法、情感教学法、师生互动法		
预习要求课前准备	1. 教学 PPT。 2. 童谣音频、视频。 3. 小动物头饰。 4. 学生预习：学唱童谣。 5. 学生按约 10 人一组，分成 4 组。 6. 教师在教室墙上布置“1～10 脚的动物、事物家庭板块”。 7. 学生课前收集动物图片和了解与之相应的动物普通话及潮汕方言称谓		

① 本课例教学设计教师：杨映璇、杨慕辉；执教教师：杨映璇；授课学校：潮州市潮安区庵埠镇凤岐小学；授课年级：一年级。

• 教学过程设计（课堂实录）

课前：赛读童谣。（集体读，小组比赛读）

一、创设情境，导入新课

阶段目标：激发学生学习兴趣，介绍本节课内容。

1. 情境导入。

师：孩子们，你们曾经看到或听到过关于动物的游戏活动吗？

（大部分生：没有）

生1：有。我曾经在电视上看到斗牛（西班牙斗牛）。

生2：对，我也曾经看过。

生3：老师，蟋蟀会弹琴。

生4：老师，我看电视时曾看到斗蟋蟀，就是蟋蟀打架。

部分生：有这样有趣的事？（怀疑的目光看发言的人）我不信。

师：究竟有没有这样的事呢？请观看视频。（播放斗蟋蟀视频）

师：同学们，看完视频，大家觉得有趣吗？

生（齐）：有趣。

2. 引入新课。

师点击介绍：蟋蟀，潮汕方言叫“竹蟀”。斗蟋蟀是一项古老的娱乐活动。雄性蟋蟀们为保卫自己的领地相互撕咬，战败一方就会逃之夭夭。

师：咱们的爷爷奶奶很可能就玩过这个动物游戏。以前咱们潮汕地区的很多孩子，童年的回忆都离不开像蟋蟀这样的小动物。今天，我们要学的童谣也跟小动物有关。同学们可要竖起耳朵，仔细听一听老师给你们带来的这首童谣，注意要把听到的动物给记住哦！

师播放音频。(学生认真听)

师：同学们，这就是我们今天所要学习的童谣。(师板书课题)

(师生齐读课题)

二、完整欣赏，感受童谣

阶段目标：让学生通过动物外部特征来认识动物，培养学生观察、了解大自然的好奇心。

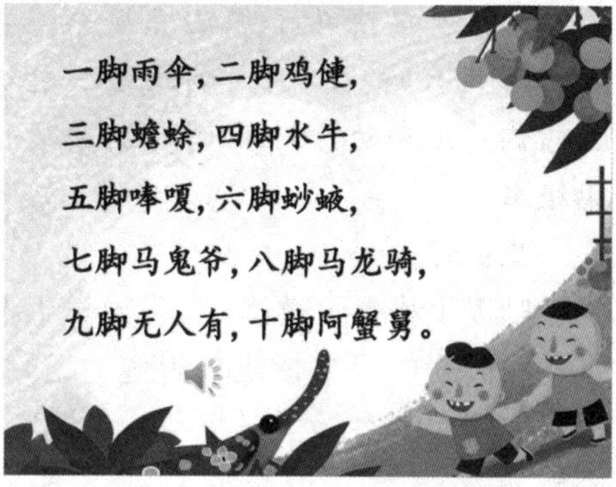

师：听完了童谣，请谁来说一说你们刚才听到的小动物都有哪些？

生4：水牛。

生5：马龙骑。

生6：蚁蠓。

师：同学们，听得真仔细！你们看，老师今天给大家请来了几位动物朋友，是谁呢？请看大屏幕。

{师操作：屏幕依次出现“鸡健［nũɑ̃³］、蟾蜍、水牛、唪嗄、蚁蠓、马鬼爷、马龙骑、阿蟹舅（螃蟹）”等动物图片。} 师解析：“唪嗄”这种动物其实是六脚，这里为了押韵而说它是五脚。“马鬼爷”这种动物，是传说中的一种动物，现实是没有的。

师：谁亲眼看见过这首童谣中的动物，请从上面一组图片中挑选粘贴。

生7：我看过水牛。

生8：我见过蚁蠓。

师：同学们，有哪些你们没见过、不认识的？

师点击释义：

【①鸡健［nũɑ̃³］：尚未生蛋的母鸡（鸡母团）。②三脚蟾蜍：也是传说中的动物，它长得像青蛙似的，能招财进宝。③唪嗄：蝉，也就是知了。④蚁蠓：蜻蜓。⑤马鬼爷：据说形貌跟“马龙骑”很像，只是少了一条腿。⑥马龙骑：又称“马重骑”，长腿蜘蛛。⑦阿蟹舅：螃蟹。】

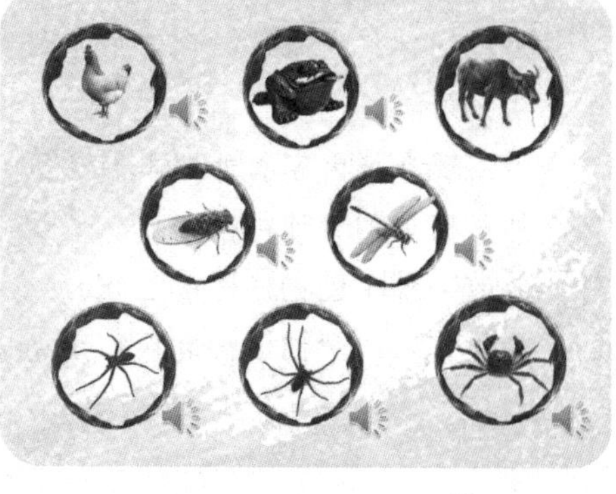

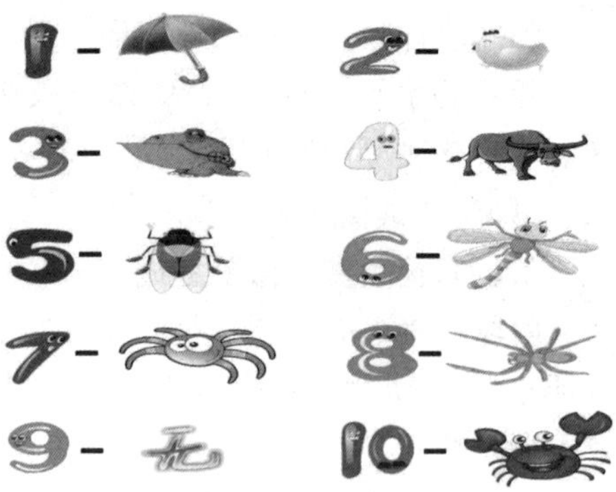

师：现在请孩子们认真观察，它们都有几只脚？我们用潮汕话一起说出它们是几脚动物，好吗？（边讲边粘贴板书）

生：好。

师以手势提示教读。[引导学生根据动物们腿的只数依次从鸡健、蟾蜍、水牛、嗱嗄、蝴蝂、马鬼爷、马龙骑、阿蟹舅（螃蟹）说出它们是“N 脚××”，串联起来]

师：你们有没有发现“一脚”和“九脚”的动物呢？

生：没有“一脚”和“九脚”的动物。

【设计意图：引导孩子们从腿脚的只数，也就是从动物的特征来认识它们。】

三、反复诵读，体会方言

【阶段目标：引导学生运用一定的表情、手势和体态等，有激情地表演童谣，在多种形式的诵读中，在诙谐有趣的诵唱中认识多种动物。】

师：老师觉得童谣真好听，想再听一遍，你们想听吗？

生：想。

（师操作：再播放一次音频）

师：大家再听了一遍童谣，歌谣中唱的“一脚”和“九脚”分别是什么？

生：雨伞和无人有。

师：真棒！雨伞是一脚的物品，没有一脚的动物，也没有九脚的动物。

师：老师觉得这小朋友读得真好听，我也想读一读。（师范读）

师：同学们也来试一试，好不好？

生：好。

师：现在请大家打开课本第 9 页，自由地读一读。（老师巡查，正音）

师：同学们都读得很不错。请谁来试一试？（师点名读，个别正音：结合课件，播放一种小动物，诵读一句）

师：嗯！同学们学得真快！请大家跟着老师来表演。

（接着采用多种形式读童谣：集体诵读；老师上半句，学生下半句；男、女生对读；接力读；男、女生赛读等诵读方式，让孩子们有激情地表演童谣。）

四、分组活动，巩固学习

【阶段目标：为学生提供宽松、愉快的环境，让学生在角色表演、游戏活动中，发挥自主性，调动学生主动参与的热情，鼓励孩子大胆地扮演不同角色，活跃课堂气氛。】

学生按约 10 人一组，分成 4 组。小组间互相尝试朗读。

师：同学们，现在我们按分组朗读，大家对自己读得还不够准的字音或不熟悉的动物在组内进行交流。组长分配角色，然后每个同学自主设计动作，进行组内表演。

学生自由试演，教师巡查，指导。

师：好，现在每一个角色请一个同学来扮演，其他同学欣赏他们的表演，分享他们的快乐。

学生上台表演。（台下同学有的学做动作，有的学唱，气氛热烈）

五、活动天地，拓展延伸

1. 展示收集动物名片。

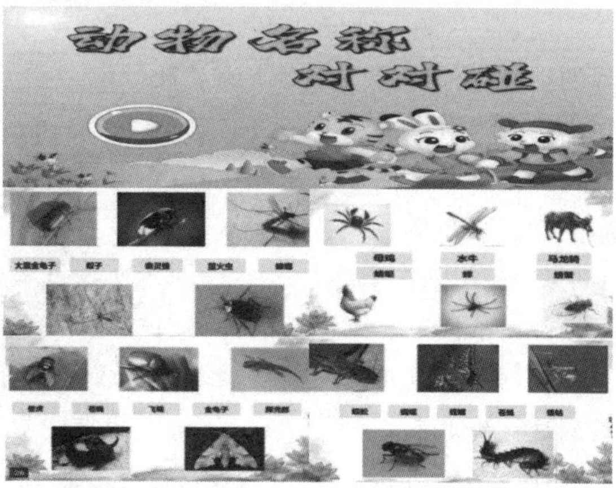

师：同学们，你们课前收集到哪些动物名片呢？请把你们收集到的动物照片，还有它们的潮汕方言名称、学名等，展示出来吧！

2. 动物名称对对碰。（学生在平板上操作）

师：同学们，你认识哪些可爱的动物？请你帮这些动物找到它们的学名并说出它们的方言名字吧。

（教师通过电脑布置游戏：把准备好的21种动物图片，与之相应的动物学名等，制作成“对对碰”游戏，发送到每个小组的平板电脑上。）

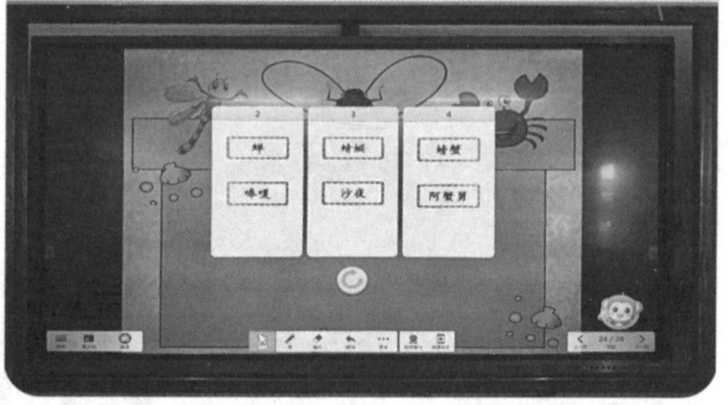

师：现在我们进行“动物名称对对碰”游戏，看哪一组完成得最快！计时开始。

学生们开始进行比赛。

3．找家庭。

师：游戏结束，同学们请把你们带来的动物名片，按动物脚的数量在教室墙上“1～10脚的动物家庭板块”中找到它们的家庭，并粘贴在上面。没收集到的同学，可以到老师这里领取。

（学生活动）

生9：老师，蜈蚣有好多的脚，这里找不到它的家。

生10：哇！蜈蚣的脚那么多啊！

【设计意图：使学生知道自然界的动物各种各样、无奇不有，爬行动物也远不止童谣中介绍的N脚动物那么多，让孩子从童谣中获取新的知识和经验。】

4．模仿创作童谣。

师：哦！还真是哦！老师另外准备了“另类家庭”板块，请把它放到这板块中来。

师：现在，每组派一位代表模仿童谣“N脚××”的形式来介绍动物。

【设计意图：启发学生开展创造性思维，创编童谣。】

生 11：一脚丫叉，二脚啯家。（母鸡叫声）

生 12：三脚香炉，四脚猫牯。（猫牯：雄猫）

生 13：五脚檐龙（壁虎），六脚草蜢或蚂蚁。（蜜蜂）

生 14：七脚马鬼爷，八脚花狮行。（花狮：八爪鱼）

生 15：九脚过恶觅（过恶觅：很难找），十脚磨蜞过。

师：各组代表大胆尝试，真是值得表扬！但是，同学们发现没有，我们编的“N 脚××”读起来没有童谣里边的顺口，你们知道是为什么吗？

生：不知道。

生 16：我知道，预习的时候妈妈告诉我，不押韵不顺口，童谣押韵才更好。

生 17：我还知道“一螺坐雌雌，二螺走脚皮，三螺有米食，四螺有米炊，五螺五田庄，六螺掰心肠，七螺七益益，八螺做乞食，九螺九安安，十螺会做官。”（学生自豪地说：“是爷爷教我的。”）

（师生听了，哈哈大笑。）

5. 鼓励孩子课后可以在模仿中编童谣，体验创造的快乐。

师（总结）：是啊！童谣主要有三个特点：一是朗朗上口，通俗易懂；二是有趣、好玩，孩子们感兴趣；三是讲究押韵。希望同学们课后可以模仿童谣进行再创作。

六、文化百科

师：同学们，我们课前看过“斗蟋蟀”的视频。其实，跟动物有关的游戏还有很多，比如捉蜻蜓、螳螂、甲虫、萤火虫等，书中还为我们介绍了另一个游戏——“灌杜猴”。

师介绍“灌杜猴”的玩法：①找一处山边凸起的沙土。②扫平沙土，会发现一个洞。③往洞中灌水。④一看到杜猴爬出来就抓。

七、总结

师：不知同学们玩过哪些与动物有关的游戏？在这里，值得让同学们注意的是：跟小动物一起玩，一定要非常注意自身安全，最好不要跟猫猫狗狗玩得太欢，因为动物们有的脾气比较冲，容易产生应激，要避免被抓伤或咬伤。而跟比自己弱小的小动物玩的时候，一定要有友好的态度，因为我们从游戏中也可以玩出道理：它们其实跟我们一样，都有痛苦和快乐的感受，它们也喜欢自由自在。我们可以观察它们，但却不能伤害它们，我们不能以强欺弱、以大欺小，绝不能把自己的快乐建立在它们的痛苦之上。

• 主体板书设计

• 教学后记

《一脚雨伞》是一首主要关于小动物的童谣，按“脚”的数量逐渐递增，向孩子们介绍了“鸡健、蟾蜍、水牛、唪嗄、蛷蛷”等8种小动物以及雨伞等事物。

在学习童谣的过程中，我把其定位为语文综合性学习，通过形象的肢体语言，多种参与性强的活动，引导孩子强烈的表达欲望，让孩子们在有趣的活动中锻炼语言表达能力。在活动中，我还采取了范读、指名读、竞赛读、表演读等的形式来学习这首童谣。整节课没有花哨的道具，但天性爱模仿、善表现的孩子，参与积极性都很高，让孩子们感受到潮汕童谣的独特之美，培养了孩子热爱本土文化、热爱家乡的情感，并引导学生主动观察、了解大自然，与大自然友好和谐相处，积极健康地生活。

整个活动设计了三大板块学习内容，层层递进式的方式让孩子们感知、体验与游戏。

（1）情景导入式。创设“斗蟋蟀”情境视频，运用直观的视频引起孩子们的兴趣，然后让孩子们通过对动物们的外部特征来认知，再让孩子们挑选自己亲眼见过的小动物图片来粘贴，在玩中学习新知。对孩子们没有见过的动物，我边解析边用手势提示教读。孩子们对于这样的教学方式，兴趣很高，所以乐于用动作表现，对新知识掌握得也挺快，气氛一下就活跃起来。

（2）表演游戏式。这首童谣是比较简短的，对于大部分学生来说，学读是非常容易的，但如果单调的重复朗读方式会影响学生的积极性。那么，如何让孩子们更有兴趣地读呢？我采用了多种形式读、诵，还有演一演和集体游戏的方式，激起孩子们创造性地表演童谣的热情。对于每种动物，都让孩子进行角色模仿表演，并说出该句，使孩子们在动作表演中巩固认识，孩子们特别感兴趣，模仿得也很到位。很多孩子喜欢表演“阿蟹舅”，把它横行霸道的样子表演得很形象、很夸张。这个环节，小组每个同学自主设计动作，进行组内表演，同学们参与热情很高。趁着这活跃的气氛，我将活动的形式进一步提升，玩“动物名称对对碰”“找家庭”等拓展活动。在活动中，我预想学生们能够通过把动物方言名字与普通话名字对应起来，这个环节还是有一点难度的，在以后的教学中得进一步优化设计。

（3）想象创编式。因为童谣内容相对比较短，而且适合进行内容的拓展，所以在活动中的最后环节进行童谣创编，让学生在情绪上及时做调整，动静结合进行拓展性思维，孩子们想得多，说得也多，使活动得到一个很好的延伸，体验创造的快乐，并鼓励孩子课后可以在模仿中编童谣，进行再创作。

整个活动中，我感受非常深刻的是，学生们在活动中特别兴奋，在表演环节，多数孩子都能融入情境中自由转换角色表演，这是一个亮点。但也存在一些问题，因为班级外地学生偏多，对潮汕方言的学习显得有点困难，念了几次童谣，积极性就降低了。在游戏环节过程中，如何让所有的孩子有更多的表现机会，我想在以后的童谣教学中，努力探索游戏化的教学方式，使孩子们学得扎实，玩得开心，在多样化的学习活动中，把传统文化的学习和语文综合性学习相结合，真正落到实处，打造综合性学习的舞台，培养孩子们的跨学科意识，提升他们的语文素养。

• 名师有话

入境入情　互生共长

——听杨映璇老师上《一脚雨伞》点滴体会

潮州市潮安区庵埠镇凤岐小学　陈惠娜[①]

《一脚雨伞》是地方特色教材《潮汕文化读本》第一册的童谣，这首童谣简练诙谐，按照1~10的顺序，结合“脚”的数量讲述动物、事物的特征。杨映璇老师在深研教材的基础上，结合一年级学生的年龄特点，为我们展示了一节别开生面的课堂。

杨老师将《一脚雨伞》定位为语文综合性学习，对于小学生来说，语文综合性学习是他们加强语文与其他学科以及生活的联系，在不同的内容和方法的相互交叉、融合中开阔视野，提高实践能力的舞台。一年级的小同学刚进入校园不久，对一切事物充满好奇心。杨老师在教学中充分考虑到教学对象的特点，以学生的发展为出发点，以教材为本，又不拘泥于教材，将教材与家庭、生活融合在一起，拓宽了学生的学习空间和渠道，为学生语文素养的提升提供了更多可能。

1．课未始，情境先创

授课前，杨老师布置学生通过扫描教材二维码，请教家里长辈等方法预习，发动学生收集动物图片、对应普通话和方言名称。将教材和家庭生活有效联系起来，课堂教学前，教师、学生、家长一起创设学习乡土文化、方言文化的情境，极大地激发了孩子们对于这节课学习的期待和浓厚的兴趣。

2．课伊始，情境交融

课堂上，杨老师注重情境的创设和学生的体验，借助现代化多媒体教学手段，读、演、游戏……多样化的教学方法，既注重学生新知的习得，也注重学

---

① 陈惠娜，潮州市潮安区庵埠镇凤岐小学副校长，小学英语高级教师，潮州市首批“十百千”名师，潮州市优秀教师、潮安区优秀班主任、潮安区名班主任、潮安区教育系统名教师，多次获得市教学观摩比赛、教学能力大赛一等奖，主持市“十二五”规划科研课题“悦读　乐学　会读——农村小学英语阅读有效教学探究”并顺利结题。多篇论文获得省、市级奖励，公开发表论文3篇。

习过程的感受和体验，在自主、合作、探究的学习氛围中，体现了语文综合性学习的开放性、实践性、创新性和综合性。

（1）微课辅助，有声有色。

“斗蟋蟀”“灌杜猴”，对于今天的孩子来说，这些有趣的活动离他们的生活似乎有点远，怎么斗，怎么灌？单单靠老师课堂的讲解，孩子们又怎么能够体会旧时潮汕孩童这些动物小游戏的乐趣呢？在课堂导入及课堂拓展阶段，杨老师巧妙地引入了微课，让学生直观地理解“斗蟋蟀”“灌杜猴”这些有趣的活动，化抽象为具象，并适时加入思想教育，引导孩子们认识到：在与小动物互动的过程中要爱护小动物，也要保护自身安全。用直观的画面唤醒童心，引导学生用童心拥抱生活，热爱自然。

（2）花样朗读，有条有理。

本节课的教学中，教师先通过音频范读、教师范读，让学生从总体先感知，对《一脚雨伞》有了初步的理解。随后，从跟读、学会质疑、指名读、问答读、接力读、表演读……从“会读”到“读好”，从读正确到读懂，再到读出感受，读出创新。这样由浅入深、循序渐进地朗读，让孩子从易到难，始终带着饱满的热情、旺盛的好奇心去体验、感悟和理解。特别是表演读部分，孩子们兴致高涨，自告奋勇组队上台，自己设计动作体现各种小动物的特征，尤其让人印象深刻。这样的朗读活动，充满童趣与“潮味”，为优秀传统文化与语文综合性学习的有机结合创设了相互融合、相互促进的情境。

（3）游戏活动，有滋有味。

课堂上，杨老师设计多样化的游戏活动：数一数动物的脚，让学生观察动物的脚的数量，与歌谣内容相结合、相对应，学生通过自己的观察，发现数字是从“一”排到“十”的，没有“一脚”和“九脚”的动物，这样的活动，让学生自己去质疑、去探索、去总结，无形中既培养了学生的观察能力和总结能力，也指导学生发现规律，掌握背诵技巧。“动物名称对对碰”借助平板电脑，让学生全面、全方位地参与游戏活动，通过电子小游戏这一孩子最喜闻乐见的方式，完成了对教材知识的拓展和运用。“找家庭”让学生在课堂上动起来、玩起来，让涉及鸟类、昆虫、哺乳动物等的知识融汇在这一个小游戏中，让孩子在童谣的学习中汲取更多营养。

3. 课虽了，情境延伸

课堂上，杨老师别出心裁地引导学生模仿创作“一脚××”“二脚××”的童谣，这本身就是对孩子创新思维的一次启发和训练。同时，她将“尝试模仿编童谣”作为作业，对于本节课的学习内容，为孩子在课后的实践活动提供了学习的素材、活动的方式，拓宽了学习优秀传统文化、乡土文化知识的空间和渠道，让其与语文综合性学习的结合找到新的生长点，让课堂上的情境交融得以延伸到学生的生活中去。

整节课的教学，杨老师不只是课堂的引导者，她有意识尝试放手，引导一年级的孩子自主观察、质疑、总结，从而找到学习的方法，让传统文化与语文综合性学习不只扎根于课堂，更得以发展到学生的生活中。作为一名年轻教师，杨老师能够重视学生的学习需求，在情境创设、多元活动中交汇共融，实现了师生的共同成长。

《潮州姿娘好针工》教学设计[①]

教学媒体资源下载

潮州姿娘好针工，十指尖尖舞银针；绣出梅花散芳味，绣出七女下凡间。
潮州姿娘好针工，十指尖尖舞银针；绣出大厦成群起，绣出七女下凡间。

<table>
<tr><td>教材</td><td colspan="3">《潮汕文化读本（一、二年级）》</td></tr>
<tr><td>课时</td><td>1 课时</td><td>媒体资源</td><td>1. 课件 PPT；
2. 微课：《钩花》《舞》；
3. 视频资源：《潮绣》《钩花》；
4. 学生作业展示</td></tr>
<tr><td>教学内容分析</td><td colspan="3">《潮州姿娘好针工》是《潮汕文化读本（一、二年级）》第 4 课，童谣让学生了解家乡的潮绣文化，激发学生对潮州姿娘的敬佩和对家乡的热爱之情。为实现方言童谣与语文教学的有机整合，宜采用多种形式诵读，自主学习、实践操作方法，学生在课堂学习过程中学会诵读歌谣，并喜欢上歌谣，学会钩花，真正体现语文综合性学习的特点，让潮汕歌谣切实走进校园</td></tr>
<tr><td>教学目标</td><td colspan="3">1. 会用方言正确流利地诵读歌谣，理解歌谣内容。
2. 通过自主学习、实践操作、多种形式诵读，初步了解潮绣，感受潮绣之美，尊重心灵手巧的潮汕姿娘</td></tr>
<tr><td>教学重点</td><td colspan="3">有节奏、有韵律地诵读歌谣，理解歌谣的含义</td></tr>
<tr><td>教学难点</td><td colspan="3">了解潮绣，感受潮绣之美，懂得尊重心灵手巧的潮汕姿娘</td></tr>
<tr><td>教学方法</td><td colspan="3">讲授法、演示法、情景教学法及活动探究法等</td></tr>
<tr><td>预习要求
课前准备</td><td colspan="3">1. 预习微课。
2. 通过扫描课本二维码学唱歌谣。
3. 收集生活中的潮绣用品</td></tr>
</table>

① 本课例教学设计 & 执教教师：黄珊蓉；授课学校：潮州市潮安区龙湖镇三英小学；授课年级：二年级。

• 教学过程设计（课堂实录）

一、课前游戏，激趣导入

1．猜潮汕谜语。

师：同学们喜欢玩游戏吗？

生：喜欢。

师：老师出两个潮汕谜语给大家猜一猜，要不要？

生：要。

师：第一个：千只脚，万只脚，站不住，靠墙脚。（猜一日常用品）

生：扫把。

师：第二个：饭熟菜熟。（猜潮州一地方名）

生：（思考了一会儿）东凤（注：等着吃饭）。

2．接潮汕歇后语。

师：厉害！潮汕地区还有很多有趣的歇后语，我们来试试歇后语接龙，好不好？

生：好。

师：火烧猪头——

生：熟面熟面（注：很面熟）。

师：对！星夜看天——

生：（思考了一会儿）张神张鬼。

师：棒！橄榄尻仓（尻仓：屁股）——

生：坐不定。

二、微课预习，引入课题

师：（出示潮绣作品），大家看这是什么？

生：画。

师：我拿近距离给大家看，猜一猜它是怎么制作出来的？

生：画出来的。

师：你们再仔细看看。

生：不是画出来的。

师：那是怎么做出来的呢？

生：是绣出来的。

师：你们知道这幅作品是哪里的人绣制出来的吗？现在，让我们一起来看看微课。

（播放微课）

师：从微课中我们知道这幅美丽的作品是哪里的人绣的呢？

生：潮州姿娘。

师：今天我们继续学习潮汕歌谣《潮州姿娘好针工》。（板书课题）请同学们先跟我读歌名。

生：（齐读歌谣名称）《潮州姿娘好针工》。

三、初学歌谣，整体感知

1．跟老师学读歌谣（出示课件）。

师：同学们一起来听一听这首歌谣。（播放录音）

师：歌谣好听吗？想学吗？

生：好听，想学。

师：先跟老师一句一句学读。

2．学生自主读歌谣，找出有疑问的地方。

师：先各自细声读歌谣，圈出不懂的地方。

（生：细声读，圈出不懂的地方）

3．学生提出疑问，由生生交流、师生交流解决或图片释疑。

师：有不懂的吗？

生1：潮州姿娘指什么？

生2：潮州姿娘指潮州的女人。

（出示课件）

师：老师和后边听课的女老师都是潮州姿娘。还有吗？

生1：银针是什么？

生2：银针指用来绣花的针及钩针。

（出示课件）

师：（师展示实物），潮州姿娘就是用这些针来绣花的。

生1：七女指什么人？

生2：七女指七仙女。

师：对，七仙女就是传说中天上的七仙女。

（出示课件）

师：你们的问题提得都很好，我也有一个问题，要请大家交流：“十指尖尖舞银针”中的“舞”是什么意思？

生：跳舞。

生：银针跳舞。

师：银针自己会跳舞吗？

生：不会。

（师演示绣花针一上一下的姿势）

师：是不是在跳舞？

生：不是，是指潮州姿娘舞动银针绣花的姿势很好看。

生：是指潮州姿娘绣花的手势。

生：……

师：同学们都说得很好，这个“舞”字，不是真的跳舞，而是指绣娘舞动银针的动作又快又好看，就像跳舞那样优美。

四、深入研读，领会情感

1. 开火车式读歌谣。

2. 配动作式读歌谣。

师：同学们，刚刚说到了“舞”，说到了“七仙女”，如果我们给歌谣配上动作来诵读，会不会很有趣呢？

生：会（激动、笑）。

师：这样吧，我们分成六个小组，小组内交流探讨一下要怎么配动作，统一意见后一起练一练，看哪一组配的动作更有趣，更有创意。等会儿每个小组请一位代表上来展示一下。开始！

3. 男女生对读歌谣。

师：同一首歌谣的诵读，经过各组同学的创新，居然能有这么多不同形式的表演读法，让老师眼前一亮，同时也更深入理解了这首歌谣的意思。现在，让我们来玩一玩男女生对读歌谣，老师读歌谣名称，男生先读第一句，女生接着读第二句……

4. 问答式唱歌谣。

师：真好听！真好看！你们都是小小的表演家！

刚才老师提问题，你们回答。歌谣的诵读能不能也采用这种方式呢？我们来试一下。

师问：潮州姿娘好针工，十指尖尖舞银针，绣出了什么啊？

生答：绣出梅花散芳味，绣出七女下凡间。

师问：潮州姿娘好针工，十指尖尖舞银针，绣出了什么啊？

生答：绣出大厦成群起，绣出七女下凡间。

师：潮州姿娘还绣出了什么啊？

生 1：绣出了小草一片片。

生 2：绣出了鸭子一群群。

生 3：绣出了美丽的校园。

师：潮州姿娘绣出了生活中美好的一切。

5. 小组创编歌谣。

师：现在，大家试着把歌谣内容改成你喜欢的样子，编一编，并在组里互相交流一下自己的作品。（生创编歌谣，先组内交流，再个别展示）

五、实物展示，认识潮绣

1. 介绍潮绣，欣赏潮绣作品。

师：我们预习的微课中说潮州姿娘绣出来的东西叫作什么？

生：潮绣和抽纱。

（出示课件）

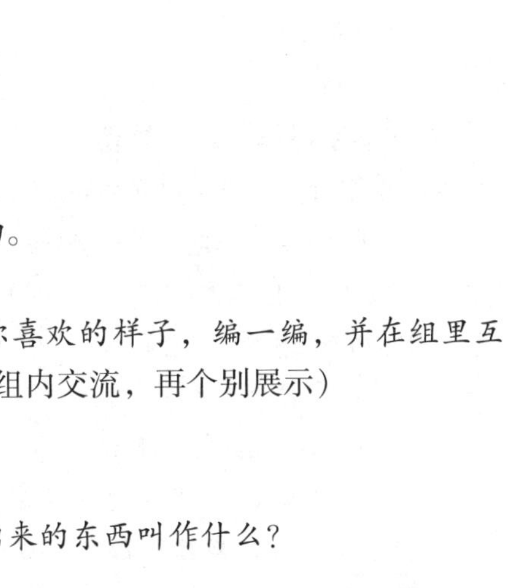

师：说到潮绣，我们潮州有非常出名的潮绣工艺大师康惠芳女士，她从事潮绣的工作已有四十几年，就像这一幅作品（出示图片），是康惠芳大师《梅兰菊竹》作品中的《菊》，这幅作品在2009 年参加中国文化遗产“锦绣中华”

精品的展览获金奖；这一幅叫《下山虎》（出示图片），也是康惠芳大师的作品，于2005年被我们的国家领导人胡锦涛作为国宝赠送给加拿大马丁总理。康惠芳大师在潮州牌坊街有个潮绣工作室，同学们有空可以去参观参观哦！

（学生表现出有点迫不及待）

师：潮绣与广绣合称粤绣，是中国四大名绣之一。

生：哇——

2. 认识抽纱，感受抽纱在日常生活中的应用。

（出示课件）

师：抽纱是从刺绣中发展出来的，大部分制作成一些工艺品，在潮汕地区广泛流传，如床布、杯垫等。（出示图片）其实这些东西大家经常看到，我布置大家在家里留意这些潮绣和抽纱的物品，大家找到了吗？

生：找到了。

六、动手操作，深入体验

1. 小组介绍自带的潮绣或抽纱作品。

师：同学们把自带的潮绣或抽纱作品拿出来，分小组讨论交流：你找到的作品叫什么？有什么用途？

（生：分小组讨论交流）

2. 学生代表上台展示。

师：现在请一些代表上台展示。

生1：大家好，我找到的作品是一件上衣。

生2：大家好，我找到的作品是一个袋子。

生1：你的袋子可以当什么用呢？

生2：可以用它来装手机、钱、钥匙等，出门的时候带上这个袋子，就会很方便。

生2：那你的衣服又可以当什么用呢？

生1：衣服就是用来穿的，既漂亮又能保暖。

生1、生2：哇，那我们俩不就是一对很好的组合，一起旅游去吧！

师：太精彩了！掌声！

师：还有谁想要上台展示？

生3：老师，老师，我，我（拿着作品走上台）！

师：好，还有哪个代表？（看看）好，手举得高高的那位同学。

（生4走向生3）

生4：同学，你脖子上围的是什么？

生3：是围巾，把它围上，很温暖。你看，帅吧！

生4：哇，好帅啊！

生3：那你手上拿的是什么？

生4：我拿的是我妈妈用钩针做的一双鞋子，穿上它，既漂亮又温暖，我妈妈真棒！我爱我妈妈！

生4：你的围巾能借我披一披吗？

生3：当然可以，拿去吧。

师：真是太棒了！掌声送给两位同学！

师：第三组代表上台展示。

生5：大家好！我找到的作品是一块杯垫。

生6：我找到的是一个杯袋。

生5：哇，好漂亮啊！

生6：那当然，是我妈妈钩出来的。你看，把杯子装在这个袋里，出门的时候带上它，既方便又不用担心杯子烫。你的杯垫该怎么使用呢？

生5：我的杯垫可以用来放杯子，这样既不怕烫，又好看。

师：同学们的展示真是太精彩了！

3．观看潮绣及抽纱的制作过程。

师：同学们找到的这些物品，大部分是钩花的作品。钩花也属于抽纱。像这一幅是什么作品？（出示潮绣作品）

生：潮绣。

师：对了，这么精美的作品是潮州姿娘用十指一针一线绣出来的，你们想知道潮州姿娘是怎样绣出来的吗？

生：想——

师：今天我们就一起来观看。（播放视频）

4．现场展示潮绣工艺。

师：今天我也带来了半成品的潮绣，潮州姿娘就是这样用一针一线绣出了这么精美的作品。（现场展示绣花）

生：哇！

5. 邀请潮州姿娘现场为学生展示钩花工艺。

师：同学们带来的钩花作品又是怎样钩出来的呢？想知道吗？

生：想。

师：今天，我们请到了一位潮州姿娘来到现场给我们展示钩花，并教大家钩花。（掌声有请）同学们可以拿出自带的钩针和线，跟姿娘学钩花。

姿娘：同学们，刚才同学们带来的作品都是潮州姿娘用一针一线钩出来的。看，这就是钩针（出示），这就是纱线（出示），同学们看投影仪，跟我学钩花。今天我们来学习最简单的钩“辫子”。左手拿纱线，右手拿钩针，先把钩针放在纱线的下面，拿钩针转一圈，钩住纱线穿过转圈，这样就钩出第一针了。接着再用钩针转圈，钩住纱线再穿过转圈，多次反复，便能钩出“辫子”。再根据图案钩出各种作品。大家可以拿出带来的钩针和纱线，动手学钩花，我来做现场指导。

6. 学生尝试钩花，展示钩花作品及谈谈感受。

（生：边看边学钩花）（播放钩花视频）

师：这位同学的作品，大家看看……

师：这位同学学习了钩花，有什么感受？

生：很难……

7. 总结。

师：同学们，今天我们看了这些潮州姿娘用十指一针一线绣出来的作品，也亲手体验了钩花的过程，此时此刻你们觉得潮州姿娘是怎样的人呢？

生：心灵手巧。

师：（板书：心灵手巧）是啊，潮州姿娘用十指绣出了“大厦成群起”，用她们的勤劳创造出了美好的生活。我常听到一些外地人称赞潮州姿娘心灵手巧；称赞潮州姿娘能勤劳致富。此时，你想对潮州姿娘说什么话？

生：感谢！潮州姿娘辛苦了！……

七、深情朗读，情感升华

师：是啊，感谢勤劳的潮州姿娘！最后，我们带着欣赏、感动的心情再一次朗读这首童谣，请两位同学打快板伴奏。

（生伴奏齐唱）

师：回家把歌谣读给家人听，与家长一起体验钩花或绣花，有可能的可以自己创编不同的钩花图案，带到学校来与同学们分享。

• 教学后记

这节课我大胆地采用了微课，让学生先带着问题预习感知歌谣。本着以“学生为本”的理念，在歌谣的学习中，让学生先自己发现问题、提出问题，并由生生之间解决问题，充分体现学生的主体性。结合歌谣本身的特点，设计朗读的层次性、趣味性，采用不同的读法，让学生在读中成长：读懂歌谣的内容，体会歌谣的韵味，体悟家乡的风土人情。

看着孩子们有节奏地朗读歌谣，全身心投入其中，我由衷地感到高兴。特别是在学习钩花的环节，我把学校里会钩花的老师作为“姿娘”请进课堂，手把手教学生钩花，学生专注而又自得其乐的神情感动了我。总之，整节课还是能达到预定的效果的。

授完这节课，也让我感到存在很多不足之处，首先课前的准备还是不够充分，在展示潮绣作品时，比较局限，只有一件真正的潮绣作品（其他大多是电脑绣及钩花作品），没能让学生更多地接触潮绣，更好地感受到潮绣的魅力。记得当时有一个学生还站起来说：“老师，还有其他潮绣作品吗?”这让我感到很遗憾。如果能更多展示这一类型的艺术品，那将能更直观地凸显潮绣的艺术魅力。

在朗读歌谣中，多种形式的朗读都是按照我课前设计的朗读方式进行的，如能让学生主动发掘自身潜能，开创新的朗读方式，课堂将更自主、更活跃，也能收获更多的课堂生成，形成原生态的课堂，那就更好了。

评课专家、老师们给出了这样的评价：该课符合“一个定位、两大环节、三项原则”的教学设想，体现了语文综合性学习的特点，这给予了我很大的鼓舞。在探究潮汕方言歌谣实践课的路上，我将不断探索，永不止步。

•名师有话

当潮汕方言歌谣遇见语文综合性学习

龙湖镇三英小学　林小玲[1]

潮汕方言歌谣走进语文综合性学习的课堂，这本身就是一场美丽的邂逅。黄老师教学的《潮州姿娘好针工》一课，将潮汕方言歌谣与语文综合性学习有机结合，既展现了潮汕方言歌谣的音韵美、视觉美、内涵美，又充分借助语文综合性学习课的自主性、开放性、综合性和实践性，让孩子们在交流讨论、多形式诵读的过程中学会美美地诵读歌谣，在愉快的体验活动中了解家乡的潮绣文化，在自主学习、实践操作的过程中学会钩花这一潮汕手工艺，激发了学生们对潮州姿娘的敬佩和对家乡的热爱之情。

亮点一：以生为本，自主学习

这节课中，黄老师始终以“学生为本”作为核心理念，最大限度地调动学生的内在积极性，引领学生自主质疑提问，合作探索解决问题，从而培养学生的自主学习能力。如理解歌谣含义这一环节，先由学生提出疑问，再由其他学生说一说自己的理解，在探讨中师生共同形成一个较为准确的结论，呈现了生成精彩的过程。

亮点二：挖掘资源，开放课堂

《语文课程标准》指出“语文综合性学习应贴近现实生活，联系现实生活解决问题”。课前，黄老师布置学生收集生活中的潮绣作品，并带到课堂上与同学们分享欣赏，既激活了孩子们的学习兴趣，又丰富了教学素材，让学生感受到生活中处处有美丽的潮汕手工艺；课上，黄老师把学校里会钩花的老师作为“姿娘”请进课堂，充分利用身边的资源，现场展示、讲解钩花全过程；课后，设计让孩子们与家长进行亲子共创美丽钩花的作业，把课堂延伸到学生的生活

---

① 林小玲，小学语文高级教师，龙湖镇中心学校教研员；担任《潮汕文化读本（三、四年级）》副主编，多篇论文发表于《潮州教育》等刊物，主持和参加省、市级科研课题5项，被评为潮州市骨干教师、潮州市和潮安区优秀教师、龙湖镇优秀校长。

中，在孩子们与家长创新钩花图案的过程中，进一步发展孩子们的创造性思维和发散性思维，真正做到了“钟声已响课未止”。

亮点三：文艺双馨，多元模式

本节课在引导孩子理解歌谣含义的过程中，突出了歌谣实践课的“语文味”，对歌谣中的重点字词进行了重点的理解，如舞银针的“舞”字，通过学生想想含义、谈谈理解、比比动作，真正让孩子们理解并感受到歌谣的语言美。同时，这节课还引用了潮汕谜语、潮汕歇后语、多形式展示潮绣艺术作品、潮绣制作过程，让学生全方位地接触家乡传统文化，突出了歌谣实践课的“潮汕味”，构建了语文与潮汕传统文化有机结合的多元化教学模式。

亮点四：实践操作，快乐体验

本节课设计了学习钩花工艺这一动手操作的活动，孩子们那专注的眼神、入神的动作、不懈的努力以及最后钩花成功的喜悦，感动了所有人，让我们欣喜地看到了孩子们在快乐的体验中有所思考、有所收获、有所成长。

当潮汕方言歌谣遇见语文综合性学习，我们的语文综合实践课有了更多彩的一种呈现模式，我们的家乡传统文化有了更广阔的传承途径，学生们有了更愉悦、更自主、更开放的学习方式。愿所有行走在歌谣实践课路上的人们，不断探索，永不止步。

《门脚一丛柑》教学设计[①]

教学媒体资源下载

门脚一丛柑，唔危唔下好晾衫；唔危唔下好打扮，打扮起来似陈三。

门脚一丛蕉，唔危唔下并君腰；唔危唔下好打扮，打扮起来似五娘。

<table>
<tr><td>教材</td><td colspan="3">《潮汕文化读本（一、二年级）》</td></tr>
<tr><td>课时</td><td>1 课时</td><td>媒体
资源</td><td>1. 课件 PPT；
2. 视频资源：《观灯》</td></tr>
<tr><td>教学内容
分析</td><td colspan="3">《门脚一丛柑》是《潮汕文化读本（一、二年级）》的第 5 课。本课主要是要让学生学会用潮汕方言有感情地诵读童谣，了解潮剧《陈三五娘》的故事</td></tr>
<tr><td>教学目标</td><td colspan="3">1. 能用潮汕方言有感情地朗读童谣，背诵童谣，感受方言童谣的独特之美。
2. 了解潮剧《陈三五娘》的故事</td></tr>
<tr><td>教学重点</td><td colspan="3">诵读童谣，了解潮剧《陈三五娘》的故事</td></tr>
<tr><td>教学难点</td><td colspan="3">能用潮汕方言有感情地朗读童谣</td></tr>
<tr><td>教学方法</td><td colspan="3">阅读法、讲授法、谈话法</td></tr>
<tr><td>预习要求
课前准备</td><td colspan="3">收集当地流传的童谣</td></tr>
</table>

• 教学过程设计（课堂实录）

一、课前引入

1. 诵读自己收集到的童谣

师：同学们，今天老师将带领大家一起来学学潮汕童谣，课前，老师已布置大家收集身边的潮汕童谣，不知道同学们都收集到了哪些，咱们一起来看看吧。

（指名同学读收集到的童谣）

① 本课例教学设计教师：蔡燕娟、李奕彬、丁彩虹、李旭梅、陈健纯、杨柳；执教教师：李旭梅；授课学校：磷溪镇田心学校；授课年级：二年级。

2. 引入新课

师：同学们收集到的可真多，今天咱们再来学一首新的童谣，请看屏幕（出示课题《门脚一丛柑》），课题就叫——《门脚一丛柑》。

二、学习童谣，感受童谣

1. 听音频范读，跟读。

师：这首童谣在写什么，应该怎样读？咱们一起来听一听。（点播音频）

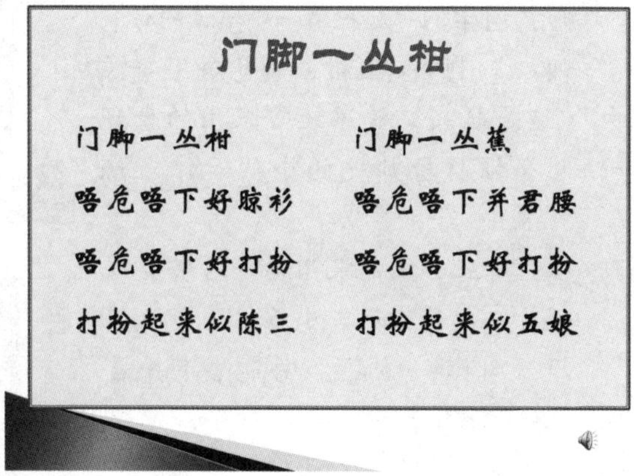

师：小朋友读得真好，咱们也一起来跟着读一读吧。请同学们打开课本第 17 页，大声地、自由地把童谣读出来。

（学生自由朗读）

师：同学们都学会朗读了吗？哪位同学能勇敢地把童谣读出来。

2. 指名读，正音。

老师点评小朋友的朗读，点出童谣中“押韵”的特点。

3. 解答学生在朗读时遇到的问题。

师：大家在朗读的时候有没有发现一些问题？

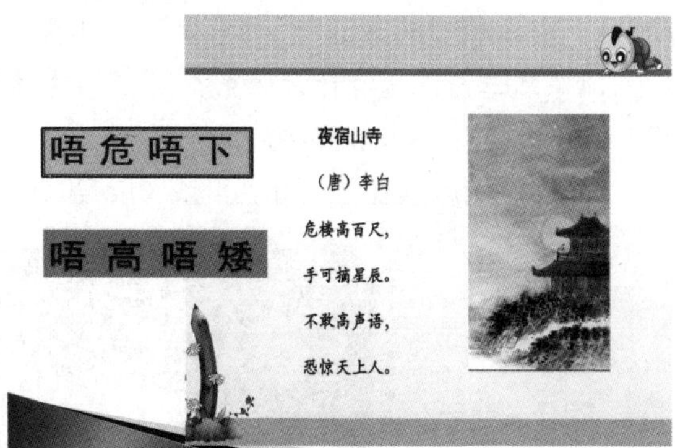

生：老师，课本里有一处写错了，“唔高唔矮”写成了“唔危唔下”，它把“高”写成了“危”。

师：这位同学读得真认真，懂得边读边思考，遇到问题了，还能大胆地提问，同学们也要养成这样的读书习惯。刚才这位同学发出的问题是书里把“高”写成了“危”，写错了。是不是真的书中写错呢？同学们还记不记得我们上学期学过的古诗《夜宿山寺》（出示古诗）。

师：读到“危楼高百尺，手可摘星辰”的时候，我们都知道“危楼”就是“高楼”的意思，那同样呢，在我们童谣中“危”也是指“高”的意思，读的时候，也要读为“高”的发音。同学们都明白了吗？

生：明白了。

4. 图片展示，带学生解读童谣，弄清童谣所写内容。

师：那这样的一首童谣到底在写什么，接下来，就和老师一起品读童谣吧。

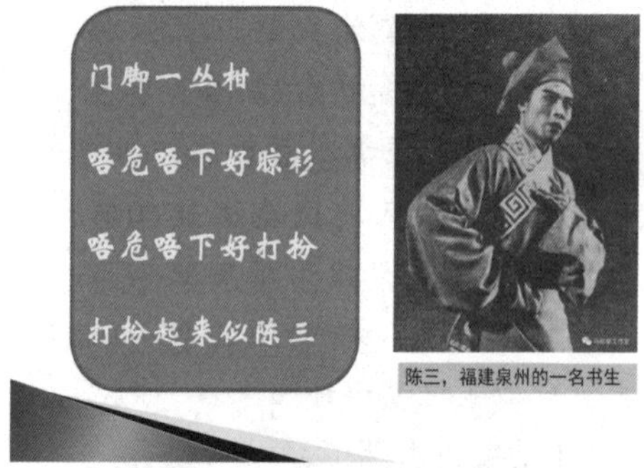

师：同学们一起把第一小节读一读。

师：“门脚一丛柑，唔危唔下好晾衫。”这是起兴，歌谣经常采用的表现手法。那位打扮帅气的小伙子像“陈三”。

师：陈三，福建泉州的一名书生。

师：一起读出第二小节。

师：“门脚一丛蕉，唔危唔下并君腰。”这是什么表现手法？对了，是起兴。那位穿着漂亮的女子像“五娘”。

师：五娘，潮州黄府千金，当时的大美女。

三、文化百科

1. 由童谣中的“陈三”“五娘”引出潮剧《陈三五娘》的故事。

师：陈三与五娘有什么联系？远在福建的陈三为什么会写进我们潮汕的童谣？有谁知道的，来跟同学们说一说。

2. 述说潮剧《陈三五娘》的故事，边叙述边课件演示。

师：相传宋朝时期，福建的书生陈三在广东潮州的元宵灯节上，与黄五娘相遇，陈三很喜欢五娘，五娘也喜欢陈三，但是五娘的父亲却要将五娘许配给别人，五娘很伤心。

陈三很聪明，他化装成磨镜匠来到黄府，磨镜时故意将宝镜打破，以赔镜为由卖身给黄府为仆。

在五娘的婢女益春的帮助下，两人终于相见。并相约在三更月夜时离开黄府，去福建泉州过他们幸福的生活。

师：我们潮州的老百姓最爱听潮剧《陈三五娘》，海外的潮州人也喜欢。《陈三五娘》又叫《荔镜记》，是潮剧的代表作。潮剧是潮汕的国家级“宝贝”，2006 年被列入第一批国家级非物质文化遗产名录。大家看到的这张照片，饰演“五娘”的是我们潮剧表演名家姚璇秋。

3．播放潮剧《陈三五娘》中的《观灯》唱段，点明这唱段上过央视元宵晚会，增强学生的自豪感。

师：潮剧 2019 年上了中央电视台的元宵晚会，2020 年的除夕前一晚，它再次上了央视的舞台。老师来播放《观灯》唱段，大家听听，潮剧是用什么方言演唱的？（播放唱段）

生：用潮汕话演唱的。

师：潮剧唱得多好听呀！有兴趣的话，课后也可以与爷爷奶奶一起把戏看完。

4．介绍《陈三五娘》故事在当地的影响和在文化遗产中的地位。

师：《陈三五娘》的故事在潮州和泉州两地影响都很大，留下了很多美丽的传说。现在在我们潮州的花园村就有一口井叫“五娘井”，相传是当年五娘汲水浇花的古井。在福建泉州也有一座水坝叫“陈三坝”，相传是为纪念陈三当官后治水的功绩而命名。（课件演示）

师：2014 年，“陈三五娘”传说还被列入第四批国家级非物质文化遗产代表性项目名录呢。

四、多样诵读童谣，并背诵

1. 分组，借助道具，练习表演诵读。

师：刚才我们的潮剧唱得多美啊！我们的童谣也要美美地读出来。来，拿起我们课桌下的小道具，用上自己喜欢的方法，把童谣诵读出来，一会儿我们还要分小组比赛，看哪一组读得最好。

2. 小组比赛读童谣。

五、总结

师：今天我们学习的内容真多，老师带领大家读童谣，听故事，赏潮剧。老师只想告诉你们，这些都是我们的传统文化，曾陪伴着我们的爷爷奶奶成长，也陪伴过我们的爸爸妈妈成长，老师希望这样的传统文化也能陪着大家一起成长。希望通过今天的学习，同学们对我们的传统文化有更多的了解，能喜欢上我们的传统文化。

• 主体板书设计

门脚一丛柑

陈三　五娘

↙　↓　↘

童谣　故事　潮剧

• 教学后记

《门脚一丛柑》是《潮汕文化读本（一、二年级)》的第5课。本课主要是要让学生学会用潮汕方言有感情地诵读童谣，了解潮剧《陈三五娘》的故事，学会欣赏潮汕文化。本课授课的年级是小学一、二年级，对于低年级的学生来说，谈文化欣赏、文化传承确实有一定难度。所以，在这节课我先让学生课前跟着长辈读童谣，了解“童谣”这种文化形式，然后在课堂上带着学生读童谣、讲童谣，顺着童谣引出《陈三五娘》的故事和潮剧《陈三五娘》中的《观灯》唱段。读童谣、听故事、赏潮剧，整个教学过程环环相扣，学生在这个过程中自然而然地了解并接受了传统文化，达到文化传承的目的。

在童谣的朗读形式上，我先让学生学读，提出疑问，再通过讲读童谣引导他们理解童谣的意思，感受童谣的特点，最后让学生分小组用自己喜欢的形式朗读童谣，并熟读成诵，充分感受童谣所蕴含的文化内涵，收到了较好的教学效果。

• 名师有话

整合语文教学　传承潮汕文化
——评《门脚一丛柑》一课

湘桥区教育局教研室　张珩[①]

《潮汕文化读本》为当今海内外潮人呈现了一个丰富多彩、活色生香的潮汕文化，为青少年学习潮汕传统文化提供了一个重要的学习平台。开展潮汕传统文化进校园，是开展语文综合性学习的有效途径，是弘扬潮汕传统优秀文化的重要举措。磷溪镇田心学校“依托《潮汕文化读本》，在语文教学中传承磷溪乡土文化的研究”课题组成员设计、李旭梅老师执教的观摩课《门脚一丛柑》，就是一节将潮汕乡土文化与课堂教学相结合的优秀课例。老师通过巧妙的

① 张珩，小学语文高级教师，广东省教育学会理事会理事，潮州市小学语文科中心组成员，潮州市湘桥区教育局教研室小学语文教研员。先后主持和参与多个省级、国家级课题研究，荣获市级以上奖励32项，主持和主讲区级、市级教研活动、讲座10多场次，发表论文、教学设计近10篇，参与编写书籍、辅助教材3项。

设计，让学生读童谣、听童谣、诵童谣，在学习中体会潮汕童谣中“押韵”的特点，掌握童谣中“危”字的汉语读音与潮汕读音的区别及在童谣中的意思，孩子们在诵读中领悟童谣的文化内涵，体会童谣的韵律之美，较好地体现语文综合性学习的实践性。教学中教师自然引入潮剧《陈三五娘》的故事，学生听故事，赏潮剧，环环相扣，妙趣横生，让学生在诵读童谣的同时，了解潮剧故事，感受潮汕传统文化的精髓。

“求木之长者，必固其根本；欲流之远者，必浚其泉源。”《门脚一丛柑》整节课不仅向学生讲授潮汕传统文化，增进了学生对乡土文化的了解，而且培养了学生对传统文化的热爱，体现语文学科综合性学习，体现文化传承的主旨。

《年年冬节边》教学设计[①]

教学媒体资源下载

年年冬节边，家家户户在舂米；舂米做乜事？舂米来挲圆。

一粒搭粟簟，一粒搭门边；搭了好乜事？人吔搭了平平安安oo唔见。

教材	《潮汕文化读本（一、二年级）》		
课时	1 课时	媒体资源	课件
教学内容分析	《年年冬节边》是《潮汕文化读本（一、二年级）》的第 6 课。本课主要是要让学生学会用潮汕方言有感情地诵读童谣，引导学生了解冬节习俗和中华传统节日		
教学目标	1. 能用潮汕方言有感情地朗读童谣，会多种形式诵读童谣，感受方言童谣的独特之美。 2. 感受冬节所带来的节日气氛与快乐，并进一步了解冬节习俗，培养学生对潮汕文化的兴趣		
教学重点	引导学生学习童谣《年年冬节边》，了解冬至节俗文化		
教学难点	理解歌谣表达了潮人希望团圆、平安、丰收这种良好愿望		
教学方法	阅读法、讲授法、谈话法、情景教学法、师生互动法		
预习要求 课前准备	教师准备：课件、糯米团、奖红花贴片； 学生准备：收集有关冬节习俗及其他传统节日的资料		

• 教学过程设计（课堂实录）

一、导入新课

1.（课件展示）（教师播放过冬节图片）。

师：俗话说呀，冬至小过年。冬节也是我国一个重要又喜气的传统节日。同学们喜欢过冬节吗？

① 本课例教学设计教师：丁彩虹；执教教师：丁花苓；授课学校：潮州市湘桥区磷溪镇美提小学；授课年级：二年级。

2．释题：年年冬节边指的是临近冬节的时候（冬节的前几天）。

3．板书，齐读课题。

师：同学们，潮汕地区从一月到十二月的民俗有很多，其中的十一月是冬至，俗话说“冬至小过年”。冬节也是我国一个重要又喜气的传统节日。同学们知道有关冬节的习俗吗？

生1：在家拜老公。

生2：挲圆、吃圆。

师：对，下面让我们一起来看看人们是怎么过冬节的。（课件展示）（师播放冬节有关图片）

师：那么，在我们潮州市磷溪镇这里，过冬节的习俗是——舂米、搓汤圆、吃汤圆。圆圆的、甜甜的汤圆寄托着人们的什么愿望呢？就是希望生活圆圆满满、甜甜蜜蜜的美好愿望。

今天我们要学习的是与冬节有关系的一首歌谣《年年冬节边》。（板书：年年冬节边）同学们齐读题目两遍。

二、学习童谣

（一）初读童谣

现在请大家看看大屏幕中这首有趣的歌谣，一起来听听这首歌谣。

1．出示课件（放录音）。

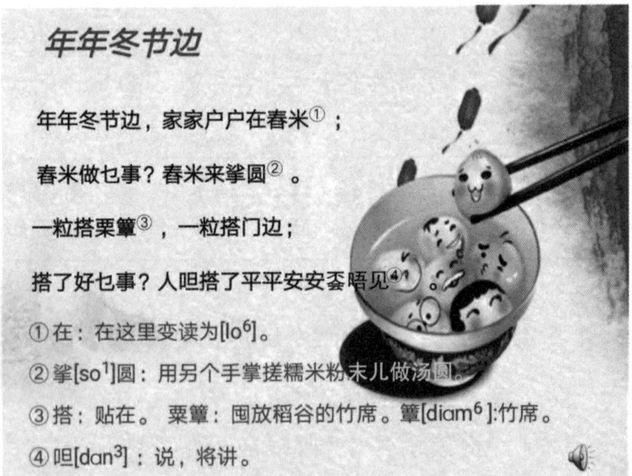

师：请一位同学试着读一读。其他同学认真听听这位同学读得对不对、好不好？（一生读，不熟练）

师：还可以，不熟练不怕，等会多读几次，肯定能读好。

师：现在老师读一句，同学们跟读一句。（老师示范读）

师：（再指名一位同学试着读一读）。这位同学读得不错。她注意“做乜事”“粟簟”“委唔见”的读法呢！接着我们一起来听听音频中的小朋友怎样读这首歌谣，同学们边听边想，这首歌谣在讲什么内容？

2. 听音频朗读歌谣。

师：歌谣究竟告诉我们这里过冬节有哪些习俗？哪个听明白的同学先来说说。

生：吃汤圆。

师：吃汤圆时还要干什么呢？

生：一粒搭粟篁，一粒搭门边。

师：哦，同学们真聪明！那么，为什么要“一粒搭粟篁，一粒搭门边”呢？

生：人吧搭了平平安安吞唔见。

师：对，那么关于在粟篁、门边搭汤圆我们潮州还有一个民间传说，同学们想不想听呢？

生：想听。

师：传说有一年冬至，有三个穿着破破烂烂的外地人，由于他们家乡没有吃的，所以来到我们潮州。当时天气特别寒冷，老妇饿死了，只剩下父女两个人。父亲向人家讨了一碗冬至丸给女儿吃，但女儿却坚决不吃，要让父亲吃。推来让去，那位父亲流着眼泪说：“女儿，我当父亲的不能养活你，你又没有吃的，不如在这里择一户人家嫁了，希望有一口饭吃。”女儿也就含泪答应，两人分食了一碗冬至丸后便分手了。

后来，女儿嫁了一个好人家，日子好过一点了，但她天天思念父亲。到了冬节时候，更是十分伤心。她的丈夫问起原因，妻子就将她和父亲分别的事告诉丈夫。后来夫妻俩想了一个方法，在大门环上贴了两颗大大的冬至丸，心里想：“父亲如果看到，一定会想到女儿的。”这样，年复一年，这习俗终于沿袭下来。

歌谣《年年冬节边》提到这习俗，也说到“平平安安吞唔见”，意思就是什么呢？

生：人们希望过冬节，贴汤圆后平平安安。

（二）理解童谣内容

师：全班齐读歌谣，边读边想象歌谣里描述每年冬至人们是怎么过的。

生1：在冬至的前几天，家家户户都要先将糯米舂成米粉末儿晒干。

师：舂米后接下来要做什么呢？

生2：冬至前一天吃过晚饭，家家户户就用开水把糯米粉和成粉团，大家围坐在一起搓汤圆。第二天就吃汤圆。

师：同学们说得很好，冬至丸以搓得大大小小参差不齐为好，这叫“父子公孙丸”，象征着岁暮之际一家子圆圆满满。俗话说：“汤圆唔食天唔光”，“食

了汤圆大一岁”，以前生活条件有限，孩子们最盼吃这碗圆，常是半夜醒来好几次。然而，天好像与孩子们作对，老是不亮。其实这是到了冬节这天，夜的时间最长。关于冬至夜最长，老师这里又有一个有趣的传说叫“粒浮粒试”：传说中有一个妇女在冬节夜熬煮一大锅冬至丸，冬节夜长难以入睡，夜长日短。热气腾腾的汤丸在寒冷中给人温暖的感觉，嘴馋的妇女还没天亮就想吃冬至丸，于是看到一粒汤丸浮到水面就吃一粒。等到天亮时汤圆被她吃了很多。这样的故事令人大笑、令人开心，也形象地说明冬节夜最长。

师小结：在潮汕地区，冬至丸除了食用外，还有个特别的用途，即在门框、炉灶、米缸以及猪、鸡、鹅等牲畜身上贴二粒糯米丸，预示明年丰收、全家团圆，祈祷牲畜平安过冬。歌谣表达了潮人希望团圆、平安、丰收（把果实贴在果树上，溜溜滴滴）这种良好愿望。

（三）多种形式唱读童谣

1. 全班击掌齐读。

2. 选择自己喜欢的方式朗读。

师：朗读歌谣有很多种形式，有“歇后语”应答读，男女生混读，加上自创节奏读等，接下来同学们先以小组为单位，选择自己喜欢的方式朗读歌谣，能背诵最好，待会来比赛，读得好的老师有惊喜给你们。（老师这里有快板，需要的同学可以来领取）

3. 表演式诵读：师生一起边读边做搓汤圆的动作。

三、活动体验

1. 分组动手，学搓汤圆。

师：同学们，你们在家帮妈妈搓过汤圆吗？喜不喜欢搓汤圆？（播放人们舂圆的小视频）

准备糯米团，让同学们体验如何搓汤圆。

师：我们每四位同学组成一组，每组来领取糯米团和一个盘子，待会大家搓好来展示一下，看看哪个组搓的汤圆又圆又好看。

2. 展示成果。(小组长举盘子展示汤圆)

纪律好、配合得好的小组成员奖励红花贴纸。

(生托着盘子展示成果)

师:请同学来说一说你是怎么搓的,能把汤圆搓得这么好看?

生1:捏一小块糯米团,双手往相反方向搓,搓久一点就能把丸子搓圆。

生2:不能太用力压着搓,不然丸子会散开。

师:同学们都把自己的作品拿上来,我们一起来评出一、二等奖。获胜的小组,每人奖一朵小红花。

3. 分享交流课前收集资料,了解节俗。

(1) 师:我国的传统节日冬节还有很多习俗呢,同学们在上周问长辈、查资料了解到的冬至节俗还有哪些?

生1:吃汤圆。

生2:上山扫墓(过冬纸)。

生3:在家祭拜祖先。

生4:拜公婆。

师:同学们了解的真不少呢!潮州有些地方的孩子(孥囝)未满十五岁在冬节这一天是要拜公婆的。

(2) 师:你还知道哪些传统节日呢?(生开火车回答)有哪些习俗?请大家结合课前收集到的图片,跟大家分享。

学生展示图片,简单介绍:

春节"闹热""营老爷"(游神);元宵节营蔗灯;端午节"扒龙船"(赛龙舟)、吃粽子、拜"祖公"(祭祖);七胖(中元节)"施孤";中秋节拜"阿娘"(拜月)、烧瓦窑……

四、总结

谈感受,在我国的传统节日中,冬至是一个开心的节日,家人会团聚一起吃汤圆,吃了汤圆就意味着你长大一岁,你们就要更加懂事,在家里要听父母的话,以实际行动来减轻父母的负担。在学校要好好学习,争取更大进步。

思考:咱们家乡又是怎么过的?(播放祭祖、过冬纸等图片)

五、布置作业

1. 传唱歌谣,回家唱给自己家人听。

2. 了解大过年的习俗。

• 主体板书设计

年年冬节边

春米→挲圆{搭粟篁 / 搭门边}平平安安

• 教学后记

潮州童谣植根于潮汕文化沃土中，读起来不仅朗朗上口、充满童趣，富有节奏，而且也是潮汕孩子学习潮汕方言的根本途径，了解潮汕文化的窗口。

这节课执教的对象是二年级的学生，鉴于他们具有强烈的好奇心，注意力集中时间比较短的年龄特点，我让学生采用不同形式去表现童谣、理解童谣、朗读童谣，以此激发学生喜欢潮汕传统文化，热爱家乡的情感。比如，引导学生按不同的节奏、速度、力度诵读童谣，充分发挥他们的自主性和积极性。在朗诵童谣的基础上，引导学生更好地理解这首童谣的意思，感受潮州人如何过冬节。

组织学生动手体验搓汤圆的过程，让学生更深刻地理解《年年冬节边》这首歌谣的内容。多媒体课件的合理运用，丰富了教学内容，拓展了相关的知识点，让这些山村的孩子更直观地感受我们潮州人怎么过冬节，从而培养传统文化的认同感，激发自豪感。

在本课教学过程中，还存在很多不足的地方：

（1）在诵读童谣环节，形式可以多种多样，可借助一些器具进行打击，既动手又动口，这样学生更乐意参与。

（2）教学过程中，教师的讲解太多，学生参与热情还没达到预期效果，未能调动学生学习积极性，应以学生为主，把课堂真正交给学生。

• 名师有话

诵读童谣，传承潮汕传统文化
——评丁花苓《年年冬节边》一课

潮州市湘桥区磷溪镇中心小学　陈映雪①

潮谚云：冬节小过年。冬至在潮州人的心目中是仅次于过年、中秋的重要节日，所以有童谣专门传唱冬至的习俗也就不足为奇了，《年年冬节边》就是一首描写冬至习俗的潮州童谣。丁花苓老师在《年年冬节边》这节课中，从孩子们熟悉的冬至习俗入手，引导孩子们了解更多潮人节俗，培养他们对潮汕传统文化的兴趣，激发他们热爱家乡的真挚情感。

1. 注重引导学习传统文化，激发对传统文化的兴趣

在本节课的教学中，丁老师通过课前要求学生收集冬节的资料，课堂上师生热烈的交流，引导孩子们认识潮汕地区的冬至习俗，包括歌谣中提到的挲圆、搭圆等，还有歌谣中没有提到的过冬纸（上山扫墓）、拜公婆神、在家中祭祖等习俗。老师还有意识地拓展到其他节俗，如端午节龙舟赛、中元节祭祀、中秋节拜月、春节拜年等。通过对这些节俗的认识，在孩子们的心中种下传统文化的种子，激发他们学习传统文化的兴趣，培养他们对家乡的热爱之情。

2. 利用多种形式的朗读，引导孩子理解童谣

朱熹曾说："读得熟，则不待解说，自晓其义也。"丁老师很重视童谣的朗读，在她的带领下，孩子们将童谣读得充分，读得精彩，读出了歌谣要表达的感情，也读出了自己的真情实感。在本课教学中，学生以多种形式的读来感知这首歌谣，从参与人数来说，有师生对读、全班共读、男女生对读、小组齐读等；从形式上来说，有击掌齐读、"歇后语"应答读、自创节奏读、表演式唱读、快板式诵读等。其中表演式诵读是孩子们边表演搓汤圆的动作边诵读，而最令人惊喜的是自创节奏读，二年级的小朋友自我创作了各种节奏的读法，形式活泼可爱，富有童趣，让孩子们更加喜欢上这首歌谣。

---

① 陈映雪，小学高级教师，磷溪镇中心小学副校长，曾获广东省"南粤优秀教师"等省、市荣誉称号。

3. 动手操作，实践体验

这节课开课时间正好在冬至前，为了让孩子们更好地了解节俗，在课堂教学中，丁老师特别准备了相关材料，带孩子们一起进行搓汤圆的实践活动。通过孩子们自己动手操作，亲身体验冬至"挲圆""搭圆"，使他们对潮汕传统文化有更具体的印象，为潮汕文化的传承埋下一颗小小的种子。

在搓汤圆的活动中，孩子们搓出了"父子公孙圆"，结合丁老师讲的节俗故事，进一步体会冬至之于潮人的团圆意义，体会到长辈对于孩子"食了汤圆大一岁"所寄予的平安长大的殷切期望。

4. 善用鼓励性和个性化的评价，激发孩子们的学习热情

《正面管教》的作者简·尼尔森说过："孩子们需要鼓励，正如植物需要水。"这节课中，丁老师自始至终都很善于用正面评价给孩子鼓励，让孩子们感受到尊重和价值感，激发他们学习和创作的热情。

丁老师的评价语言还很有特色，她不是简单地对孩子说："你回答得真棒""你真聪明""下次再努力"，而是根据孩子回答的特点，个性化进行点评。比如有孩子唱读歌谣，她说："你清亮的嗓音让我很着迷。"有孩子用很快速的节奏读歌谣，她说："你让我想起潮州大锣鼓了，这节奏就像一个个鼓点呀。"这些个性化的鼓励评价，调动了孩子们学习的积极性，让课堂气氛更加和谐，使得教学效果更好。

陈平原教授说过："文化不仅凝聚在高文典册上，而且渗透在日常生活中，落实在为你所熟悉的一种情感、一种心态、一种习俗、一种生活方式。"我们教孩子诵读潮汕歌谣，让孩子了解潮汕习俗，就是在传承潮汕传统文化，培养热爱家乡的情感，在这一点上，我觉得丁老师做到了，她将传统文化通过童谣渗透进孩子们的心底里。

教学媒体资源下载

《红屐桃》教学设计①

红屐桃，红屐桃，屐桃穿好觅踢跎；奴囝行磨砌宫灶，砌起宫灶趣味多。
红屐桃，红屐桃，你做公来我做婆；阿婆绣花公种作，有食有穿乐呵呵。
红屐桃，红屐桃，奴囝都呾大人好；爱做大人出花园，拜天拜地拜父母。

<table>
<tr><td>教材</td><td colspan="3">《潮汕文化读本（一、二年级）》</td></tr>
<tr><td>课时</td><td>1 课时</td><td>媒体资源</td><td>1. 课件 PPT；
2. 视频资源：《七月初七，潮俗出花园》；
3. 学生作业展示</td></tr>
<tr><td>教学内容分析</td><td colspan="3">《红屐桃》是《潮汕文化读本（一、二年级）》第 7 课。它是一首民俗歌谣，主要体现潮州孩子“出花园”这一成年礼俗，在童谣学习中丰富孩子们对民俗文化多样性的感知认识，从而加深对本土文化的情感</td></tr>
<tr><td>教学目标</td><td colspan="3">1. 学生能够用优美的声音朗读童谣，初步了解潮汕地区“出花园”的传统礼俗。
2. 学生通过参与学习和活动，增强潮州民俗文化多样性的感知认识，加深孩子们对本土文化的情感，形成良好的人文素养</td></tr>
<tr><td>教学重点</td><td colspan="3">了解潮汕“出花园”礼俗，让孩子充分感受民俗活动的文化内涵</td></tr>
<tr><td>教学难点</td><td colspan="3">通过学科整合，培养兴趣爱好，理解仪式流程的各项寓意</td></tr>
<tr><td>教学方法</td><td colspan="3">教法：讲授法、演示法、示范法
学法：自主学习、合作学习、诵读法、讨论法、展示法</td></tr>
<tr><td>预习要求
课前准备</td><td colspan="3">1. 教师：童谣相关资料的收集、黑板、教学道具、教学平台。
2. 学生：向家中长辈了解潮州“出花园”的习俗，收集有关资料</td></tr>
</table>

① 本课例教学设计＆执教教师：庄溯澜；授课学校：潮州市湘桥区城南小学；授课年级：二年级。

• 教学过程设计（课堂实录）

一、激发兴趣，导入新课

出示实物红屐桃让学生摸一摸、试一试，解释长辈给孩子穿红屐桃的由来及美好愿望。

师：同学们，看看老师手里拿的是什么东西？（让学生摸一摸、试一试）

生：红屐桃。（粘贴本课课题红屐桃）

师：哪位同学来试穿一下？（学生试穿）你们知道什么时候要穿红屐桃吗？

生：出花园。（粘贴出花园）

师：那你们知道为什么“出花园”要穿红屐桃吗？

生：林大钦。

师：林大钦是什么人？是我们潮州历史上有名的文科状元，牌坊街上还有一座牌坊叫“状元坊”，就是用来纪念他的。你们知道在哪吗？（生摇头）不知道？那请你们找个时间去看一看、找一找。

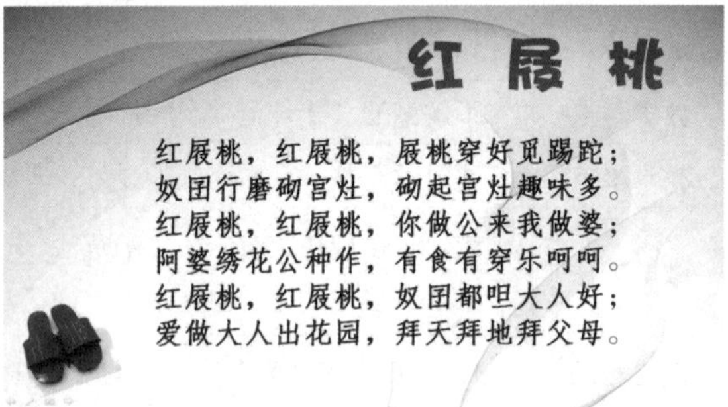

“出花园”穿红屐桃与林大钦有什么关系？你们知道吗？据说，潮州状元林大钦小时候家境贫苦，那时候的学生上学都要穿红鞋，林大钦的父母却买不起，便到市场买了一双木屐，刷上红油给林大钦穿着去上学。后来，年仅21岁的林大钦便高中状元，名扬天下。潮汕人觉得穿红木屐是个好意头，因此在孩子“出花园”时就给他买红屐、穿红屐，慢慢地便有了“出花园”穿红屐的习俗。“出花园”还有非常多趣事，等一下老师会慢慢跟大家一起分享。因为穿红屐的事，我们潮汕地区还流传着一首叫《红屐桃》的童谣呢，今天我们就一起来学习这首童谣，请同学们翻开课本第25页第7课《红屐桃》。（出示课件）

二、学习童谣，质疑解难

1. 初步感受童谣。

（1）师范读。（用双响筒伴奏）

师：请同学们听老师读一遍。这首童谣有趣吗？我们一起来学习。

（2）师带读，规范读音。

（师读一句，生读一句）

师：你做公来我做婆，“婆”本来［pua^5］，但是为了押韵这里读做［po^5］。

下一句：阿婆绣花公种作，跟老师一起读……

（3）生齐读。

师：请跟老师读一遍。

师：跟着节奏一起读一读。（第一遍，齐读；第二遍拍手读；第三遍两人对拍读；速度加快读）

（4）师生回声读。

师：我们来试试这样的读法，叫回声读。（出示课件）

师：红屐桃，红屐桃，屐桃穿好觅踢跎。生：（觅踢跎）

师：奴团行磨砌宫灶，砌起宫灶趣味多。生：（趣味多）

师：红屐桃，红屐桃，你做公来我做婆；生：（我做婆）

师：阿婆绣花公种作，有食有穿乐呵呵。生：（乐呵呵）

师：红屐桃，红屐桃，奴团都呾大人好。生：（大人好）

师：爱做大人出花园，拜天拜地拜父母。生：（拜父母）

师：请同学们分小组熟读童谣，把不懂的地方画出来。

2. 自主质疑童谣。

（1）学生分小组朗读童谣，把不懂的地方找出来。

（2）学生提出问题。

（师生交流释疑。如觅踢跎、砌宫灶、阿婆绣花公种作等图片）

师：什么是觅踢跎，大家看看图片里的小朋友在干什么？

踢跎就是游戏，觅踢跎就是找玩儿。

刚刚大家看到的是咱们现在玩的游戏，你们知道老师小时候玩的是什么样的游戏吗？

砌宫灶：小孩子玩的过家家游戏。

阿婆绣花公种作，以前潮州女人绣花、男人种田。

3. 解惑释疑童谣。

(1) 师生交流释疑。

(2) 出示视频了解什么是“出花园”。

师：什么是“出花园”？你们家里有没有哥哥姐姐出过花园？今天，我们通过一段视频来了解一下。

出示视频了解什么是“出花园”。(播放视频)

师：课前老师布置了作业条，向家中长辈了解潮州“出花园”的习俗，收集有关资料，大家有没有去了解？

生：有。

三、拓展延伸，升华主题

1. 请同学们上台介绍自己了解的“出花园”习俗。

师：看完《出花园》视频，哪位同学上台跟大家说说出花园首先要做什么？

生1：奶奶告诉我“出花园”要用12样鲜花泡水给出花园者沐浴，洗去孩子气，现在已经长大懂事，可以“走出花园”。

生2：妈妈说“出花园”要穿新衣，穿红屐桃，还得围新肚兜，表示清清白白、明明白白做人。

师：(亮出肚兜，摸出桂圆和顺治钱、银圆) 大腰肚 (肚兜)，红屐桃，出花园，趣味多，潮汕民俗讲究多！奴囝大到15岁时，告别孩童已成年，挂个腰肚放乜个 (注：肚兜里要放上什么)？

生：红包！

师：这么多红包，谁给的？是外公外婆、爷爷奶奶、爸爸妈妈、姑姨舅妗。除了红包还有什么？

生：桂圆和钱。

师：桂圆放在腰肚里叫福圆；这两个叫顺治钱或龙银，寓意跨出花园门槛后平安富贵、一帆风顺。

生3：15岁“出花园”要拜公婆神，还要拜花公花妈，答谢神明庇佑孩子健康成长的恩德。

生4："出花园"要吃鸡蛋煮粉丝，吃了长寿健康；吃猪肝煮葱，长大能当官会聪明；吃鲫鱼或鲮鱼，长大多子多孙；要吃芹菜，长大勤劳；要吃蒜，长大会除会算；"出花园"要吃豆干，吃了会当官。

生5："出花园"要咬鸡头。

师：说起孩子"出花园"那天要咬鸡头，这个风俗是怎样来的呢？大家还记得老师讲的"出花园"穿红屐桃故事吗？

生：林大钦。

师：对，"出花园"要咬鸡头还是要从林大钦说起。话说有一天，林大钦放学回家，见有老者抱着一只公鸡蹲在地上，旁边还有一对红对联纸，一张没有写字，一张写着："雄鸡头上髻。"老者要求路过者应对，对得上可得这只公鸡，对不上者仅赔他一页对联纸。林大钦站了一阵，对曰："牝羊颌下须。"对得好，老者将公鸡送他。林大钦的父亲十分高兴，暗自称赞孩子有出息，并将公鸡宰了，煮熟后还把鸡头奖励给林大钦，希望他以后能出人头地，独占鳌头。后来，林大钦果然得中状元，名扬天下。潮汕人以为这是个好兆头，在孩子入学时就给其买了双红木屐，抱大公鸡，孩子"出花园"时就让他（她）咬鸡头。

师：通过同学们的分享，大家知道"出花园"意味着什么？

生：做大人。

2. 师做小结。

师：对，"出花园"是潮汕人为孩子告别童年而举行的一种成人礼，出了花园，就意味着你现在已经长大懂事，可以"走出花园"，而不再是终日在花园里玩闹的孩童了。"阿婆绣花公种作"是指男孩子要帮忙家里做农活，女孩子要帮忙家里绣花、做家务了。知道了吗？

你们知道现在的成人礼是指什么时候？对，18岁。无论是潮汕地区特有的成人礼——出花园，还是我们现在18岁举行的成人礼，都是大人对我们的美好祝愿。(板书：美好祝愿)

都希望我们长大后能够像林大钦一样勤奋读书，以后才能出人头地、幸福一生。

生：知道。

四、回顾童谣，巩固学习

1. 应答式吟诵童谣。

师：老师要来考考大家了，我问你答，准备开始了。

师：红屐桃，红屐桃，屐桃穿好——好做呢？(注：可以干什么？)

生：红屐桃，红屐桃，屐桃穿好觅踢跎。

师：奴团行磨砌宫灶，砌起宫灶——若趣味？（注：多有趣？）

生：奴团行磨砌宫灶，砌起宫灶趣味多。

师：红屐桃，红屐桃——穿起屐桃做乜个？（注：穿起屐桃就成了什么？）

生：红屐桃，红屐桃，你做公来我做婆。

师：阿婆绣花公种作，有食有穿——乜生样？（注：感觉怎么样？）

生：阿婆绣花公种作，有食有穿乐呵呵。

师：红屐桃，红屐桃，奴团都咀——乜个好？（注：谁最好？）

生：红屐桃，红屐桃，奴团都咀大人好。师：好底块？（注：好在哪儿？）

生：爱做大人出花园。师：还做呢？（注：还要行什么礼仪？）

生：拜天拜地拜父母。

2. 创编吟诵童谣。（出示幻灯片）

师：刚刚同学们跟老师一起尝试用不同方式读歌谣，我们平时读歌谣还有什么方式？

生：可以拍拍手。

生：可以跺脚。

生：可以用打击乐器伴奏。

师：你们看看，老师手上还有一双红屐桃，可以敲起来伴奏（示范）。想想要怎么和上伴奏，请一位组长带领你们小组用喜欢的方式朗读，有需要打击乐器的可以上讲台领取。比一比哪一个小组读得最有意思。

3. 学生用不同形式吟诵童谣。

（1）律动吟诵童谣。（孩子们拍手、跺脚等伴奏）

拍　手：	×	×	×	×
跺　脚：	×	0	×	0

（2）打击乐吟诵童谣。（孩子们用鼓、沙锤、响板、碰铃等打击乐器）

双响筒：	×	×	×	×
三角铁：	×	–	×	–
碰　铃：	×	0	×	0
红屐桃：	×	×	×	×

4. 教师范唱《红屐桃》。

五、布置作业

师：刚刚老师唱得好听吗？我们这节课的作业：找找《红屐桃》这首童谣的音乐视频，学一学、唱一唱、跳一跳。也欢迎大家到学校的潮州童谣特长班跟老师一起学习。

• 主体板书设计

红屐桃

出花园　　　　成人礼

↘　　↙

美好祝愿

• 教学后记

本节课的每个环节都坚持以学生为主体，面向全体学生，紧紧围绕“红屐桃、出花园”的传统文化特色主题开展教学。根据二年级学生的年龄特点，设计不同的朗读方式，如回声式、应答式等，还进一步引导学生自主创编朗读方式，激发学生的学习兴趣，从而更好地落实教学目标。二年级学生对地方传统文化的了解比较少，根据实际学情，这节课通过多样化的教学手段——图片、视频、故事、活动探究等，激发学生的学习兴趣，调动他们的学习积极性。引导学生结合课前收集的资料，图文结合，介绍潮汕“出花园”的传统习俗，讲清重难点，让学生真实体验、理解传统文化的内涵，树立正确对待传统文化价值的态度。

课后拓展活动是让学生到牌坊街寻找“状元坊”并参与元宵节“营花灯”民俗活动。本节课基本能达到预期的教学目标，但还存在一些不尽如人意的地方。例如教师导学的语言可以更加精练，活动展示环节未能注重对学生个体开展多元评价。

• 名师有话

童谣里的幸福观

潮州市湘桥区城南小学　方逸绵①

“红屐桃，红屐桃，屐桃穿好觅踢砣……”这首古老的潮汕童谣在教室里回荡，孩子们稚嫩的声音令人走心。在庄溯澜老师的课堂上，“出花园”的习

---

① 方逸绵，城南小学主任，小学语文一级教师，潮州市湘桥区名教师。论文《构建有效教学　营造书香校园》荣获2012年广东省教育学会征文比赛二等奖；《精心设计教学形式　提高课堂教学有效性》荣获潮州市教育教学优秀论文评比三等奖。

俗里林大钦穿双红木屐上学、林大钦巧对得鸡头的典故等贯穿其中。“穿屐桃、咬鸡头、五碗头”等旧俗里无不蕴含着潮汕人期盼子女勤学苦读，出人头地的美好愿望。先贤的故事、古老的习俗在朗朗上口的歌谣传唱中代代相承。应答读、回声读、自由创编吟诵，孩子们在庄老师的引领下以小组为单位用自己喜欢的方式诵读歌谣。红屐桃敲击出清脆的声音，伴着孩子们明快的童声，童谣的意韵自然而然地流露出来。

视频动漫式地演绎“出花园”的场景深深地吸引着孩子们，他们逐一认知成人礼中的每一个仪式。节俗物品的展现和深刻内涵在师生的互动叙说中一一呈现。那些记忆犹新的场景引发听课教师的共鸣，童谣里的生活体验令人浮想联翩。

《红屐桃》这首节奏明快的歌谣童趣盎然，却又蕴含着潮汕人质朴的幸福观，一幅幅感人的生活场景仿佛就展现在眼前。“红屐桃，红屐桃，屐桃穿好觅踢砣；奴团行磨砌宫灶，砌起宫灶趣味多。”童年是无忧无虑的快乐时光，孩子们尽情地玩耍。村头老榕树下拉起皮筋跳绳，祠堂天井的石板席地而坐抓石子，老屋的门槛上对坐翻花绳，交错纵横的巷道里捉迷藏，田畔的沟渠边砌宫灶……没有花样繁多的玩具，小玩伴们聚在一起，广阔的大自然就是戏耍游玩的乐园。童年的幸福生活是在无穷无尽的游戏中度过的！

“红屐桃，红屐桃，你做公来我做婆；阿婆绣花公种作，有吃有穿乐呵呵。”“出花园”是潮汕人为孩子告别童年而举行的一种成人礼，出完花园意味着孩子已经长大懂事，不再是终日在花园里玩闹的孩童了，“阿婆绣花公种作”是指男孩子要帮忙家里做农活，女孩子要帮忙家里绣花、操持家务了。潮州人“作田如绣花”，精耕细作的勤劳品质是对土地的热爱、对生活的热爱。辛勤劳作里，那份独有的“匠心”精神使得独一无二的技艺世代相传。潮绣、木雕、泥塑、陶瓷、麦秆画……极具潮州特色的精湛艺术品绽放出无限的魅力，那是一代代潮州人汗水和智慧的结晶。成人的世界里，幸福是奋斗出来的！

一曲童谣《红屐桃》，唱出潮汕人对幸福人生的诠释！

《天顶一条虹》教学设计[①]

教学媒体资源下载

天顶一条虹，地下浮革命；
革命铰掉辫，娘囝放脚缠。
脚缠放来真架势，插枝花囝冻冻戏。

<table>
<tr><td>教材</td><td colspan="3">《潮汕文化读本（一、二年级）》</td></tr>
<tr><td>课时</td><td>1 课时</td><td>媒体资源</td><td>1. 课件 PPT；
2. 微课：《放脚缠》《辛亥革命》；
3. 视频资源：《纪念丁未黄冈起义 104 周年》</td></tr>
<tr><td>教学内容分析</td><td colspan="3">《天顶一条虹》是《潮汕文化读本（一、二年级）》第 8 课。1911 年，孙中山领导的辛亥革命推翻了清朝皇帝的统治，潮汕人民欢欣鼓舞，生活发生了翻天覆地的改变的情况。歌谣选择了老百姓印象深刻的剪辫子和不再裹小脚这两件事来写，由景及事，由事及人，充满趣味性，读来朗朗上口。但故事距离学生年代久远，具有政治色彩，对于低年级的学生来说，理解起来有一定难度。如歌谣当中的“浮革命、铰掉辫、放脚缠”，对学生来说是难点，于是，可以在本课教学时借助图片、视频，直观形象地突破难点。让学生在理解的基础上有感情地诵读歌谣，进而了解“革命”指的是辛亥革命，以及辛亥革命对潮汕老百姓的影响。最后通过多种朗读方式，让学生掌握这首歌谣</td></tr>
<tr><td>教学目标</td><td colspan="3">1. 能用潮州话有节奏、有韵律地诵读童谣，懂得童谣表达的意思。
2. 理解童谣中提到的“革命”是指辛亥革命，以及辛亥革命对潮汕老百姓的影响。
3. 了解丁未黄冈起义，珍惜今天幸福生活</td></tr>
<tr><td>教学重点</td><td colspan="3">理解童谣中提到的“革命”，以及辛亥革命对潮汕人民的影响，培养学生热爱家乡文化，珍惜今天幸福生活的情感</td></tr>
<tr><td>教学难点</td><td colspan="3">1. 用潮州话有感情、有节奏、有韵律地朗读童谣，体味潮州歌谣韵律美。
2. 懂得童谣表达的意思</td></tr>
</table>

① 本课例教学设计 & 执教教师：邱少萍；授课学校：潮州市枫溪瓷都实验小学；授课年级：二年级。

续上表

教学方法	创设情境法、诵读法
预习要求 课前准备	1. 扫课本二维码练读童谣。 2. 课前收集潮汕革命故事的图片、照片或童谣，并制作成剪贴报。 3. 准备课件、快板、道具等

• 教学过程设计（课堂实录）

一、谈话激趣，引入新课（10 分钟）

师：老师听说你们近期积累了好多潮汕歌谣，读上几首给老师听好吗？

生：好。

师：你们读得越多越好，开始吧。

（生竞读自己学会的童谣）

师：哇，不错不错！恁（注：你们）的歌谣真趣味，听到老师笑眯眯。因为恁表现好，老师今日再教你们一首新童谣。请大家打开读本，学习第 8 课《天顶一条虹》。

师：跟老师齐读课题，注意题目里面的“虹”在这里要读作“［kêng^6］”。

（生齐读课题）

二、质疑解难，自主学习（18 分钟）

1. 听录音读童谣。

师：听录音。大家听的时候要认真，尽量做到把歌谣的读音记下来。

（生认真听；师点名读；师及时纠正不规范的发音；生齐读童谣）

2. 学生自由轻声读，有不懂的字、词或问题先记下来。

师：这是一首革命童谣，童谣主要讲了什么内容呢？接下来让我们一起自由朗读童谣，注意：读准字音，读通句子，在不懂的地方用铅笔做记号，然后我们一起交流。

（生自由读，师巡查）

师：刚才同学们一个个挺直腰杆，认真地读着，相信已经读得很不错了吧。现在，我来检查一下。同学们先把不懂的地方说出来吧。

（生提问题，师边听边把问题在黑板上记下来）

生 1：“浮”什么意思？

生 2：“革命”指什么？

生3：“铰掉辫”是为什么？

生4：“娘团”指谁？

生5：“脚缠”是什么？

师：同学们真爱学习，谁来帮帮他们回答这些问题？

生：“浮”是发生的意思。“革命”指辛亥革命。“铰”是剪。“娘团”指姑娘。“脚缠”是裹脚布。

师：不错！这些词语意思你们是怎么知道的？

生：书中童谣下方有词语解释。

师：真聪明！知道歌谣下方有重点词语解释。老师给你们点两个赞！（师竖起大拇指）词语意思我们懂了，为了加深对这些重点词的理解，老师特地收集了一些图片，大家请看屏幕。

3．出示课件：图片，一起交流不理解的地方。

师：（边指图边讲解）童谣中提到的“革命”是指辛亥革命，辛亥革命是孙中山领导的，它推翻了清朝皇帝的统治。辛亥革命对我们潮汕人民的影响是：人民从头到脚的变化。一是男人铰掉辫子；二是解放女子双足。古代姿娘团（姑娘）为了三寸金莲，把自己的脚硬生生地用裹脚布缠住，于是双脚渐渐变尖、变弯、变瘦，这一过程可谓历尽千辛万苦。因为双脚变形，只能靠着大脚趾、脚后跟着地走路，许多人小腿萎缩，大腿变粗，走路很难看。最后这张图片是妇女解放双足的，个个精神饱满，她们解放双足后，可以出门唱歌、跳舞、读书……就像班里的女同学一样，女同学喜欢这样的生活吗？

女生：喜欢。

4．出示读童谣方式：应答读、回声读、快板伴奏读、拍手读、表演读。

师：再齐读童谣，要求读准字音，还要读出妇女解放双足之后欢喜的感情。（生齐读；男女生分开比赛读）

师：朗读得不错！同学们，我们以前用过哪些方式朗读童谣啊？

生：回声读、应答读、拍手读、快板伴奏读、表演读。

师：是啊，老师把这些朗读方式写下来。（展示课件）

儿歌朗读方式有：

a．应答读

b．回声读

c．快板伴奏读

d．拍手读

e．表演读

5．分组讨论，选用自己喜欢的朗读方式练一练、赛读。

师：现在以10人为一小组，在小组内选组长，并确定你们这一小组要用什么方式读，在组内先练习；等一下五个小组分别上台展示，看谁最能读出童谣的乐趣。提醒一下，组长一定要记得告诉组员要注意的问题哦。

（生在各自小组内练习朗读）

师：停，回座位。现在按1、2、3、4、5的顺序，请各小组准备上台展示。

（各小组分别上台朗读）

师：大家评一评，哪个小组读得最有趣？

生：应答读。

师：是啊，他们在一问一答中既能读出童谣的趣味，又能应答出诗句的意思。真不错！我们一起再演示一次。

生：天顶一条虹，过雅哩（注：很漂亮）；地下浮革命，是做呢（注：是怎么了）；革命铰掉辫，哦障生（注：这样啊）；娘囝放脚缠，吓就好（注：那就好）；脚缠放来真架势（注：很带劲），就是哇；插枝花囝冻冻戏（注：花枝招展），欢喜绝（注：太高兴了）！

师：在老师看来，你们今日的表现个个顶呱呱！潮汕歌囝过好听，二〇四班个个精，会呾会读又会演。歌谣寓意恁岂知？《丁未黄冈起义》带恁来。

三、升华主题，培养情感

1. 播放《丁未黄冈起义》视频。

2. 交流：老师与学生交流，引导学生思考，如觉得革命者勇敢吗？他们参加战斗的武器是什么样的？这场革命有何作用？等等。

师：大家看得很认真，视频在介绍什么内容？

生1：这次革命有三百多名革命者牺牲了。

生2：革命者用的武器太简陋。他们当时参加革命一定遇到很大的困难，但革命者战斗顽强。

师：《丁未黄冈起义》是广东境内一次大规模的反清武装起义，是辛亥革命的开端。

四、借境抒情，拓展创新

展示学生作品：学生课前收集到的相关图片用剪贴画的形式来表达对先烈的怀念之情。

师：同学们，我们刚才通过读童谣、看视频，感受到革命先烈的革命精神和斗争勇气。在我们潮汕像这样的革命事迹还有很多，课前老师让大家收集潮汕革命故事的图片、照片或童谣，并制作成剪贴报，都带来了吗？

生：带来了。（展示剪贴报）

大家好！我参观了潮州涵碧楼，这是我拍到的一些照片。我想对周爷爷说："周爷爷，我们会记住您的话——为中华之崛起而读书！"

大家好！我收集到的是有关孙爷爷的革命故事。我们想对孙爷爷说："孙爷爷，您真了不起，是您领导人民推翻了清政府旧统治，让我们过上幸福生活。"

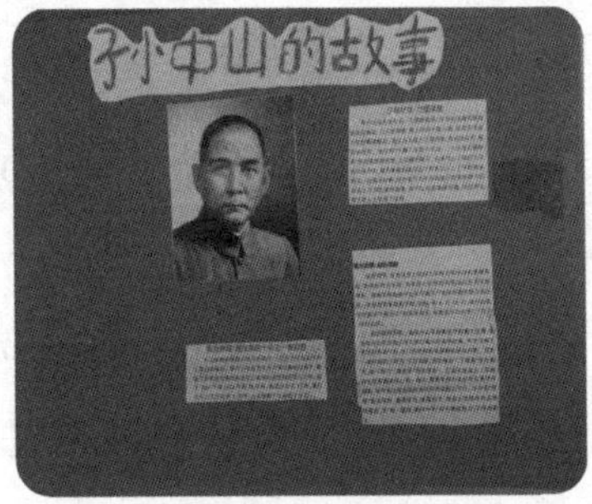

大家好！这是我从电脑上下载的图片剪贴画，画面的主要人物许雪秋是潮州彩塘宏安人。从小住新加坡，他思想先进，人慷慨，被孙中山派到潮州饶平领导革命。刚才大家看到的纪录片《丁未黄冈起义》就有介绍他。许爷爷，您是我们潮州的骄傲。

大家好！我走访了老爷爷老奶奶，在他们那里学到了一首抗日儿歌——《奴团歌》。我朗读给大家听。

师：真漂亮！你们把作品转过去，向听课老师展示作品，老师们会帮你们拍张照哦。

师：现在你们再以 10 人为一小组，在小组内交流，介绍一下你的作品是什么内容，你怎么制作这张剪贴报，然后推选一位代表上台交流。

生 1：大家好！我收集到的是有关孙爷爷的革命故事。我们想对孙爷爷说："孙爷爷，您真了不起，是您领导人民推翻了清政府旧统治，让我们过上幸福生活。"

生 2：大家好！这是我在网上找到的有关余爷爷的革命故事。我想对余爷爷说："余爷爷，您真勇敢！我要向您学习。"

生 3：大家好！这是我从电脑上下载的图片剪贴画，画面的主要人物许雪秋是潮州彩塘宏安人。从小住新加坡，他思想先进，人慷慨，被孙中山派到潮州饶平领导革命。刚才大家看到的纪录片《丁未黄冈起义》就有介绍他。许爷爷，您是我们潮州的骄傲。

生4：大家好！我参观了潮州涵碧楼，这是我拍到的一些照片。我想对周爷爷说："周爷爷，我们会记住您的话——为中华之崛起而读书！"

生5：大家好！我走访了老爷爷老奶奶，在他们那里学到了一首抗日儿歌——《奴团歌》。我朗读给大家听。

五、回顾童谣，品味意境

师：其实，我们潮汕童谣不仅韵律美、节奏强，而且每一首童谣都蕴含着深厚的潮汕文化，就像今天学习的《天顶一条虹》。让我们再一次齐读童谣。

（生齐读童谣）

• 主体板书设计

天顶一条虹

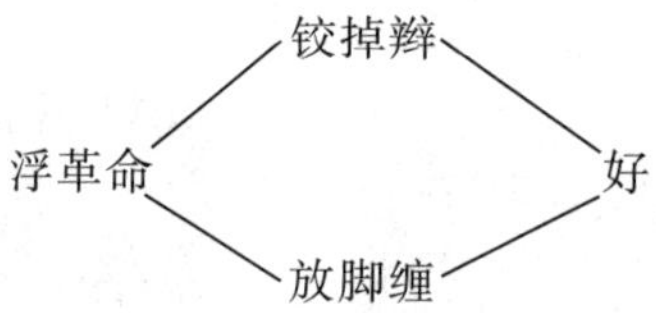

• 教学后记

授课前，我到潮州师范学院聆听林伦伦教授的讲座，感受到家乡文化的深厚底蕴及传播家乡文化的任重道远，林教授说的一句话让我铭记于心："大家要群策群力，尽自己的绵薄之力为家乡文化建设做贡献。"这也是我承担授课任务最大的动力。

《天顶一条虹》一课，以文本为中心，确定教学目标和重难点，要让学生学会读童谣、懂童谣、爱童谣，经过与团队其他成员的几番研讨，潜心探索，我渐渐明白了潮汕童谣教学跟语文教学有共通之处，因此在本节课中，我注重与文本对话，因为学生只有在理解文本的基础上，才能更好地发挥主体作用，进而深入地学习文本内容，体会文本思想感情，并从中得到启发和教育，直到爱上家乡文化。

一分耕耘，就会有一分收获，只有付出努力，才能赢得精彩。授完公开课，自我感觉不错，学者、教者、听者，皆兴致勃勃、兴趣浓浓。第二天上语文课，学生还强烈希望我再上潮汕童谣呢。当然，课堂上存在的不足还有待我今后继续努力改进！

• 名师有话

趣味盎然学童谣

枫溪瓷都实验小学 陈英①

《潮汕文化读本》的《天顶一条虹》，是一首反映孙中山领导的辛亥革命的歌谣。作者选择了老百姓印象深刻的剪辫子和不再裹小脚这两件事来写。该童谣共六句，由景及事，由事及人，充满趣味性，朗朗上口。但故事距离学生年代久远，具有政治色彩，对于低年级的学生来说，理解起来还是有一定难度的。

邱少萍老师迎难而上，富有挑战性地选择了执教本首童谣。课堂上，邱老师出口成诗，创造性地设计潮味十足的童谣式语言，富有童心童趣，与孩子们打成一片，一同愉悦地走进文本，轻松地与文本对话：诵童谣，谈英雄，话收获。给大家呈现了一节活色生香的潮汕童谣研讨课。

1. 创设悦读氛围，水到渠成

潮汕文化读本，旨在传承和弘扬潮汕文化。潮汕童谣，是写给孩子的诗。童谣课堂，当然就要引导孩子们饶有兴趣地诵读。本节课中，可圈可点的首推分量充足的诵读设计。上课伊始，赛读童谣；导入新课，多种形式诵读；展示汇报，再读童谣。整节课诵读一以贯之，高潮迭起，营造了浓浓的诵读氛围。如此坚持下去，必将达到"熟读唐诗三百首，不会作诗也会吟"的效果。令人拍案叫绝的诵读设计应是邱老师精心推出的"童谣诵读方式——应答读、回声读、快板读、拍手读、表演读"。兴趣是最好的老师，生动是最佳的状态。邱老师设计的诵读形式契合了低年级学生的需求。形式多样、生动活泼的诵读方式深深吸引了一双双好奇的眼睛。孩子们以小组为单位，按照自己选择的朗读方式不亦乐乎地练习，陶醉其中。

美国教育学家布卢姆说，有效的学习始于准确地知道要达到的目标。邱老

① 陈英，潮州市枫溪瓷都实验小学校长，潮州市教育系统名教师、名校长，南粤优秀教师，广东省阅读校长。从教30年，用心在教学和学校管理方面耕耘劳作，总结反思，探索创新。潜心研究语文教学，重视阅读指导。热爱本土文化，乐意为潮汕文化的传承尽职尽责。

师正是基于对学生的了解，对文本的理解，针对实际选择了贴近学生实际，易于调动学生学习热情，便于激发学生积极参与的多种朗读方式进行教学。

由于设计合理，教学效果不言而喻。诵读汇报时，孩子们生动愉快地呈现了诵读成果：或应答读，或和着节拍读，或伴着夸张表演的读，一一体现了他们对文本内涵的理解感悟。稚声稚气的潮音，灵活律动的节奏，汇成课堂一曲曲欢快的乐章。引起了大家的共鸣，学者、教者、听者，皆兴致勃勃、兴趣浓浓。

2．借助多媒体，画龙点睛

合理适当运用多媒体进行教学，是现代化课堂与时俱进的标志，也是省力高效的教学方式。本首童谣涉及的故事与学生有一定的距离，一些内容理解起来有一定难度，如“革命”“绞掉辫”“放脚缠”等。邱老师利用多媒体，让这些内容以图文并茂的形式呈现出来，学生直观感受、感知，化繁为简。同时，在课堂上播放《丁未黄冈起义》视频，将学生带进当年起义的情境，直接理解本次起义与辛亥革命的意义，了解革命者不怕牺牲、英勇顽强的精神。这样处理，让学生知悉历史，珍惜当下的幸福生活，也就化难为易了。

3．展示制作画报，胸有成竹

课前让学生收集家乡革命事迹制成拼贴报，此项设计在于不露痕迹地让学生愉快积极完成有趣的作业，一举数得。学生既能丰盈潮汕文化，又能提高语文素养。因此课堂展示汇报，整个环节活而有序、动而不乱，学生兴趣浓厚，争着发言，神情激昂向大家分享收获潮汕文化的快乐。如展示在潮州涵碧楼前的合影，体现了学生是在游玩中知道涵碧楼的故事，了解周恩来爷爷的事迹；展示通过走访老爷爷老奶奶学会童谣《奴团歌》，心里无比自豪……不知不觉中，潮汕文化在孩子们的心里生根、发芽。渐行渐远的家乡文化又清晰地呈现在孩子们眼前。

总之，本节课邱少萍老师以其幽默诙谐的潮语，潜心钻研方言教学的热情，引领孩子们用潮音交流潮汕文化，用家乡情讲家乡故事，为大家呈现了一节“诵读—理解—分享”童谣的视觉盛宴。可以说，这是一节生动活泼、民主开放、趣味盎然的潮汕文化课，是一节学者愉悦、教者动情、听者入境的好课。

《一溪目汁一船人》教学设计[①]

一溪目汁一船人，一条浴布去过番。
钱银知寄人知转，勿忘父母共妻房。

教学媒体资源下载

<table>
<tr><td>教材</td><td colspan="3">《潮汕文化读本（一、二年级）》</td></tr>
<tr><td>课时</td><td>1 课时</td><td>媒体资源</td><td>1. 课件 PPT；
2. 微课：《为什么过番》《侨批》；
3. 视频资料：《下南洋》主题曲 MV</td></tr>
<tr><td>教学内容分析</td><td colspan="3">《一溪目汁一船人》是《潮汕文化读本（一、二年级）》的第 9 课。学生通过学习用潮汕话有感情地诵、背、唱这首歌谣，了解、体会歌谣的时代背景下潮汕人民的艰苦生活，以及什么是“过番”“侨批”，为何要过番，认识“过番三件宝”，弘扬潮汕人艰苦奋斗的精神</td></tr>
<tr><td>教学目标</td><td colspan="3">1. 学生能有感情地诵、背、唱童谣，初步掌握吟唱方法。
2. 了解歌谣的时代背景下潮汕人民的艰苦生活，以及什么是“过番”“侨批”，为何要过番，认识“过番三件宝”，自觉继承并弘扬潮汕人艰苦奋斗的精神</td></tr>
<tr><td>教学重点</td><td colspan="3">学生能有感情地诵、背、唱歌谣《一溪目汁一船人》</td></tr>
<tr><td>教学难点</td><td colspan="3">通过图片、微课等多媒体课件深入体会潮汕人民“过番”的艰辛</td></tr>
<tr><td>教学方法</td><td colspan="3">谈话法、讲授法、情境教学法、情感教学法、师生互动法等</td></tr>
<tr><td>预习要求
课前准备</td><td colspan="3">1. 扫书中二维码，读童谣。
2. 预习本课，初步了解什么是“过番”？去过番的人被称为什么？
3. “过番三件宝”是指什么？这三件宝分别有什么作用</td></tr>
</table>

① 本课例教学设计 & 执教教师：张莹莹；授课学校：潮州市绵德小学；授课年级：二年级。

• 教学过程设计（课堂实录）

课前交流

1. 什么是“过番”？

师：同学们，课前老师让你们去了解什么是“过番”，你们去了解了吗？

生：了解了。

师：哪位同学来说一说？

生：“过番”就是指离开家乡，到海外去谋生。

师：那么去“过番”的人就被称为——？

生：番客。

2. 看《下南洋》主题曲MV。

师过渡：有一部纪录片《下南洋》讲述的就是当时的潮汕人过番的故事，今天，老师找了这部片主题曲的视频，其实就是这部片的浓缩版，让我们一起来回顾这些过往。

3. 交流视频中出现的内容，为上课做铺垫。

师：同学们，看完视频你有什么感受？视频里的人当时生活怎样？

生：不好，衣服破旧，瘦瘦的。

生：他们肯定很饿，才会这么瘦。

师：是呀，就是家里非常贫穷的，生活非常艰苦，这些人才要去过番的。你们从那些去过番的人的表情里能感受到他们的内心吗？他们心情怎么样？

生：很悲伤。

生：有的在哭泣。

师：对，所以当时的劳动人民就创编了今天我们要学习的这首童谣——《一溪目汁一船人》，大家一起读课题。

（生齐读课题）

一、读童谣

（课件出示童谣）

师：同学们会不会读这首歌谣？

生：会。

1. 学生个别站起来读，师适时正音“番、忘、共、妻”。

师：同学们自己再练一练，把字音读准，把原来读错的纠正过来。

生：自由练读。

师：同学们都读得非常认真，现在请同学们和老师一起有节奏地拍手读这首童谣好吗？

生：好。

2. 师生一起有节奏地拍手读童谣。

师：同学们觉得，这首歌谣还能用什么形式读？

生：回声读。

师：那请男女生合作好吗？女生读童谣，男生读回声，注意回声得怎样读？

生：读得轻一点。

3. 生生合作用回声读的方式读童谣。

二、释疑

1. 理解童谣中重点词语。

师过渡：真棒！大家已经会读这首童谣了，那你们知道童谣里面这些词是什么意思呢？目汁、浴布、转、妻房？

生1：“目汁”是眼泪的意思。

生2：“浴布”是指以前的一种方格长条形的纱布浴巾。

生3：“转”的意思是回来。

生4：“妻房”就是妻子的意思。

师：你们是怎么知道的？

生：问爷爷的。

生：看下面的注释。

……

师：你们学习知识的方法真多！

2. 了解过番的原因及路线。

师过渡：这首童谣主要就是在讲过番的情境（板书：过番），那你们知道他们为什么要去过番吗？（生答：很穷）那他们生活穷苦到什么样子呢？我们来看看。

（1）微课介绍当时的潮汕人的艰苦生活。（播放微课）

师：看了这个微课，谁来说说你看到了什么？

生1：他们没有粮食可以吃。

生 2：他们没有衣服可以穿。

生 3：他们没有钱。

……

师：当时的潮汕人生活这么艰苦，国内其他地方正在战乱中，不能去，只能去海外谋生了。他们是去哪里过番？你们有没有听说过？（生说）

（2）课件出示过番路线图。

师小结：看，大部分潮汕人都从樟林埠坐船启航去泰国、新加坡、马来西亚……你们别看地图上距离好像很短，其实如果一路风调雨顺的话，在船上这样的生活得历时一个月，如果不顺，甚至得过一个多月才能到达目的地。过番的路程是多么长啊！

3. 引导有感情地诵读歌谣。

师：他们要去那么远的地方过番，即将跟亲人分开，心情怎么样？

生：不舍，伤心。

师：歌谣里哪个词让你感觉到他们的伤心？

生：目汁。

师：那是只有一个人流眼泪吗？

生：不是，是一整条船上的人都在流眼泪。

师：是的，要去过番的人都得坐船去，很多人挤在一个船舱里，所以这里说“一船人”。那这些要去过番的人此时会怎样读这首童谣呢？谁来读一读？

（个别学生读童谣）

师评价：你真会读，读出了离别的伤感。

师：除了这些要去过番的人会伤心流眼泪，还有谁也会伤心呢？

生：亲人们也会伤心得哭了。

师：所以，无论是即将远行的“番客”，还是留在家乡的亲人，心里都是万般不舍，心里、眼里都在流泪，不知道流了多少眼泪啊！你们知道吗？

生：一溪眼泪。

师：真聪明！那亲人们会对即将去过番的人叮嘱什么呢？童谣里有没有告诉我们？

生：“钱银知寄人知转，勿忘父母共妻房。”

师：“人知转”意思就是？

生：人要记得回来。

师：“勿忘”意思就是？

生：不要忘记。

师过渡：你们看，这首歌谣既写出了去海外谋生的人的辛酸，又表达出亲人们对他们的牵挂，请你读出这种辛酸和牵挂。（生齐读）

师：同学们读得真好，老师也想来读一读。

（师配乐范读）

（生配乐再读）

三、认识“过番三件宝”（浴布、市篮、雨伞）

1. 生谈浴布用处（课件适时出示浴布用处）。

师过渡：这些去过番的人大部分都是家里“过穷”（方言，意思是非常贫穷）的，不是像我们现在要去旅游一样用一个行李箱带那么多用品去，只能选最有用的东西带着，那他们会带什么呢？

生：浴布。

（出示图片：浴布）

师：带浴布有什么用处？

生1：天热时擦汗、遮阳。

生2：纳凉时席地而坐卧。

生3：洗澡时作为围腰浴巾。

生4：天冷时用来御寒。

……

师：同学们了解得真多！浴巾还可以在劳动时用来束腰使力，搬东西、挑担时又可把它搭在肩上。

2. 生谈市篮和雨伞的作用，课件适时出示两件宝。

师过渡：浴布作用这么大，难怪过番的人把它当作宝，除了浴布，还有两件东西也被过番的人视为宝，那就是市篮和雨伞或斗笠。谁晓得这两件宝的作用？（出示图片：市篮）

生：市篮可以装一些小的日常用品。

生：可以装食物，比如把甜粿切成块状，装在里面。

师：是啊，因为甜粿比较耐放、耐饥饿，家里人给番客们准备的食物就是用糯米蒸一大块甜粿，然后切成小块，番客们就带上船慢慢吃，得省着吃，直到船到达目的地才能吃完。

他们有的还会带个冬瓜，冬瓜可以压仓，缺乏淡水时可以食用，在海上遇险时可以利用冬瓜的浮力作救生之用。

（出示图片：雨伞）

师：那还有雨伞呢？

生1：雨伞可以遮雨、遮阳。

生2：当拐杖。

生3：当作扁担挑东西。

师：这几样物品虽然简单，但对于过番的人来说确实是“宝”啊！

3. 创设情境，引导学生诵读情感初次升华。

师引导：过番的人就依靠这三件宝漂洋过海，已经离开家乡一个多月了，家里的亲人还没有得到番畔的任何消息，不知道他们是否平安到达，他们心里会想些什么？

生1：担心。

生2：思念。

（出示：观海图）

师：瞧，她们每天都要到海边去望着海的那一边，期盼着来自远洋的消息。请女生站起来带着担心、思念读歌谣。

四、了解番客赚钱的不易

1. 出示图片，生看图，说图，了解番客去番畔做什么工作。

师：好不容易到了目的地，那他们去到番畔做的是什么工作呢？

（出示：番客做工图）

生看图回答：①他们去码头做苦力，很辛苦。②他们去搬货送货，货物很重，很难搬。③他们被雇去种田，顶着烈日。

师：同学们观察得很仔细。那时的番客赚钱太不容易了，大多数人只能靠这些工作换一日三餐，有些一个月就赚两元钱，只够去剃头和买双脚屐（鞋子）。然而我们潮汕人向来都非常刻苦耐劳，在异国他乡艰苦奋斗、勤俭节约，只为了能赚一点钱存起来，希望可以自己做点小生意，尽快在那里站稳脚跟，还要寄钱回家养父母和妻儿，还得存点路费希望可以早日回家看望亲人。

2. 诵读情感再次升华（背井离乡、思念、艰苦奋斗）。

师引导：他们那么辛苦，顶着烈日种田，在码头做苦力的时候，心里在想什么？

生：思念家乡的亲人。

师：对，就是家人支撑着他们坚持下去。请男生站起来带着思念之情读一读歌谣。

五、了解“侨批”及其作用

1. 知道什么是“侨批”及其作用。

师过渡：同学们读得真有感情，老师也跟着你们的情绪激动起来。但更让人激动的是番畔终于有消息了！你们知道当时番客是怎样跟家里人联系的吗？

生：写信。

师：信在当时被称为“侨批”或“番批”。下面我们看一段关于侨批的介绍。（微课，介绍侨批）

（板书：侨批）

师：侨批有什么作用？

生：用来报平安。

（板书：报平安）

生：不单是用来报平安，还会附上一些钱一起寄回去给家里人用。

（板书：寄钱银）

师：是呀，番客们挣钱不单是养活自己，还得省下大部分钱寄回家养家，家里人收到钱就可以买——

生：买食物。

生：买衣服穿。

师：还可以买——

生：还可以买那些以前没钱的时候想买的东西，比如学习用品……

师：是的。于是就有了“番畔钱银唐山福”一说。

（出示图片，学生跟读：番畔钱银唐山福）

2. 情境设置：收到信会怎样回信？

师：收到海外亲人寄来的侨批时是什么心情？

生 1：高兴。

生 2：激动，激动得流下眼泪。

师：如果是你，会给远在海外的亲人回信吗？回信会写什么内容呢？

生 1：会问身体怎么样？

生 2：会问工作顺利吗？累不累？

生 3：会跟他们说要吃饱穿暖，早点回来。

……

（师评价：真懂事、真孝顺、真是个为人着想的好孩子……）

师：请刚才回答的同学带着你心中对亲人的情感配乐读童谣。

生有感情地诵读歌谣。（配乐读）

（学生配乐读童谣。）

师：这首童谣你们应该都会背了吧？

生：会。

3. 学生带着种浓浓的思念之情配上音乐背诵童谣。

六、唱歌谣

1. 学唱歌团。（视频范唱、师教唱）

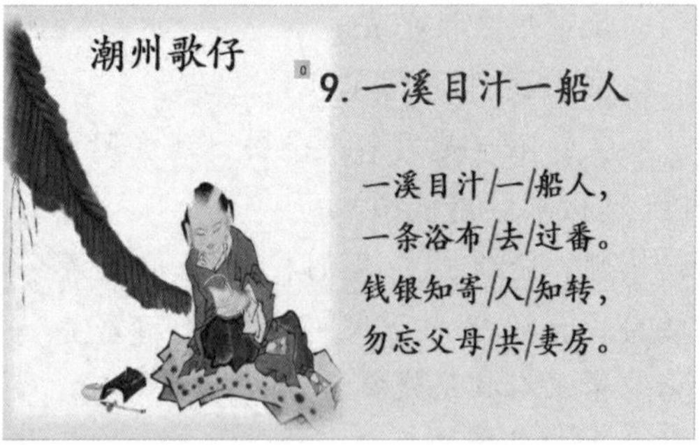

师：同学们，《一溪目汁一船人》是一首歌谣，歌谣歌谣，第一个字就是“歌”，所以它除了可以配乐诵读，我们还可以把它唱成“歌团”（潮汕人独有的以潮汕话的语音语调为旋律的一种唱童谣的方式），我原来也不会唱，我去请教了温馨老爷爷，大家一起来听听看怎样唱。（生看视频范唱）

师：是不是很有趣？想学吗？（展示唱歌谣时停顿颤音的划分）

生：想。

（师教唱，生学唱）

2. 分小组练唱、个别展示唱、师生齐唱。

师：我看大部分同学已经学会了，请同学们小组里再练练，会唱的同学帮帮还不太会的同学，好吗？

生：好。

（生小组练唱）

师：哪个小组来展示一下？

（请两个小组展示唱，师评价）

师：有没有哪位同学能代表你的小组来唱一唱？

（个别小组代表展示唱，师评价）

师：老师想和你们一起唱，欢迎吗？

生：欢迎。

（师生齐唱）

3. 技巧拓展：唱歌囝《南风去了东风来》。

（展示潮州歌册集图片）

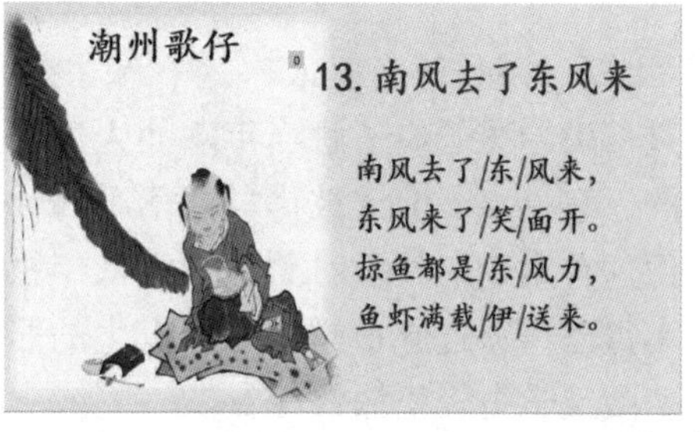

师：其实以前我们潮汕人很喜欢把一些事情编成歌册唱出来，一般每一句都是七个字，就像刚才那样的唱法。这些都比较长，我们现在刚学，比较难唱，老师在我们这册书里找了另一首适合你们唱的童谣《南风去了东风来》，我们一起来试试。

（师生一起尝试唱）

4. 师生总结。

师：同学们唱得真棒！今天我们通过学习《一溪目汁一船人》这首歌谣了解到什么？

生：知道什么是“过番”和“番批”。

生：那时的潮汕人生活是多么艰辛，凄惨的人才去过番。

师：那对比以前，我们的生活怎么样？应该怎么做？

生：很幸福。

生：珍惜现在的幸福生活。

师：是啊，不但要珍惜现在的生活，作为一个地地道道的潮汕人，还要传承我们潮汕人特有的吃苦耐劳、艰苦奋斗的精神，将来创造更美好的生活。

七、活动小天地

1. 把今天学的《一溪目汁一船人》唱给家里人听，试着用同样的方法选唱《南风去了东风来》《潮州姿娘好针工》《老鼠拖猫上竹篙》《保贺阿公食百岁》……

2. 当小记者，采访家人和身边的亲友，了解家属过番的小故事，准备下节课在班里说一说、演一演。

• 主体板书设计

一溪目汁一船人

过番—侨批（艰苦奋斗）
- 报平安
- 寄钱银

• 教学后记

《一溪目汁一船人》这一课主要是以《一溪目汁一船人》这首歌谣为切入点，引导孩子们了解当年潮汕人过番的历史。这首童谣的总体基调是比较悲伤的，它道出了南洋彼岸的番客和家乡亲人那种割舍不断的亲情与无尽的相思。但这首童谣的教学对象是小学低年级的孩子，这些孩子很难体会当时潮汕人迫不得已离家远赴重洋去海外谋生的悲惨境遇。怎样教学才能使孩子们体会那份辛酸又学得轻松愉快呢？

我根据读本中这一课文化百科的内容，通过各种途径查找出大量的相关资料，有图片、视频、纪录片、历史故事等，自己先学习了解，再进行梳理整合、录制微课、制作课件，尽可能地用更直观的方式降低了学习难度，让学生充分感知当时潮汕人过番的辛酸，为了家人艰苦奋斗的精神。当了解到侨批时，我因势利导，创设情境，让孩子们联系生活，想象如果给远在海外的亲人写信会写什么，“工作顺利吗？累不累？”“要吃饱穿暖，早点回来”……孩子们的回答情真意切，说明他们的体会已经比较到位，近乎感同身受了。

我在教学诵读童谣时循序渐进，引导孩子们理解每句童谣的含义后，诵读的情感层层递进，逐渐升华，我更以自己充满悲情和感染力的腔调配上哀伤的音乐示范诵读，将孩子们的朗读引向高潮。然而，课堂上的教学氛围总不能自始至终都沉浸在悲伤之中。所以我又在后面设计了唱童谣的环节，把孩子们拉回到愉快、有趣的气氛中来。“唱”不是专门为童谣谱曲唱，而是一种以潮汕方言的语音语调为旋律有节奏地将童谣吟唱出来的传统唱法，我还建议孩子们举一反三，将这种方法运用到其他学过的七字童谣中。最后，这节课在充满尝试性、探究性的有趣的学习氛围中结束了。

下课时我还能听到孩子们三五成群围在一起兴趣盎然唱着歌谣，我知道这节课已经达到预设的令人满意的效果。

• 名师有话

低吟过番歌，高唱家乡情
——评张莹莹《一溪目汁一船人》一课

潮州市绵德小学　洪菲①

《一溪目汁一船人》是《潮汕文化读本》第一册的第9课。本课以歌谣为切入点，让学生通过诵读歌谣，了解、体会旧时潮汕人民的艰苦生活，以及什么是“过番”“侨批”，为何要过番等，意在引导学生珍惜美好生活，弘扬潮汕人吃苦耐劳、艰苦奋斗的精神。这首童谣的总体基调是比较悲伤的，它道出了远渡重洋的番客和家乡亲人彼此之间无尽的牵挂。但低年级的孩子，由于年代和认知水平所限，很难体会当时潮汕人迫不得已离家远赴重洋去海外谋生的悲惨境遇。怎样才能使孩子们既能体会其文化内涵又学得轻松愉快呢？张老师运用多种教学方法，进行了大胆的尝试。

1. 创设情境，体会情感

理解歌谣的意思，深入体会潮汕人民“过番”的艰辛是本课教学的重难点。张老师深度备课，通过各种途径查找出大量的相关资料，有图片、视频、纪录片、历史故事等，进行梳理整合，录制微课、制作课件，用更直观的方式

① 洪菲，广东省省级普通话测试员，省编地方教材《潮汕文化读本》编写者，《潮汕童谣画你知》第二作者。荣获全国教师语言文字基本功大赛三等奖，省优秀教学设计评比活动一等奖，省优秀论文评比活动、省录像课评比活动和省优秀童谣征集活动三等奖，市语文青年教师教学观摩比赛获一、二等奖，市微课比赛、优秀教学设计评比获一、二、三等奖，指导学生参加多项市级比赛均获一、二等奖。

降低了学生的学习难度。在课堂上恰当地补充信息，深入浅出地引导学生体会歌谣中的情感。譬如张老师课前播放《下南洋》主题曲MV，提前铺垫了悲情基调，通过微课介绍旧时潮汕人的艰苦生活，用课件点明“过番”的路线，用图片展示过番者在极度恶劣的环境下漂泊着、奋斗着的情形。精当而有效，真正起到了帮助学生理解和感悟文本的目的。

当学习到侨批时，张老师因势利导，创设情境，让孩子们联系生活：想象如果给远在海外的亲人写信会写什么？“工作顺利吗？累不累？”“要吃饱穿暖，早点回来”……孩子们的回答情真意切，说明他们的体会已经比较到位，近乎感同身受了。

2. 循序渐进，升华情感

“书读百遍，其义自见”，要感知歌谣里的情感，诵读是必不可少的手段。在本课中，张老师尤其注重引导学生运用多种方式诵读歌谣，如个人读、小组读、男女生轮流读、全班读；有自由读、师生合作读、回声读、拍手读等。而且在教学诵读歌谣时循序渐进，运用音乐、图片、资料创设情境，引导孩子们理解每句歌谣的含义，诵读的情感也层层递进，逐渐升华，更以自己充满悲情和感染力的腔调配上哀伤的音乐示范诵读，将孩子们的朗读引向高潮。使学生读得入情入境，课堂诵读层次分明，学生一遍遍地读，重复的是文字，不同的是意境和感悟。孩子们熟读成诵，在张老师的引领下，过番者对家乡的思念，对留守亲人的牵挂，彼此对回家团圆的热切期盼，种种情感溢满课堂。

3. 延伸拓展，抒发情感

陈平原教授在《潮汕文化读本》的序言中说“衷心希望本课程的学习，对于你来说，既趣味盎然，又轻松愉快”，幸福学习原则是潮汕文化进课堂的实施原则。当听课的老师担心课堂上的教学氛围过于悲伤之时，张莹莹老师又在后面设计了“唱童谣”的环节，把孩子们拉回到愉快、有趣的气氛中来。“唱”不是专门为童谣谱曲唱，而是一种以潮汕方言的语音语调为旋律有节奏地将童谣吟唱出来的传统唱法。课前，张老师虚心向温馨老爷爷请教，还请老爷爷录制了视频，用课件展示唱歌谣时停顿颤音的划分，通过老师教唱、学生学唱，分小组练唱、个别展示唱、师生齐唱等方式，让学生学会了吟唱歌谣。童声清亮，也赋予了这首歌谣不一样的感情色彩。她还建议孩子们举一反三，将这种方法运用到学过的七字童谣《南风去了东风来》中，在孩子们快乐激昂的吟唱歌声里，极大地展现了潮汕歌谣和谐悦耳、朗朗上口、声韵律皆佳的特性，也成为本课的一大亮点。

这节课，张老师匠心独运，创设一定的情境深入浅出地引导学生领略歌谣的人文情怀，用潮汕独有的唱歌团的方式，让学生感受到潮汕歌谣不一样的音乐美。低吟过番歌，过番者的艰辛深深印在孩子们的脑海；高唱家乡情，潮汕歌谣承载的精神内涵将随着孩子们的歌声代代相传。

《洋船到》教学设计[①]

教学媒体资源下载

洋船到，猪母生，乌团豆，带上棚。
洋船沉，猪母眩，乌团豆，生蛄蝇。

教材	《潮汕文化读本（一、二年级）》		
课时	1课时	媒体资源	1．课件PPT； 2．视频资源：《红头船》1、2； 3．微课：《过番歌》1、2
教学内容分析	《洋船到》是《潮汕文化读本（一、二年级）》的第10课。本课主要任务是让学生学会用潮汕方言有感情地诵读童谣，理解童谣的意思；认识红头船，体会旧时身在潮汕的穷苦老百姓盼海外亲人的思想感情		
教学目标	知识与技能： 1．能用潮汕方言有感情地朗读童谣，背诵童谣，感受方言童谣的独特之美。 2．通过学习童谣，认识红头船，体会旧时潮汕的穷苦老百姓盼海外亲人的思想感情，懂得珍惜现在的美好生活		
教学重点	诵读童谣，体会旧时潮汕的穷苦老百姓盼海外亲人的思想感情		
教学难点	1．用潮汕方言有感情、有节奏地诵读童谣。 2．明白洋船到和洋船沉的两种截然不同的结果及其原因		
教学方法	阅读法、讲授法、谈话法、情景教学法、情感教学法、师生互动法		
预习要求课前准备	1．学读童谣。 2．向家长了解红头船的相关信息。 3．有番客送的老物品可带实物或照片到班里跟同学交流		

① 本课例教学设计教师：陈碧华、林雪丽；执教教师：陈碧华；授课学校：潮安区庵埠小学；授课年级：二年级。

• 教学过程设计（课堂实录）

课前：赛读童谣。（集体读，小组比赛读）

一、观察图片，导入新课

1. 观察红头船的图片，知道“洋船”指的就是红头船。

师：潮汕童谣过趣味，人人读到笑眯眯！小朋友们，今天我们再来学一首新的童谣。这首童谣跟一种物件有关，请大家看看下面的图片，说说你发现了什么。

（出示课件）

2. 学生观察洋船图片，谈发现。（红头，有圆圆的大眼睛，有风帆，像一条大鱼）

师：这种船叫“红头船”，也叫“洋船”。就是这样一种外观独特，色彩靓丽的红头船，曾经搭载着许许多多的潮汕番客走向世界。今天，我们要学习的童谣就跟这种船有关。

3. 出示题目：齐读课题《洋船到》。

二、学习童谣，理解童谣

1. 听音频范读，师范读。

师：《洋船到》这首童谣该怎样读？我们来听一听。（听音频范读）

师：小朋友们读得很有感情，老师也想读一读。（师范读）

师：老师读得好不好听？

生：好听！

师：谢谢大家的夸奖！现在打开课本第37页，你们自己看书学读童谣，边读边把不懂的地方找出来。（生自由读，师巡查）

2. 生学读。

师：请一位同学试着读一读。（一生读）

师：还可以，不熟练不怕，等会多读几次，肯定能读好。

3. 师正音。

师：全班同学再自由读一读，读的时候，这几个词要注意读好。（正音：乌团豆、带上棚、猪母眩、生蛄蝇）

师：（生再学读，师巡查）全班一起读一读。（生齐读）

4. 重点理解："洋船到"会是什么情景？"洋船沉"又是怎样的一番场景？为什么洋船跟老百姓的关系如此密切？

师：同学们读的时候有什么不懂？

生1："乌团豆"是什么？

师：哪位同学能告诉他？

生2：就是扁豆。

师：你怎么知道？

生2：看下面的注释。

师：对，有些词语我们不理解，可以通过下面的注释找到答案。你真善于学习！同学们还有其他疑问吗？

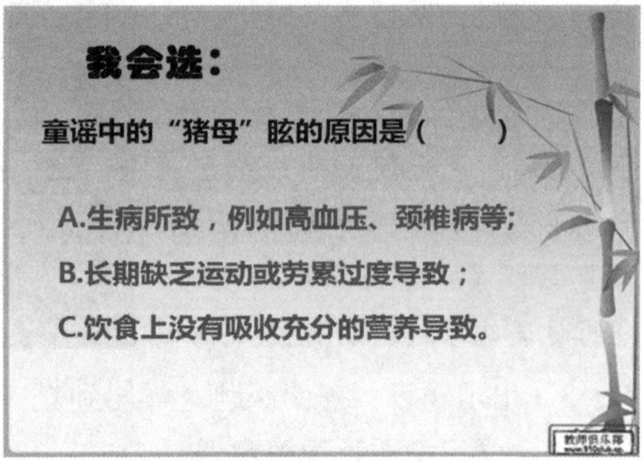

生3："带上棚"的"棚"是什么？

（师出示图片，讲解）

生4："猪母眩"是什么意思？

师："猪母"就是母猪，"眩"就是头晕目眩。晕眩有很多原因，你们猜猜，这首童谣中的猪母"眩"是什么原因导致的？

生5：第三个。因为没得吃，营养缺乏导致的。

师：那"蛄蝇"是什么？

生6：一种蚜虫。

师：对。扁豆长蚜虫说明什么情况？

生6：扁豆生病了，快没得治了。

5. 教师小结板书。

师：请你们用自己的话说说"洋船到"是什么情景？

生7：猪母生猪团了，乌团豆也长得很好，豆藤都带上棚了。

师：是啊，"洋船到"代表着过番在外的亲人送来了财物，让家里的亲人生活质量提高，就连家里的动植物生活条件也好多了，"生猪团"代表着兴旺，

“豆上棚”代表了生机勃勃，繁荣昌盛。所以说，“洋船到”意味着兴旺、喜庆。(板书：兴旺、喜庆)

师：“洋船沉”又意味着什么呢?

生3：说明亲人有可能丧生了。

生4：预示着家里生活费没有着落。

师：所以“洋船沉”又是什么情景?

生8：洋船沉，家人没得吃，猪母也没得吃，饿到发昏，扁豆也生了蛄蝇。

师：是啊，“洋船沉”说明家庭的经济没了依靠，猪母没得吃，饿得发昏，更别提生猪团了；扁豆没营养，都生蚜虫了，濒临死亡。因此，“洋船沉”带给家乡亲人的是穷困和凄凉。(板书：穷困、凄凉)

6. 师生用不同方式读童谣。(生齐读，师生接读，男女生轮流读)

三、走进百科，了解“洋船”

1. 欣赏红头船。

师：原来，洋船与潮汕人民的生活是如此密切！你想不想近距离地参观这种旧时华侨们过番时最重要的交通工具呢?

(视频《红头船》片段1)

师：说说你看到了怎样的一艘红头船?

生1：红头船外形很有特点，像一条鱼，颜色鲜艳。

生2：红头船比起大游轮，内部很简陋。

师：你见过的大游轮是怎样的?

生2：我见到的轮船有好几层高，配备齐全，环境优美。

(出示现代游轮图片进行对比)

现代游轮

红头船

现代游轮

红头船

师小结：就是这样一种色彩鲜艳，构造简陋的交通工具，却搭载着许许多多的潮汕人漂洋过海到异地谋生。国内的潮汕人，有相当一部分靠“番批”过日子，因此有“番批钱银唐山福”的俗语，“番批”成为潮汕人生活之所系、亲情之纽带。所以说，红头船跟旧时潮汕人民的生活关系特别密切。这些过番的华侨勤劳刻苦，团结拼搏，辛辛苦苦赚钱，只为把钱寄回家乡，养活亲人。然而，天有不测风云，大海也不是风平浪静的，遇到大风浪，翻船丧生或遇到海盗也是常有的事。所以，在我们潮汕地区流传着很多有关过番的歌谣，传达出番客的无奈和凄凉。

2. 红头船与过番歌。（微课：了解先辈过番的辛酸）

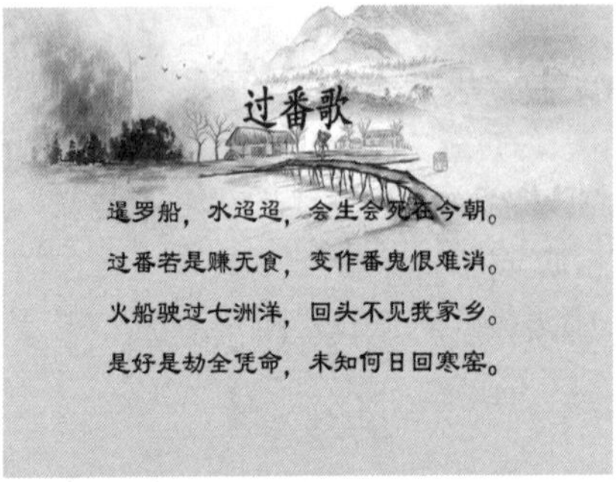

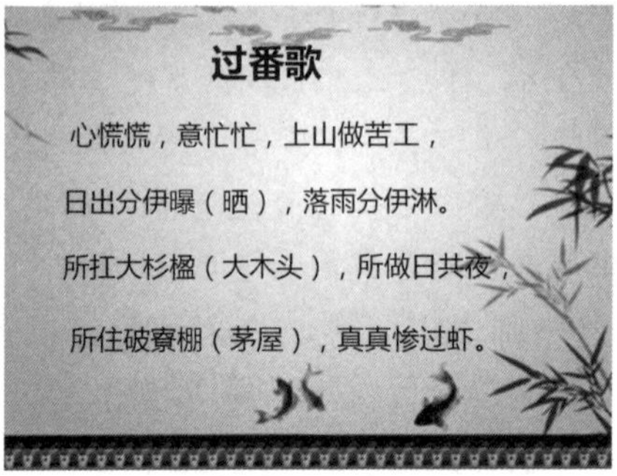

3. 红头船的纽带作用。

师过渡：尽管过番谋生是非常辛苦的，有的人一辈子都没能回家跟亲人团聚，但许多潮汕人还是为了生计，一再踏上“过番”的道路，你知道红头船载着番客分别去到哪些地方吗？

（视频：《红头船》片段2）

师：红头船就像一条纽带，连接了潮汕与世界各地，架起了海上丝绸之路。它载着番客漂洋过海去谋生，同时还把潮汕的物产带到世界，也带回世界各地的物产。那么，你知道番客们常带回潮汕的物产有哪些吗？他们通过红头船运向海外的潮汕物产又有哪些呢？

4. 拓展活动：“慧眼识珠”。

出示番客运向海外和带回潮汕的物产图片，小组识别并抢答。

（带回潮汕：罗的、暹罗大米、林檎、胡椒、柚木、槟榔等；运往海外：陶瓷、潮绣、木雕、蔗糖、凉果、杂咸等）

5. 小结。

师：以前的潮汕，地狭人众，经济落后，很多先辈们只能跟着红头船到海外辛苦拼搏，潮汕人民也得靠海外侨胞接济。现在，我们潮汕物产丰富，经济蓬勃发展，生活水平大大提高。作为新时代的潮汕小朋友，我们的生活是多么幸福！所以，我们要珍惜今天的幸福生活，好好学习，学到更多的科学文化知识，将来像先辈一样，为家乡做贡献。

四、趣读童谣，创编童谣

师：现在，让我们再读读《洋船到》这首童谣，忆苦思甜，表达我们对先辈番客的感恩及尊敬。（生齐读）

师：除了齐读，我们还可以采用学过的各种方式趣读童谣呢！请同学们以小组为单位，选择一种打击乐器，用喜欢的方式读读童谣，待会来比赛，看看哪一组读得最好听。

师：老师这里有打击乐器，需要的可以到老师这来领。

（生分组练习读：拍手读、响板读、沙锤读、应答读、表演读等。师巡查并帮忙个别小组）

（小组展示，评比）

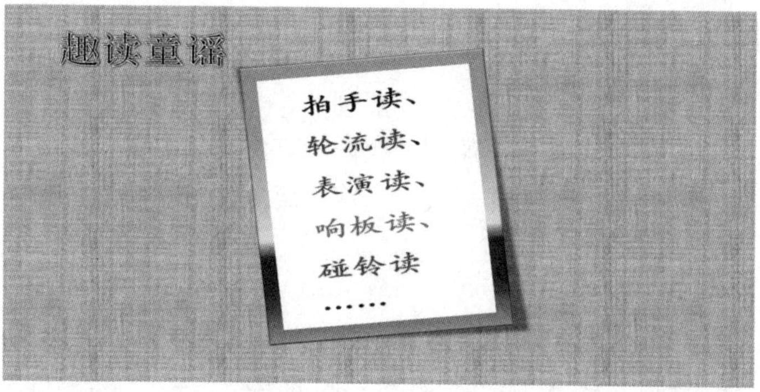

师：同学们把童谣读得趣味十足，老师的脑子里却一直在想：洋船到和洋船沉真是两种截然不同的景象啊！除了猪母和乌团豆这两种动植物，洋船到和洋船沉又将带来哪些不同景象呢？我们试着来创编童谣吧！

（出示老师创编的童谣一、童谣二，学生创编童谣，教师随机点拨）

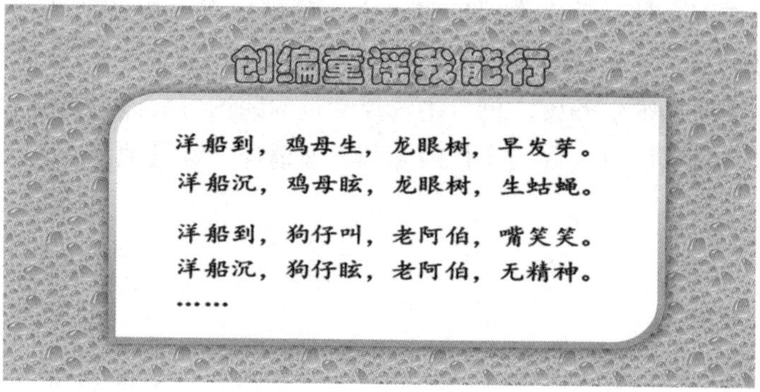

五、畅谈收获，升华主题

师：同学们，通过这节课的学习，你有哪些收获呢？

生1：我学会了《洋船到》这首童谣。(读)

生2：我知道旧时潮汕人的生活很辛苦，很多人乘红头船过番到海外谋生。

生3：我知道红头船从海外带回来很多物产，也带出去潮汕很多物产。

生4：我感受到老一辈潮汕人那种勤劳拼搏、刻苦耐劳的精神，他们团结向上、心系家乡，我们应该向他们学习。

师：是的。老一辈的这种精神被后辈的潮汕人称为“红头船精神”。现在，红头船虽已消失，但红头船精神依然鼓舞着我们。作为新时代的潮汕人，我们要向老一辈学习，做一个热爱家乡、勤劳向上、与时俱进、自强不息的潮汕人。

• 主体板书设计

洋船到

洋船到：兴旺、喜庆

洋船沉：穷困、凄凉

• 教学后记

本课主要是让学生学会用潮汕方言有感情地诵读童谣，了解旧时潮汕穷苦老百姓对“洋船到”及“洋船沉”截然不同的感受，表达了百姓盼亲人的思想感情，教育学生珍惜现在的美好生活。由于“红头船”的时代距离学生的生活实际较远，本课教学有一定的难度。为了让学生更好地理解童谣，我通过让学生课前调查访问、课堂视频讲解、了解过番歌谣、玩“慧眼识珠”“创编童谣”等活动方式，让学生真正理解“洋船”跟旧时潮汕老百姓的密切关系，体会红头船的纽带作用，教育学生懂得感恩过去，珍惜现在，热爱潮汕。整个教学设计突出学习重点，攻破学习难点，收到较好的教学效果。在童谣的朗读形式上，我通过师生接读、师生齐读，再自主选择学过的朗读方式诵读童谣，由扶到放，让学生充分感受童谣所蕴含的文化内涵和人文情怀，圆满地完成了教学任务。

• 名师有话

以声传情，以情润声
——评陈碧华《洋船到》一课

潮州市潮安区庵埠镇庵埠小学　林敏①

《洋船到》主要是要让学生学会有感情地诵读童谣，进而感受潮汕人对红头船的情有独钟。如何让学生走进遥远的“红头船”时代，感受百姓盼亲人之情，陈老师精心设计，让《读本》课堂架起时空桥梁，引领学生充分感受童谣所蕴含的文化内涵和人文情怀，懂得要珍惜现在的美好生活。细品此课，亮点颇多，主要有以下两点：

1. 以“读”为经，课脉灵动

学童谣，就是学母语，因童谣是母语方言的一种精致而又易懂易记的形式。为了让学生感受童谣的节奏美与韵律美，获得初步的情感体验，进而爱上童谣，爱上潮文化，陈老师指导学生诵读童谣，理解童谣，感受潮汕童谣的音韵美。

(1) 范读引领，激发兴趣。

叶圣陶先生说：“教是为了不需要教。”可见，在学习的过程中教给方法是多么重要。陈老师在教学童谣时，并没有谈朗读童谣的技巧，而是先范读，再实实在在地带学生朗读童谣，一句一句地带读。带了一遍，学生不会读，没关系，陈老师继续脸带微笑，再带读了两遍。面对着这样极具亲和力的老师，又亲自感受到朗读童谣的浓浓趣味，刚刚还拘束着的孩子，这时候全都放松了。袅袅的潮音开始在课堂上回荡着，有几个小脑袋还情不自禁地跟随韵律节奏晃呀晃。

(2) 且读且思，加深感悟。

在指导学生“学习童谣，理解童谣”时，陈老师抛出这样一个问题：“同学们在读童谣的过程中有什么不懂的地方吗？”孩子们在她的鼓励下，纷纷提出

---

① 林敏，潮安区庵埠镇庵埠小学政教主任，小学语文高级教师，潮安区林敏名教师工作室主持人。曾荣获“全国青少年文明礼仪教育标兵”“全国小学生作文大赛优秀指导教师”“南粤优秀教师”“广东省小学生书香作文竞赛活动优秀指导教师”“潮汕星河辉勇师表奖”“潮州市中小学名教师”“潮安县第五届优秀中青年科技人才”等称号。

自己的疑问："'乌团豆'是什么？""'猪母眩'是什么意思？""为什么洋船一到，猪母就会生猪团呢？""洋船沉了，扁豆为什么会生蛄蝇呢？"……"小疑则小进，大疑则大进"，因为在朗读里融入了自己对童谣的思考和理解，每个孩子都读得声情并茂，学习也更具有主动性。

(3) 形式多样，熟读成诵。

课堂上，没有烦琐的讲解分析，只有清脆的童声萦绕耳际。陈老师让孩子们自主选择喜欢的方式朗读童谣，童谣的朗读方式多样，有拍手读、快板读、响板读、沙锤读、应答读……孩子们在朗读中读出节奏、读出韵味，课堂生动活泼，潮味十足。其中，陈老师引导学生跳出文本的描述，展开想象创编童谣，更让这节课"读"具一格。孩子们创编的这些童谣多么有趣呀！学生甲：洋船到，鸡母生，桑葚树，早发芽。洋船沉，鸡母眩，桑葚树，生蛄蝇。学生乙：洋船到，猫团叫，阿老姆，嘴笑笑。洋船沉，猫团眩，阿老姆，无精神。……整节课，孩子们眼里有光，读得兴味盎然，读着读着，竟熟读成诵，大胆上台展示。

2. 以"情"为纬，课局精巧

这节课循情而行，正反对比，悟情则止。一个"情"字，将童谣、教师和学生紧紧地凝聚在一起，它不仅成为师生穿越新旧社会的精神桥梁，也成为师生品读童谣的精神家园。

(1) 展示课件，激发情感。

"红头船"时代于二年级的学生而言，确实较遥远。为了让学生认识红头船，体会红头船的纽带作用，感受"洋船"跟旧时潮汕老百姓的密切关系，陈老师课前认真收集资料，精心制作课件。如在教学"观察图片，导入新课"环节时，陈老师出示"洋船"图片，让学生近距离观察洋船，用自己的语言描述这是一艘怎样的洋船，赋予洋船鲜活生动的画面感。课堂伊始就成功地激起了学生的兴趣、好奇心和求知欲，从而使其以一种自由、积极的心态投入学习。

(2) 鲜明对比，领悟情感。

陈老师顺势巧妙地运用插图、视频的对比，指导学生理解童谣，交流"洋船到"和"洋船沉"的不同情境。在老师的引导下，每个学生心中都有了一艘属于自己的洋船：当洋船驶向家乡，亲人外出迎接，那场面是多么欢呼雀跃、兴旺喜庆；当洋船遇到大风浪，番批沉入海底，饿得发昏的猪母、生满蚜虫的扁豆、穷困凄凉的亲人的场景也如一幕幕电影一样在孩子的脑海里放映。同一事物的强烈反差，在孩子心中激起层层涟漪，他们迫不及待地和老师一起去探寻洋船与旧时潮汕人民的生活为何如此密切，红头船又具有怎样的纽带作用。未成曲调先有情，这“情”根植于童谣优美有趣的语言笔触，披文以入情；这“情”依附于“洋船到”和“洋船沉”的鲜明对比，入境情始生。

(3) 抒发心声，融入情感。

在教学“走进百科，了解洋船”环节时，陈老师播放小视频和微课，让生动的画面、舒缓的音乐和凄凉的语调拉近了学生和洋船的距离，让学生如身临其境，渐解“红头船”为何能成为潮汕人生活之所系、亲情之纽带。这时，陈老师顺势引导学生谈收获时，孩子们畅所欲言：“我知道旧时潮汕人的生活很辛苦，很多人乘红头船过番到海外谋生。”“我们应该学习老一辈潮汕人勤劳拼搏、刻苦耐劳、心系家乡的精神。”……这里的直抒胸臆，是学生的一种真情流露，更是他们精神力量的成长！

这节《读本》课，童谣韵依依，乡音情绵绵。它已经悄然在学生心中播下一颗颗热爱潮汕文化的种子，作为教师，我们有责任也有义务精心呵护这些种子，并给予它们阳光和雨露，让更多的种子破土而出，茁壮成长！

《农事歌》教学设计①

正月落粟种，二月莳冬瓜，
三月禾苗长，四月茄开花，
五月桃团熟，六月掘地瓜，
七月摘龙眼，八月剥麻皮，
九月鱼菜齐，十月新米炊，
十一月柑皮红，十二月梅开花。

教学媒体资源下载

<table>
<tr><td>教材</td><td colspan="3">《潮汕文化读本（一、二年级）》</td></tr>
<tr><td>课时</td><td>1 课时</td><td>媒体资源</td><td>1. 课件 PPT；
2. 视频资源：《水稻》</td></tr>
<tr><td>教学内容分析</td><td colspan="3">《农事歌》是《潮汕文化读本（一、二年级）》的第 11 课。本课一是要让孩子们理解歌谣内容，在课堂上用多种朗读形式记诵歌谣。二是要培养学生学习潮汕方言歌谣的兴趣，要让孩子们觉得诵读歌谣很容易也很有趣，让孩子们知道，原来潮汕方言歌谣都是来源于我们的日常生活啊！三是要让孩子们初步了解农事生产活动，认识潮汕当地丰富多样的农作物，知道农产品来之不易并学会珍惜和感恩</td></tr>
<tr><td>教学目标</td><td colspan="3">1. 学习潮汕童谣，并能有节奏地诵读童谣。
2. 知道粮食、农作物来之不易，应当珍惜，尊重劳动，热爱生活。
3. 了解与现实生活比较有距离的农事生产活动</td></tr>
<tr><td>教学重点</td><td colspan="3">1. 用潮汕方言有感情、有节奏地诵读童谣。
2. 让学生了解与他们现实生活比较有距离的农事生产活动</td></tr>
<tr><td>教学难点</td><td colspan="3">让孩子们初步了解农事生产活动，认识潮汕当地丰富多样的农作物，知道农产品来之不易并学会珍惜和感恩</td></tr>
<tr><td>教学方法</td><td colspan="3">讲授法、谈话法、情感教学法、师生互动法、实物展示法</td></tr>
<tr><td>预习要求
课前准备</td><td colspan="3">1. 利用课本中二维码，扫码获取音频资料，学读童谣。
2. 向家长了解：我们当地的水稻，从播种到成熟，得经历怎样的发育过程。
3. 认识丰富多样的当地的农作物，并选择熟悉的农作物带到课堂上</td></tr>
</table>

① 本课例教学设计 & 执教教师：陈慕洁；授课学校：潮州市潮安区龙湖镇阁二小学；授课年级：一年级。

• 教学过程设计（课堂实录）

一、童谣大串烧

教师引导学生复习已学的潮汕童谣，学生通过快速应答复习已学童谣。

师：同学们，在学习新内容之前，我们一起来复习我们已经学过的潮汕童谣。大家还记得吗？接下来我们就一起来一场童谣接龙吧。

师：天顶一粒星——

生：地下开书斋！

师：非常棒，接龙继续哦！老鼠拖猫上竹篙——

生：和尚相拍相挽毛！

师：潮州八景好风流——

生：十八梭船廿四洲！

师：廿四楼台廿四样——

生：二只鉎牛一只溜！

师：接龙非常成功，我为大家点赞！同学们，这节课我们一起来学习新的歌谣——《农事歌》。

二、童谣学习

1. 播放童谣音频。

师：请同学们跟老师一起读一读童谣的名字——《农事歌》。

生：《农事歌》。

（出示课件）

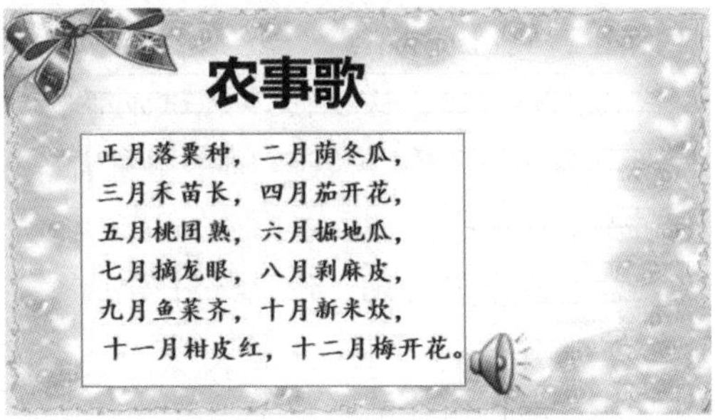

2. 指导朗读。

师：《农事歌》这首童谣怎样读呢？让我们来听一听。（听音频范读）

师：音频里小朋友读得很有感情，老师也来试一试，请同学们认真地跟着老师读一读吧。（师指导朗读）

师：现在大家能不能自己试着朗读呢？我们来试一试吧。

（生齐读童谣）

师：我们请几位同学试着读一读！哪位同学敢挑战一下自己呢？

（生开火车，一个学生读一句童谣，每读对一句，全班学生就跟着读一句）

师：我们的火车成功到站了，同学们读得真棒，接下来，我们来一场比赛吧。男生和女生来对着读，看谁能读得更准确、更有感情，行不行？

生：没问题！（男女生比赛读）

师：大家表现真棒，现在老师把难度提高一点点，同学们试试，自己能不能把整首歌谣都读出来，来，我们请一位同学试着读一读。（一生读，非常流利、准确）

师：同学评一评这位同学读得怎样呢？

生：读得非常好，很有感情，而且他是背出来的，很厉害！

师：评价真高啊，那我们就用热烈的掌声表扬这位同学吧！（掌声响起）

师：读得这么好，老师也要表扬你，你看老师手里拿的农产品是什么呢，你知道吗？（拿出一根玉米）

生：知道，这是玉米。

师：对了，那这根玉米奖励你！

师：接下来我们全班一起读一读。（生齐读）

3. 出示图片帮助理解童谣内容。

师：读完歌谣，同学们看一看，童谣里出现了许多农产品的名称，跟同学和老师说说，你认识哪些呢？

生1：我认识龙眼，我一个婶婶家门口就种着一棵龙眼树。

生2：我认识番薯。

师：非常好，这位同学认识龙眼，这位同学认识番薯，那老师来考考你，这两个哪一个是番薯呢？（师手里拿着一个番薯和一个土豆）

生：这一个。（指对了）

师：同学们说说，他说得对吗？

生：对的。

师：那你们知道老师手里另外一个农产品是什么吗？

生：土豆。

师：除了龙眼、番薯，你还认识童谣中提到的哪些农产品呢？

生3：我认识桃团，因为我吃过。（笑）

生4：我认识冬瓜，它可以用来熬汤。

师：童谣中提到了非常多的农产品，有龙眼、桃团等，这首歌谣的名字叫《农事歌》，介绍的就是一年当中各个月份的农事活动和适合农作物的生长时节。接下来就让我们一起来了解吧。

师：（出示粟图片）同学们，这是粟种，也就是水稻的种子，你们知道早稻是在什么时候播种的吗？

生：知道，是在正月，正月落粟种。

师：对了，就是正月，同学知道我们一年有几个月吗？

生：有十二个月呢！

师：对了，一年有十二个月，在农历算法里，一月我们叫正月。歌谣：正月落粟种，就是告诉我们，正月是播种水稻最合适的时间。

师：同学们知道这是什么吗？（出示冬瓜图片）

生 1：这是青瓜。

生 2：不是，这是冬瓜，我爸爸说冬瓜外面才有一层密密的毛。

师：观察得非常仔细，不错，这确实是冬瓜，同学们知道什么时候荫冬瓜最合适吗？

生：二月，二月荫冬瓜。

师：大家都非常聪明，那到了三月就是——（出示禾苗图片）

生：三月禾苗长。

师：春天，雨水特别多，禾苗喝足了水，生长得特别快，长得特别茂盛呢！

师：同学们看图片，再来猜猜歌谣。（出示茄子图片）

生 1：这是茄子。

师：那你知道哪句歌谣就说到茄子吗？

生 1：四月茄开花。

师：对了，我们全班同学跟着这位同学读一次。（生齐读歌谣）

师：那这又是什么呢？又是对应哪一句歌谣呢？（出示桃子、番薯、龙眼图片）

（生自主回答）

师：到了九月，是秋天，这是收获的季节，很多农作物都成熟了，品种特别多呢，农民伯伯大丰收，因此有了这样一句歌谣——九月鱼菜齐。(出示课件)

师：小女孩在干什么呢，让我们一起读出童谣。(出示课件)

生：十月新米炊。

师：到了十月份，晚稻收成后，我们把它碾成米，蒸好，就能吃上香喷喷的米饭了。

师：同学们再看看这两张图片，一起读出童谣。(出示课件)

生：十一月柑皮红，十二月梅开花。

师：到了冬天，天气非常寒冷，但是梅花不怕，越是寒冷，它的花开得越漂亮。

师：现在，我们一起来比赛，老师出示图片，同学们根据老师的图片快速读出童谣，看谁读得更准、小脑瓜更聪明。(师出示图片，生快速读出歌谣)

师：通过讲解，我们对童谣的内容更加了解了，现在请同学们再把这首童谣读熟。

(生齐读童谣)

三、观看视频

播放纪录片《水稻》，讲述水稻种植过程。

师：接下来大家一起来观看一段视频，认真观看，然后告诉老师和同学们，通过观看了视频，你看到了什么，知道了什么？

生1：我知道了我们吃的米饭是怎么来的。

生2：我看到了农民伯伯在收割水稻。

生3：我看到了农民牵着牛。

师：（追问）农民伯伯牵着牛要去干吗呢？

生3：吃草。

师：农民伯伯牵着牛去田野，主要的还是要让牛犁田，犁了田，田里的土就会更松软，水稻就会长得更好。

师：同学们有没有看到，一棵棵秧苗从一粒粟种，到秧苗，到结出一颗颗稻谷、一粒粒米饭需要多长的时间啊！

生：需要一百多天。

师：粮食收成历经一百多天，从视频里我们也知道农民伯伯种植非常辛苦，除了犁地、插秧、施肥、收割，还要除草、喷药等，还得看天气，天气好收成才好，所以我们的古诗也这样说，谁知盘中餐——

生齐答：粒粒皆辛苦。

师：同学们在家里有没有浪费粮食啊？有没有米饭吃一半就不要了等浪费粮食的行为？

生：没有的。

师：粮食来之不易，我们要更加珍惜粮食——

生：不能浪费。

四、小小展示台

教师引导学生介绍、认识部分农作物。

学生介绍自带农产品的种植、特点等信息。

师：我们潮汕地区气候温暖，农作物丰富，除了水稻，一年当中还能收成许多农作物呢，你们看，今天老师就给大家带来了许多，你都认识哪些呢？（展示农作物：茄子、包菜、生姜、荷兰豆、青瓜、菠萝、荔枝）

（生自由发言）

师：同学们都带了哪些农产品呢？快拿出来跟同学介绍介绍吧。

生1：我带的是红萝卜。

师：那你能跟我们介绍一下红萝卜吗？可以从它的生长、吃法、味道等等来介绍。

生1：书里面红萝卜是兔子的最爱，我妈妈经常是炒着给我们吃的，我不是特别喜欢，但是它颜色很漂亮。(笑)

师：非常棒，介绍得真仔细，其他同学呢，也帮我们介绍介绍吧。

生2：我带的是桃子，这是一种水果，很好吃的，得削皮。

生3：这是番薯叶，就是我们刚才说的番薯的叶子，可以作为蔬菜炒着吃。

师：对了，番薯的叶子可以作为蔬菜炒着吃，它的根在地里，能长出一个个番薯来，也是特别美味的。

生4：我这是玉米，我很喜欢，奶奶经常买回来用高压锅蒸给我们吃，它还可以熬汤。这些“须子”可以当作药材，用来煮水。

师：这位同学了解得真详细，给我们大家长了不少知识呢！

生5：我带的是紫菜，它是长在海水里的，捞起来后把它晒干，就变成这样了。(举高给同学们看)

师：这位同学带来一件很特别的，是长在海水里的农产品。真棒！

生6：我带的是火龙果，是一种水果，很好吃，它里面的肉是白色的，也有红色的，有很多黑色的一粒一粒的，都是它的籽。

生7：我带的是蒜头，我们家炒菜用的。

师：这位同学带的是一颗大蒜头，家里炒菜经常用来作配料，有没有同学想跟这位同学交换自己的农产品呢？

生：老师，我想用我的桃子跟他交换。

师：好的，那我们现在拿出你自己带的农产品跟周围的同学介绍介绍，然后互相交换农产品好不好？

生齐喊：好。（兴奋地交流、交换东西）

师：同学们，老师的电脑里还带了许多农产品，大家也来认识一下吧。(出示课件)

五、我是小农民

教师示范种植农作物，布置学生课后动手操作。

师：我们除了会读歌谣，认识农作物，我们也可以试着自己动手种一种呢？今天老师来教大家荫绿豆。（拿出几颗绿豆、一个盘子、几张纸巾、喷洒壶）

师：荫绿豆比较简单，同学们先看看老师是怎么做的吧。首先我们拿出一个盘子，也可以用碗、杯子等。接着，我们在盘子上垫上几张纸巾，也可以用毛巾代替。再撒上绿豆，注意不要太密集了。这样就好了是不是？

生：不是，还需要浇水。

师：对了，还要浇水，最后，我们用喷洒壶喷上水，每天保持纸巾是湿润的就可以了。同学们看清楚了吗？

生：看清楚了。

师：同学们要注意观察哦，几天后，绿豆就会发芽，等到豆苗长大一点就可以移栽到土里面了，长成一棵大的农作物了。老师现在把绿豆分发给每位同学，大家回到家都按刚才老师教的，试着自己荫绿豆吧，加油哦！

六、总结

师：同学们，这一节课我们收获满满，不仅学会了诵读歌谣，了解水稻的种植过程，还认识了这么多的农作物，回到家里，我们还可以自己试着动手荫绿豆哦！让我们最后把这首童谣再读一次，结束今天的童谣之旅吧！

• 教学后记

《农事歌》是《潮汕文化读本（一、二年级）》的第 11 课。在教学设计上，我主要围绕三个目标进行设计：一是要让孩子们理解歌谣内容，在课堂上用多种朗读形式记诵歌谣。二是要培养学生学习潮汕方言歌谣的兴趣，要让孩子们觉得诵读歌谣很容易也很有趣，让孩子们知道，原来潮汕方言歌谣都是来源于我们的日常生活啊！三是要让孩子们初步了解农事生产活动，认识潮汕当地丰富多样的农作物，知道农产品来之不易并学会珍惜和感恩。因此，教学课堂主要分三步走：

1. 童谣学习。

诵读童谣，这是童谣学习的基本目标。课堂上，通过录音范读、老师教读、自由默读、全班齐读、分组朗读、个人诵读等方式，大部分孩子能在短时间内记诵童谣。通过图片展示，讲解歌谣内容，加深孩子们对歌谣的理解。短视频《水稻》的播放，让孩子们对熟悉的农作物——水稻的种植、生长、收获有更全面的认识。当问及孩子们观后感的时候，很多孩子都说，知道了农作物生成非常不容易，脑子里蹦出来最能表达感受的就是“粒粒皆辛苦”这句古诗了，都明白要珍惜粮食，不能肆意浪费。

2．小小展示台。

不同于传统的课堂教学，童谣课教学的形式要更多样化，更富于实践性和参与性。根据课程的内容，我课前布置孩子们各自带上一种农作物到课堂上来为大家做展示和讲解介绍。孩子们非常活跃，带上的农作物琳琅满目，极具创意，有蔬菜苦瓜、空心菜、菠菜、土豆等，有水果香蕉、百香果、龙眼等，也有花生、玉米、绿豆、红辣椒……让人惊喜。他们毫不畏惧，在课堂上侃侃而谈，为同学们介绍所带的农作物的属性、吃法等等，博得阵阵掌声。通过参与，孩子们认识了更多的农作物，拓展了课堂教学的内容。通过交流，孩子们大胆地表达想法，分享乐趣，增强自信心。

3．趣味实践。

作为课堂教学的延伸，我布置了课后的实践任务——荫绿豆。在课堂上，我先是示范了荫绿豆的各个流程，孩子们参与热情高涨，为了不被落下，都跑上讲台近距离围观了，他们仔细地观看了每一个流程，并细心听取老师的讲解，小心翼翼地包起发下去的绿豆，准备回家动手实践。看着他们愉快的表情，我也甚感欣慰，希望我在他们心上播下的这颗学习潮汕文化的种子也能在他们今后的学习之路上发芽结果。

• 名师有话

鲜活再现久违的农事活

——《农事歌》点评

潮州市潮安区龙湖镇三英小学　陈素娴①

农事活对于农村的孩子来说，本该很熟悉。20 世纪七八十年代，家家户户种田、种菜，小孩子放学后，不是去给菜除虫，就是给菜浇水……但现在一些地方，本该随处可见的农田、菜地离孩子们远了。不用说农事，就说“粟”，

① 陈素娴，潮州市潮安区龙湖镇三英小学教导主任，龙湖镇语文教研组成员，小学语文高级教师，潮安区优秀教师、首届小学语文骨干教师，龙湖镇优秀德育工作者、十佳教师。参与《潮汕文化读本（三、四年级）》的编写。参与潮州市“十三五”教育科研立项课题“教育现代化背景下潮汕方言歌谣进校园的实践研究”的研究工作，是课题组的主要成员。

好多同学还不知道是什么，他们天天吃着白米饭，却不认识它的前身——粟。

而陈老师的潮汕童谣《农事歌》填补了孩子们这方面认知的空白，她把诵读、欣赏、交流、实践有机地结合起来，给孩子们上了一节内容丰富而又接地气、形式多样而又活泼有趣的语文综合性实践活动课。

1. 多样化诵读，勾画美读课堂

林朝虹教授提出，潮汕方言童谣实践课所具备两大环节之一是诵读歌谣环节，引导孩子跟文本进行对话，感受潮汕童谣的音乐之美、韵律之美等。陈老师因此定位了这节童谣课的主线为诵读。整节课我们都听到了琅琅的童谣声，那声音特别悦耳，特别亲切。一开始的热身运动——“童谣大串烧”：“天顶一粒星，地下开书斋……”把同学们带到了“热火朝天”的童谣学习当中。紧接着，听音频范读，跟老师读，试读、开火车读、赛读，个别读、小组读、全体读……读出了童谣的音韵美、内涵美，也读出了潮汕文化源远流长的韵味美。

2. 多形式实践，构建体验舞台

从琳琅满目的农产品到各种各样的农事，从一月到十二月，从课内到课外，陈老师给孩子们构建了一个歌谣大课堂。

这节童谣课成了一个小型农产品展览会。师生带来了苦瓜、菠菜、玉米、香蕉、百香果等多种农产品。哪一个月该干什么农事，陈老师利用各种手段、资源，通过演示、讲解、互动，一一呈现在孩子们面前。

课前，孩子们要准备各种各样的农产品；课中，老师教孩子们荫绿豆；课后，孩子们把童谣带回家，与家人共唱，由一个孩子到一个家庭，辐射到邻居，辐射到亲戚朋友……孩子们还在家里荫绿豆，把学到的知识运用到实践中去。

3. 多角度渗透，收获育人效果

习近平总书记在全国教育大会上强调，要把“立德树人”融入思想道德教育、文化知识教育、社会实践教育各环节。而新时代的学生很有个性，即使是一、二年级的小朋友也如此。他们对于简单的说教极其反感，甚至抵触。陈老师在这节课上适时地进行思想品德教育：珍惜时间、珍惜粮食，热爱生活、热爱劳动，感恩农民等教育，真正做到水到渠成、润物细无声的效果。如短视频《水稻》的播放，让孩子们对水稻的种植、生长、收获有全面的认识：知道从粟种到结成稻谷需要一百多天。我们常说“百闻不如一见”，这一环节让“辛苦”数字化、形象化，肯定会给孩子们留下深刻的印象。我们相信，他们从此以后会珍惜粮食、感恩农民、热爱劳动……

孩子们爱唱童谣，理解童谣的内涵，自觉地接受、传承潮汕文化，这就是我们美好的愿景。

《大家来唱作田歌》教学设计[①]

教学媒体资源下载

1 3 5，1 3 5，大家来唱作田歌；作田歌唱作田人，作田有人唔相同。
有人田地出金宝，有人田地长猫毛；有人亩田早冬收八百，有人一亩只收四百多。

<table>
<tr><td>教材</td><td colspan="3">《潮汕文化读本（一、二年级）》</td></tr>
<tr><td>课时</td><td>1 课时</td><td>媒体资源</td><td>1. 课件 PPT；
2. 微课：《出金宝》《米制品》《珍惜粮食》；
3. 视频资源：《水稻一生》；
4. 图片与学生作业展示</td></tr>
<tr><td>教学内容分析</td><td colspan="3">《大家来唱作田歌》是《潮汕文化读本（一、二年级）》的第 12 课。本课主要是要让学生学会用潮汕方言有感情地诵读童谣，体会农民作田的艰辛，懂得勤劳耕种才有好收成</td></tr>
<tr><td>教学目标</td><td colspan="3">1. 学会用合作交流的方法读懂童谣，多形式诵读童谣，感受方言童谣的独特之美。
2. 通过学习童谣，体会农民作田的艰辛及潮汕人民的勤劳，养成珍惜粮食的好习惯</td></tr>
<tr><td>教学重点</td><td colspan="3">诵读童谣，体会农民作田的艰辛</td></tr>
<tr><td>教学难点</td><td colspan="3">1. 用潮汕方言有感情、有节奏地诵读童谣。
2. 明白为什么田地会“出金宝”“长猫毛”</td></tr>
<tr><td>教学方法</td><td colspan="3">阅读法、讲授法、谈话法、情景教学法、情感教学法、师生互动法</td></tr>
<tr><td>预习要求
课前准备</td><td colspan="3">1. 学读童谣。
2. 向家长了解：我们当地的水稻从播种到成熟，大约需要几天？
3. 小制作：我喜爱的米制品（自主选择）</td></tr>
</table>

① 本课例教学设计教师：刘丽莉、洪菲；执教教师：刘丽莉；授课学校：潮州市绵德小学；授课年级：二年级。

• 教学过程设计（课堂实录）

课前：赛读童谣。（集体读，小组比赛读）

一、解题引入新课

师：刚才大家读童谣读得真好听，真有趣！再学一首新童谣好不好？

生：好。

师：今天我们继续来学习一首新的童谣——《大家来唱作田歌》。

师：潮汕人作田，指的是种水稻。跟老师齐读课题。（生齐读）

二、学习童谣，感受童谣

师：《作田歌》怎样读？我们来听一听。（听音频范读）

师：小朋友读得很有感情，老师也来试一试。（师范读）

师：老师读得好不好？

生：好。

师：谢谢大家的夸奖！现在打开课本第45页，你们自己看书学读童谣，边读边把不懂的地方找出来。（生自由读，师巡查）

（出示课件）

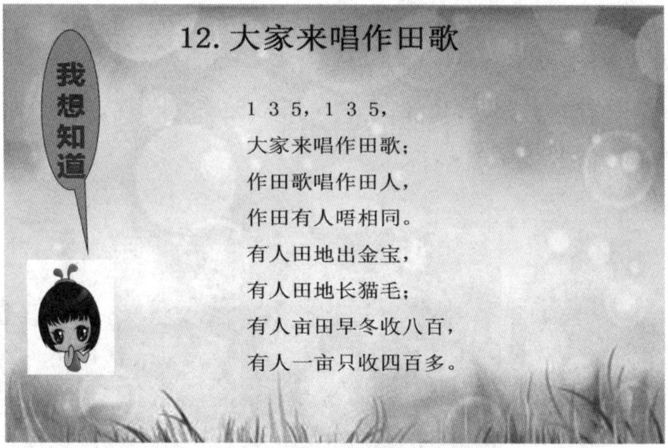

师：请一位同学试着读一读。（一生读，不熟练）

师：还可以，不熟练不怕，等会多读几次，肯定能读好。

师：全班同学再自由读一读，读的时候，这几个字要注意读好。（正音：唔相同、亩田、早冬）

师：（生再学读，师巡查）全班一起读一读。（生齐读）

师：读的时候有什么不懂？

生1：“一亩田”多大？

师：一亩田有600多平方米，差不多就像我们教室外面操场上的绿色篮球场那么大。

生2：“早冬”是什么意思？

师：“早冬”指早季稻，我们潮汕地区一般一年有两造，早季、晚季。

生3：为什么会“出金宝”？（板书：出金宝）

生4：为什么会“长猫毛”？（板书：长猫毛）

师：这两个问题我们来看看微课。（播放微课《出金宝》）

师：看了微课，谁知道：为什么会“出金宝”？为什么会“长猫毛”？

生：农民会勤劳耕种，就会出金宝。

师：农民勤劳耕种，田里的稻谷长得好，就像出金宝。（板书：勤）

生：农民没有勤劳耕种，稻谷长得不好就像长猫毛。（板书：惰）

师：对了，同样是作田，收成却不一样，勤劳会出金宝，懒惰就会长猫毛。（板书：唔相同）

（生齐读，师生接读，师生齐读）

三、文化百科

1. 米饭好吃田难种。

师：农民勤劳种田地才能出金宝，我们当地的水稻从播种、发芽、成长、抽穗、扬花到成熟，大约需要几天？

（出示课件）

生1：120天。

生2：100天。

师：对，大概三四个月，差不多100天。那是不是插秧后，不用去田里管理，待在家里喝茶聊天，100天后就有好收成？

生：不是。

师：他们得做什么事？先看看视频。（播放视频：《水稻》）

师：看了视频，再看看课本第47页，说说他们具体在做什么？

（出示课件）

生3：农民在犁地。

生4：农民在插秧。

师：“插秧”我们本地方言也叫——

生5：布田。

生6：农民在施肥。

师：我们本地方言也叫——

生7：沃［ag^4］肥。

生8：农民在沃［ag^4］水。

师：最后，到了收获的季节，农民在——

生齐答：收割。

2．小体验。

师：再过一段时间就是插秧的时节了，插秧辛不辛苦？现在老师没法带你们去农村看看，但是老师可以用一个方法让你们体验，就是模仿农民插秧的样子摆毽子，谁来试试？

（两生上台）

师：听清楚老师的要求，每人10个毽子，倒退着摆成一列，注意：自己摆的一列要整齐，毽子之间的距离要接近，还有，两个人摆的毽子也要互相对齐，听清楚了吗？

（两生摆放毽子）

师：摆好了是吗？老师有第二个要求：像农民收割稻谷一样，把毽子收回去放回盆子里。

（两生把毽子放回盆子里）

师：你们来说一说，刚才放毽子、收毽子的时候哪里比较难？

生1：低着头、弯着腰比较难。

生2：后退着放还得对齐比较难。

师：我们刚刚才摆了这么一行，如果老师让你摆满整个操场的毽子，再收回来，会怎样？

生3：会很累了。

师：插秧时，农民弯腰劳动的时间更长，有时候是几小时，有时候是一整天，甚至是连续几天，就更——

生齐说：累。

3. 种田如绣花。

（出示课件）

师：农民插秧时，行和列都得对整齐，每一株禾苗还要插得正、插得稳，一株一株小心地插，就跟我们潮汕人在绣花一样，一针一针细心地绣，所以潮汕人也有“种田如绣花”这样的说法。

师：大家看，现在天气还比较冷，我们都穿着毛衣坐在教室里，而农民伯伯阿姨们——

生：老师，我发现伯伯阿姨们好像赤着脚，站在田里。

师：对了，初春的水是冷冰冰的，他们站在水里劳动就——

生：更辛苦！

师：所以说——田难种！

4. 小结。

师：除了犁地、插秧、施肥、收割，还要除草、喷药等，还得看天气，天气好收成才好，在这100多天里农民是非常辛苦的。所以我们的古诗也这样说，谁知盘中餐——

生齐答：粒粒皆辛苦。

师：所以说，农民种田这么辛苦，我们要更加珍惜粮食——

生：不要浪费。

师：潮汕人不仅勤劳，而且聪明。我们潮汕平原地少人多，农民只有辛勤耕种，才有好收成，才能养活更多的人。聪明的潮汕人想尽了办法，充分利用土地，提高产量。例如，水稻间种大豆、芹菜，芋头地种花生，一年四季田地都没有空闲，农民才有更多的收获。

（出示课件）

师：看，农民阿姨手捧着割下来的稻谷，笑得多开心，就是因为她的田地——

生齐答：出金宝！

师：我们再用《作田歌》来歌唱他们。

四、齐读童谣，多样诵读并学背诵

1. 男女生加动作赛读。

2. 小组赛读。

师：以前我们用很多形式读童谣，现在分小组用喜欢的形式练习读，能背诵最好，待会来比赛，读得好的老师有惊喜给你们。

师：老师这里有响板和沙锤，需要的可以到老师这来领。

（生分组练习读：拍手读、响板读、沙锤读、应答读。师巡查并帮忙选择“应答读”的小组）

（小组展示，评比）

五、活动天地

交流喜欢的米制品。

师评价：各小组读得各有各的特色，老师的惊喜来了！

学生品尝米制品，老师随机点学生说感受。

（出示课件）

六、总结

师：米制品这么香、这么好吃，是用农民伯伯阿姨们辛勤种出的大米做成的，我们要读好今天学的童谣《大家来唱作田歌》，感谢农民伯伯阿姨们的辛勤付出！

• 主体板书设计

大家来唱作田歌

出金宝——勤

唔相同 <

长猫毛——惰

• 教学后记

本课主要是要让学生学会用潮汕方言有感情地诵读童谣，体会农民作田的艰辛，懂得勤劳耕种才有好收成。由于“种田”离学生的生活实际较远，本课教学有一定的难度。为了让学生更好地理解童谣，我制作了微课视频《出金宝》进行释疑，使学生一下子就理解了为什么田地会“出金宝”和“长猫毛”；借助视频播放农民种植水稻的过程，接着让学生通过摆放毽子模仿插秧的场景体验，让学生亲身体验农民插秧的辛苦，这样能更好地突出学习重点，又能攻破学习难点，收到一举两得的教学效果。在童谣的朗读形式上，我先让学生学读质疑，再通过师生接读、师生齐读，引导他们读好童谣，最后让学生分小组用自己喜欢的形式朗读童谣，并熟读成诵，充分感受童谣所蕴含的文化内涵和人文情怀，较好地完成了教学任务。

• 名师有话

记得乡土、记得乡音、记得父老乡亲
——评刘丽莉《大家来唱作田歌》一课

潮州市绵德小学　蔡小青①

《大家来唱作田歌》主要是要让学生体会农民作田的艰辛，懂得勤劳耕种才有好收成。如何让这短短的几句童谣所包含的乡土文化的种子在学生心中生根发芽，刘丽莉老师进行了大胆尝试，使《读本》课堂焕发出生命的活力，充满创造的精彩。

1. 创设师生相互尊重、相互赏识的氛围

在课堂教学中，刘丽莉老师注重营造一种民主和谐、平等愉快的学习气氛，使学生真正成为学习的主人，“师生双方在课堂上自由地呼吸、快乐地活动”。在轻松愉悦的氛围中，学生学习热情高涨，课堂上畅所欲言，不断地激发出创造性思维的火花，彰显了学生的个性特点和灵气。课堂上，师生一起吟诵童谣，一起学习童谣，在读、听、看中感受童谣，理解童谣，探索童谣，共同收获知识，收获学习和工作上的快乐。

2. 自主学习、实践体验，彰显活动性，使课堂更生活

课前刘丽莉老师积极做好各种准备工作，引导学生走出校园，融入生活，让学生学会课前多方位、多渠道自主寻找资料，了解种田的过程，思考如何采用多种形式进行吟诵童谣。在搜一搜、问一问、走一走、看一看、做一做等活动中体验课外学习的乐趣，充分展示学习的创造性与主动性，最大限度激发学生的创造力和表现力。

在教学活动中，刘丽莉老师一切从学生实际出发，根据学生的年龄特点、认知水平建构特色课堂，提高学生学习的兴趣及参与课堂的积极性，从而更加

---

① 蔡小青，潮州市绵德小学校长，小学语文高级教师，广东省南粤优秀教师、省优秀阅读校长、省骨干校长、潮州市十佳优秀校长、市名校长、优秀教师、优秀教育工作者。荣获教育部“十五”规划课题“创新能力的培养”子课题优秀主持人、结题成果奖二等奖，广东省优秀教育科研成果奖二等奖，广东省教育科学“十五”重点课题阶段成果奖二等奖，广东省侨资学校办学优秀成果奖吴汉良奖，潮州市第二、第四届教育教学优秀成果奖二等奖等。

主动地参与到整个学习活动中来，争当学习的主角。整个课堂呈现出一派勃勃生机，充满了活力和创造性。

由于“种田”离城市学生的生活实际较远，本课教学有一定的难度。为了让学生更好地理解童谣，刘老师制作了微课视频，化难为简，很好地突出了重点，也突破了难点。使学生一下子就理解了为什么田地会“出金宝”和“长猫毛”，同时也了解到潮汕平原地少人多，农民精耕细作，把土地视为生命，“种田如绣花”的特点。为学生创设“摆放毽子模仿插秧”的体验活动，让学生身临其境，体验农民种田的辛苦。通过体验，学生们切身体会到“要整整齐齐地插上那么多秧苗”“整天赤着脚站立在冰冷的水田里”，是多么的辛苦、多么劳累啊。一位学生还当场联系学过的故事《悯农》：“锄禾日当午，汗滴禾下土，谁知盘中餐，粒粒皆辛苦。”畅谈体会，新老知识一下子融会贯通，学生不断地品尝到收获的欣喜。

课堂最后设置的“分享米制品”拓展活动环节更是把课堂气氛推向了高潮。学生们一边品尝自己喜欢的米制品，一边交流品尝潮州美食的美好感受，在轻松愉快中完成了本节课的学习。

3. 注重朗读训练，突出语文味

本节课在教学中既有经典文本阅读，又有活动体验、拓展延伸三大环节，既彰显活动性，又突出语文味，使潮州文化的精髓“随风潜入夜，润物细无声”。

刘丽莉老师发挥其省级普通话测试员和正宗的潮州府城人纯正的方言口音和朗读优势，重视范读引领。因为对于低年级的孩子来说，老师的范读是指导其有感情朗读的最好、最直接的办法。其次她注重培养孩子对童谣“出金宝”“长猫毛”等关键词语的敏感性，也就是培养孩子对词语的感情色彩的感悟能力。在朗读时，刘丽莉老师能给予学生适当的点评，充分肯定朗读成效，或指出朗读过程中不当的地方，引导学生找出正确的朗读方法。使学生能正确、流利、有感情地朗读童谣，从朗读中发现潮语之美、童谣之美、人性之美、家乡之美。同时注重引领学生运用不同的朗读形式进行朗读，训练学生的语感和朗读能力。同时又给足了学生上台展示自我的机会，学生们自主选择朗读形式，如应答读、回声读、快板伴奏读、接力读、响板读等，形式多样，生动活泼，充满童真童趣。其中第四小组的自编自导自演的应答读：“1 3 5，1 3 5，大家来唱作田歌（唱做呢）；作田歌唱作田人，作田有人唔相同（哦 障生）。有人田地出金宝（哇 过好），有人田地长猫毛（吓哩孬）；有人亩田早冬收八百

（一回障历），有人一亩只收四百多（吓哩做下无）。”出乎意外博得满堂喝彩，使我们收获到意外的惊喜。学生在熟读成诵的同时，也充分感受到了童谣所蕴含的人文情怀。

这节课教师给学生提供了自主探索、个性化思考的时间和空间。通过学习，学生有效地“记得乡土、记得乡音、记得父老乡亲”。这是我们教师教学的使命，也是《潮汕文化读本》进校园、进课堂的目的所在。

《南风去了东风来》教学设计①

南风去了东风来，东风来了笑面开。
掠鱼都是东风力，鱼虾满载伊送来。

教学媒体资源下载

<table>
<tr><td>教材</td><td colspan="3">《潮汕文化读本（一、二年级）》</td></tr>
<tr><td>课时</td><td>1 课时</td><td>媒体资源</td><td>1. 课件 PPT；
2. 微课：《为什么东风来了可以掠鱼》《潮汕童谣朗读方式之“应答读”》；
3. 视频资源：《捕鱼》</td></tr>
<tr><td>教学内容分析</td><td colspan="3">《南风去了东风来》是地方课程教材《潮汕文化读本（一、二年级）》的第 13 课。虽然我们潮汕人对海鲜并不陌生，但对于刚刚适应小学校园生活，没有生活在海边的孩子来说，童谣里所讲述的捕鱼生活，虽然新鲜有趣，却又显得有些陌生。这首歌谣中有几个词汇比较抽象，理解难度较大，如：为什么“东风来了”就好“掠鱼”了？这涉及生物、地理、气候等问题，所以老师要讲解什么是“休渔期”“鱼汛期”“风向”“风的推力”以及说明这四者的关系。在此处，老师可适当植入卡通微课，化抽象为直观、化枯燥为生动，突破难点，再适时地渗透思想教育、环保教育</td></tr>
<tr><td>教学目标</td><td colspan="3">1. 流利、有感情地多形式朗诵歌谣，理解歌谣的意思；认识部分海产品，了解潮汕渔民捕鱼的气候常识及吃鱼的时令。
2. 通过学习歌谣，感受潮汕歌谣的趣味性，体会渔民捕鱼的艰辛和潮汕人民的心灵手巧，懂得要顺应自然规律，保护海洋的道理</td></tr>
<tr><td>教学重点</td><td colspan="3">诵读歌谣，了解歌谣及歌谣所表现的潮汕渔民捕鱼的常识及吃鱼时令</td></tr>
<tr><td>教学难点</td><td colspan="3">体会渔民捕鱼的艰辛和潮汕人民的心灵手巧，感受潮汕歌谣的魅力</td></tr>
<tr><td>教学方法</td><td colspan="3">讲授法、问答法、演示法、练习法、启发法</td></tr>
<tr><td>预习要求
课前准备</td><td colspan="3">1. 熟读歌谣；
2. 观察生活中的海鲜美食并拍成图片</td></tr>
</table>

① 本课例教学设计教师：陈燕生、陈碧华、周佳亭、王学燕；执教教师：王学燕；授课学校：潮安区庵埠镇庵埠小学；授课年级：一年级。

• 教学过程设计（课堂实录）

课前热身：歌谣串串烧。（同桌结对拍手掌朗读歌谣）

一、激趣导入，引入课题

1. 谈话导入。

师：你们认识哪些海产品呢？今天，老师带来了许多海产品的图片，看看谁认识的海产品最多。

2. 出示海产品图片，学生竞猜。猜对的，跟老师击掌。

师：同学们认识的海产品可真多！那你们知道鱼、虾、蟹等海货是从哪儿来的吗？又是谁捕捉来的呢？

生：大海、渔民。

师：对。那渔民什么时候出海？是怎样捕鱼的呢？你们想不想知道呀？这节课，老师就带你们一起来学习一首与出海捕鱼有关的潮汕歌谣——《南风去了东风来》。（师板书，教读课题）

二、质疑解难，学习歌谣

1. 读歌谣。（翻开课本第49页）

（1）全体学生初读歌谣，师正音。

师：现在我们一起边读边用手给歌谣加上节奏。

（2）全班再读，读准字音（拍手读）。

师：之前我们还学习了回声读，现在请同学们来读歌谣部分，老师来读回声部分，好吗？

（3）男女生对读（回声读）。

师：接下来，请男生读歌谣的部分，女生读回声的部分，看看谁读得更好。

（4）个别读（快板读）。

师：好，再请另外一位同学用上我们的快板来读一次？

2. 师生交流不理解的地方。

师：同学们，读完这首歌谣，你们知道“东风”来了有什么作用吗？谁来说说。

生：掠鱼。

师：你从哪句歌谣看出来的？

生：掠鱼都是东风力。

师：对，你真棒！那你们知道为什么刮“东风”能“掠鱼”，而刮“南风”

能“掠鱼”吗？

（生试着回答）（播放微课《为什么东风来了可以掠鱼？》）

师：在潮汕地区，夏天海上刮的是“南风”，秋天海上刮的是“东风”。夏天是休渔期，禁止渔民捕鱼，让鱼儿生殖繁衍。等到秋天东风来了，正好是鱼儿们长得最肥美的时候，鱼汛期就到了。“南风去了东风来”，这句话是告诉我们，东风来了，就是捕鱼的最佳时节了。

师：东风来了，可以出海捕鱼了，渔民的心情会是怎么样呢？

生：开心！

师：从哪里看得出？

生：笑面开。

师：休息了长长一个夏天，渔民一出海，收获多不多？

生：多。

师：从哪里看得出？

生：鱼虾满载伊送来。

师：猜一猜，渔民们会捕捞到哪些海货？

（生：自由回答）

师：哇，这么多的海货，都是“伊”送来的。这个“伊”指的是谁呀？

生：东风。

师：对啊，东风为渔民们送来了鱼、虾、蟹等海货。现在让我们一起去海边看看渔民们捕鱼的情景吧。

3. 播放“捕鱼”及“满载而归”的视频/图片。

4. 小结。

师：看到渔民捕到这么多的鱼，可以自己食用，可以送给亲朋好友，还可以拿到市场卖个好价钱，他们开心，我们也为他们感到开心。

5. 教授新的朗读方式——应答读。

师：同学们，现在你们知道这首歌谣在讲什么了吗？

生：知道。

师：那老师来考考你们了。

（出示课件）

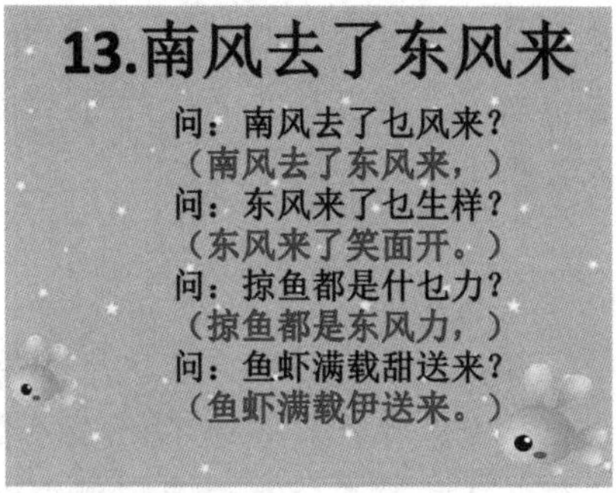

师：南风去了乜风来（注：什么风来）？

生：南风去了东风来。

师：东风来了乜生样（注：什么样）？

生：东风来了笑面开。

师：掠鱼都是什乜力（注：什么力）？

生：掠鱼都是东风力。

师：鱼虾满载甜（注：谁）送来？

生：鱼虾满载伊送来。

师：再来一次，行吗？（再提问一次，加深学生印象）

师：同学们，刚刚老师问一句，你们就答一句，像这样的一问一答，就是我们今天学习的另一种新的朗读方式，叫作应答读。

师：现在你们试着来提问，老师来回答？行吗？

师：这样一问一答的朗读方式，你们觉得有趣吗？想不想再读一遍？接下来你们尝试与同桌相互合作，采用一问一答式诵读歌谣吧。

6. 学生自由选择喜欢的朗读形式朗读童谣，然后上台展示。（面对着黑板，看着 PPT 读）

三、了解民俗，深化学习

1. 学习《海鱼谣》。

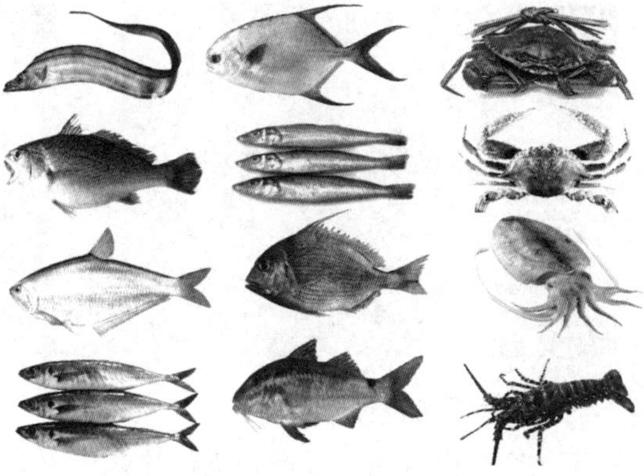

师：同学们，我们潮汕地区四季温暖，有许多优良的港湾，盛产各种海鲜。所以啊，我们潮汕人对于什么时令吃什么鱼也是很讲究的。他们是怎么讲究的呢？请打开课本 50 页，我们一起来学习这首《海鱼谣》。

师：你们看，这里面有哪些鱼是你认识的？

（出示课件）

2. 结合《海鱼谣》的内容进行介绍。

师：说说这首《海鱼谣》讲的是什么？为什么吃鱼要吃当令的鱼呢？结合课本第 50 页中的插图，自由朗读，再观察各种鱼的外形特点，跟小组里的同学交流。

（出示课件）

3. 小组游戏：小猫钓鱼。

师：同学们，我们来玩个小游戏吧。大家把代表各个不同月份的小猫及其相对应时令的鱼儿用线连起来。

（出示课件）

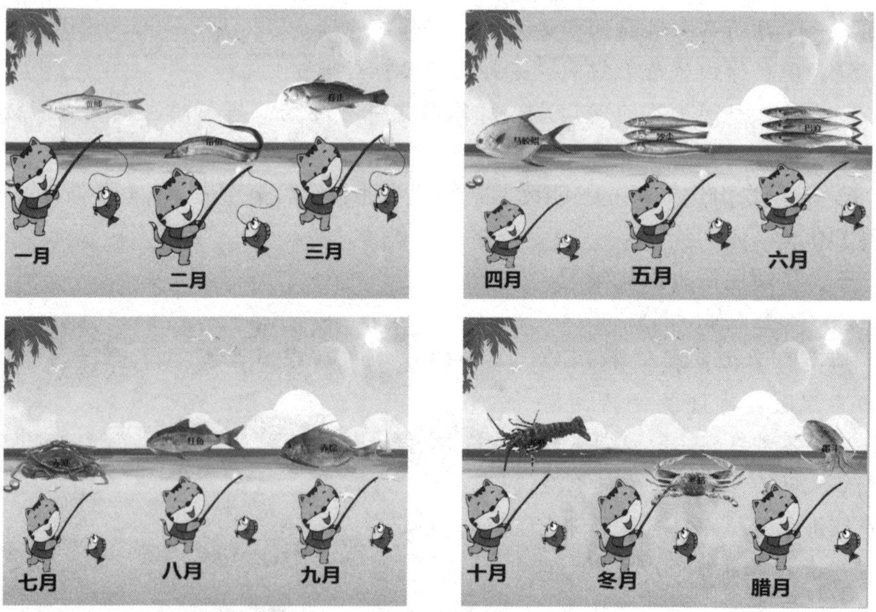

4. 再读《海鱼谣》。

师：这个小游戏，让我们更好地认识《海鱼谣》中的时令海鲜。让我们再把《海鱼谣》朗读一遍，进一步加深印象。

四、迁移应用，回归生活

1．“海鲜美食一条街”活动。

师：这首《海鱼谣》让我们知道了什么时令吃什么鱼最好，现在渔民们趁着东风为我们送来了各种新鲜的海产品，这时，你最想用这些海鲜做成什么美味佳肴？

生：好吃的。

师：对，大家都想解解馋。于是，心灵手巧的潮汕人会把各种各样的海产品加工成色、香、味俱全的特色小吃。课前，老师布置大家到海鲜市场观察、拍照，了解海产品的价格等，并用纸盘制作成海鲜小吃，大家带来了吗？

生：带来了。

师：全班举起海鲜盘子。现在，我们就在班里举行“海鲜美食一条街”的活动。

2．角色扮演。

同学们分角色扮演老板和顾客模仿买卖场景，还可将听课老师当成顾客拉生意，介绍自己带来的海鲜特色美食。

师：请孩子们拿着自制的“纸盘海鲜小吃”，小组里的同学请自由组合，一位同学当摊档老板，另一位当顾客。老板为顾客推荐海鲜小吃，顾客可自由提问（包括问名称、价钱、制作方法、如何食用等），提问时要注意使用礼貌用语。现在，请一位同学扮演老板，老师当顾客，给同学们表演一下，行吗？老板试着向我介绍带来的小吃，看看能不能成功说服我购买你带来的小吃。（作品放在投影仪下面投在屏幕上）

例：

生（老板）：你好！请问要买什么？

师（顾客）：老板，这海鲜叫什么？

生（老板）：这叫“鱼饭”，很鲜，很甜哩！

师（顾客）：“鱼饭”？怎么只有鱼，没有饭？

生（老板）：哎，这你就不懂了吧，因为这是我们潮汕人的特色小吃。我们这里啊，这种鱼多到可以当饭吃，所以叫作“鱼饭”。我们把鱼捕捞上来后，就用盐水直接煮熟和晾干。新鲜甜美，买回家就立马可以吃，不用再加工的，食用方便又快捷。

生（老板）：这叫“巴浪鱼”，买一篓回去吃吃看啊，保证你吃了还来买。

师（顾客）：那好，来一篓。

生（老板）：好嘞！

师（顾客）：多少钱呢？

生（老板）：一篓15元，你这顾客头回来，算你12元就好，觉得好吃就再来买哈！

师（顾客）：好，谢谢老板！

生（老板）：免客气，慢走！……

师：看来，同学们课前一定是对海鲜市场做了一番详细的调查，所以对海产品小吃的名称、价格、制作过程都有了详细的了解，还有很多同学扮演起海鲜店老板真的是有模有样的，真厉害，看样子将来肯定都是做生意的行家！

五、畅谈收获，再诵童谣

1. 畅谈歌谣，再读歌谣。

师：同学们，通过今天的学习，你们学到了什么呢？

生1：我学会了《南风去了东风来》这首童谣。

生2：我认识了很多海货。

生3：我认识了很多潮汕海鲜家常菜……

师：看来同学们今天收获可不少呢！感谢东风为我们带来了这么多的海产品，让我们既可以大饱口福，又能增长见识。最后，就让我们带着愉悦、感激之情，再一次把这首童谣读一读吧！

2. 升华主题。

师：同学们读得真好！今天学了这首歌谣之后，我们要记住，要顺应自然规律，保护海洋，不能过度捕捉鱼类，只有这样，大海才能给我们提供更多味道鲜美的海产品哦。

3. 布置作业：将今天学到的这首童谣读给父母听，或教给你的小伙伴们。

• 主体板书设计

南风去了东风来

东风来　　笑面开　　东风力　　鱼虾满载

• 教学后记

《南风去了东风来》是一首关于“讨海捕鱼”的童谣。虽然海鲜产品对于我们潮汕人来说并不陌生，但对于不是生活在海边，缺少生活经验的一年级孩子来说，难度确实有点大。首先，在教学过程中，我通过图片和微视频导入，化抽象为直观，用生动形象的导入方式激起孩子们的学习兴趣。其次，设计

"小猫钓鱼"游戏和模拟真实的海鲜美食买卖场景，让孩子们身临其境，在玩中学，学中玩。课堂上，孩子们学习兴趣浓厚，互动活跃，作为执教的老师真是倍感欣喜啊！

本课教学环节流畅，目标明确，重点突出，但还是有较多的不足：其一，引导学生有感情地朗读童谣，虽有层次，但没能很好地进行拓展巩固。学生在朗读歌谣时，情感把握不到位。其二，在教学过程中，教学语言表达不够凝练，有些累赘。在今后的教学中，我将注重课堂语言提炼，努力提升，使自己成为一个语文功底更为深厚的老师。

• 名师有话

在趣味中乘着"东风"舞动

庵埠小学 陈燕生[①] 杨扬

《南风去了东风来》是地方课程教材《潮汕文化读本》第一册中关于"讨海捕鱼"的童谣。庵埠小学王学燕老师结合一年级学生的年龄特点和教材特点，为我们展示了一节精彩的语文综合性学习课。

每个人都渴望拥有自己的舞台，旋转出自己绚烂又与众不同的人生。在小学语文教学中，综合学习活动课就是属于孩子们的舞台，它将语文学习中的各方面目标相融合，跨学科、跨领域，以活动为主的教学形式，为孩子们搭建了一个多彩的旋转舞台。对于刚接触学习、正处于校园生活适应期，又在不断了解世界、认识自我的一年级学生来说，这个舞台是那么新鲜有趣。王老师懂得，要充分利用综合性学习活动，给予学生书本以外的收获，不只单纯依赖于课堂 40 分钟，还要把学习的内容延伸到课前、拓展到课后，给学生创造更多的学习机会和发展空间。

社会是课堂，生活是课本。课前王老师布置学生扫教材中的二维码，和父

① 陈燕生，凤岐小学校长，潮州市名辅导员工作室主持人，小学语文高级教师，担任《潮汕文化读本（五、六年级）》副主编。在教育教学、学校管理中荣获各种业绩奖励、荣誉称号 70 多项，先后被评为全国优秀辅导员、省优秀辅导员、省岗位学雷锋标兵、市"名班主任"、市"名校长"、教育部"中小学班主任"骨干教师、省语文骨干教师。

母长辈一起学读童谣，并通过各种途径收集资料，进行梳理。就这样，让生活与语文连在一起。

课堂上王老师能进行有效调控，先通过竞猜激趣，再以读促学，借助现代化教学手段释疑解惑，掌握童谣；之后又利用游戏拓展，深入学习。总之，王老师这节课既注重学生在学习过程中习得新知，获得乐趣，得到感受和体验；又充分展示了语文的开放性、主体性、合作性、实践性的特点，给我们留下了深刻印象。主要体现在：

1. **以读促学，声情并茂**

朗读是掌握童谣的最基本方法。本节课老师能引导学生从“读正确、读通顺到读懂、读流利，再读出感受，读出味道”这样的循序渐进过程，采用多形式的朗读，让孩子们自主、轻松、愉快地去感受潮汕童谣的独特魅力，这是本节课的一大亮点。其中有拍手读、快板伴奏读、回声读、应答读……学生自主选择喜欢的方式朗读，课堂生动活泼，“潮”味十足，充满欢快的气氛。尤其是快板读和应答读，韵律优美，孩子们声情并茂、全情投入、其乐融融。

2. **植入微课，化难为易**

这首歌谣中有一些句子比较抽象，对于一年级的孩子来说难度较大，如：为什么“东风来了”好“掠鱼”？这涉及生物、地理、气候等问题。如果老师仅仅照本宣科地讲解什么是“休渔期”“鱼汛期”“风向”“风的推力”，然后再语重心长地说明这四者的关系，那么学生的认知和接受只会是表面的、暂时的。在此处，王老师巧妙地植入卡通微课，化抽象为直观、化枯燥为生动，用“童心”呼唤灵感，轻而易举地突破了难点，还适时地渗透思想教育、环保教育。

3. **游戏拓展，新鲜有趣**

本课的“文化百科”知识点是吃鱼的最佳时令和“讨海捕鱼”的相关知识。老师先利用PPT展示各个时令的海鲜图片，刺激学生的视觉，再引读体会《海鱼谣》中形象生动的语言艺术，不知不觉中学生已会朗读，有些还能背下来。这时老师趁热打铁，设计游戏《小猫钓鱼》。老师制作游戏课件，让学生把代表不同月份的小猫与相对应的海鲜在大屏幕上连起来。连对了，相对应的小猫会高兴得手舞足蹈，并将“海鲜”收入囊中；连错了，小猫则耷拉着脑袋，发出“叹气”的声音，而“海鲜”则在原位不动。就这样，学生在玩中学，在学中乐，可嗨了。

4. **迁移应用，回归生活**

通过前面两首童谣的学习，已让学生知道了什么时候海鲜最鲜美，老师又从孩子们的生活实际出发，问：当渔民趁着东风为我们送来各种新鲜海产品，你们最想用这些海鲜做成什么美味佳肴？一石激起千层浪，唤起了学生的味觉兴趣。于是老师让孩子把在课前准备的各种海鲜美食拍成照片，粘贴在盘子上，举行“海鲜美食一条街”活动。在“海鲜美食一条街”的活动中，孩子们带来事先制作好的美食图片，分别扮演老板和顾客互相推介、买卖海鲜小吃。此环节锻炼了孩子们的动手能力及口语交际能力，增加了实践体验，趣味盎然，将课堂气氛推向了高潮。

在最后的总结环节，老师适时地对学生进行了环保教育：要顺应自然规律，保护海洋资源，不能因“好吃”而过度捕捞，造成生态灾难。思想教育及时到位。

这节课，老师俨然成了观众，意想不到的是：课，并没有因下课铃响而结束，从学生唱的歌谣、玩的游戏，可以感受到他们的热情之高、兴致之浓。孩子们热爱乡土文化之情也便油然而生了！

教学媒体资源下载

《细细生理好安家》教学设计[1]

一撮豆团圆又圆，挨做豆干变做钱；人人呾阮生理小，生理细细好赚钱。
一撮豆团青又青，挨做豆干来安家；人人呾阮生理小，细细生理好安家。

教材	《潮汕文化读本（一、二年级）》		
课时	1 课时	媒体资源	1. 课件 PPT； 2. 微课：《制作豆腐》《潮汕特色豆制品》《小小生意》
教学内容分析	《细细生理好安家》是《潮汕文化读本（一、二年级）》的第 14 课。在潮汕大地上，数不清的小小生意人起早摸黑谋生活，吃苦耐劳是潮汕商人的共同特点。本课在引领学生学习潮汕童谣的基础上，多方位了解潮汕人在街头巷尾经营的小生意，体会潮汕人诚信经商、吃苦耐劳的精神，激发心中的爱乡情感和自豪感		
教学目标	1. 正确流利地用潮州方言诵读歌谣，理解童谣的含义； 2. 了解潮汕小生意人在街头巷尾的经营情形，体会潮汕人诚信经商、吃苦耐劳的精神，激发心中的爱乡情感、自豪感		
教学重点	多形式有节奏、有韵律地诵读歌谣，了解潮汕小生意人在街头巷尾经营小生意的情形		
教学难点	体会潮汕人诚信经商、吃苦耐劳的精神和善于经营的智慧，激发爱乡情感和自豪感		
教学方法	游戏法、质疑法、谈话法、合作探究法		
预习要求 课前准备	1. 预习童谣，扫二维码练习朗读童谣； 2. 采访了解潮汕有什么小生意		

① 本课例教学设计 & 执教教师：吴丽聪；授课学校：潮州市实验学校；授课年级：二年级。

• 教学过程设计（课堂实录）

一、导入

师：小朋友们，我们今天这一节课，吴老师想从一个游戏来开始！看看哪位小朋友的耳朵最灵，能够听出老师播放的是什么声音，拉长你的小耳朵听仔细啦……

（出示课件）

1. 听声音，猜一猜。

（播放第一个录音）

师：谁能来说说，这是什么声音？

生：收废品。

师：真棒！

（播放第二个录音）

生：卖豆腐花。

师：你吃过豆腐花没有？好吃吗？

生：很好吃。

师：哦，所以你印象深刻，一听就听出来了，真厉害！

（播放第三个录音）

生：卖麦芽糖。

师：麦芽糖在哪里卖呀？

生：在路边卖。

2. 读题目，正音。

师：这些声音我们都很熟悉，因为这些都是在我们潮汕的大街小巷在做生意团（小生意）的声音，今天啊，我们要来学习一首童谣，也跟我们潮州的生意团有关系。来，我们一起来看看（屏幕出现题目），哪位小朋友来读读这个课题？

生：细细生理好安家。

3. 解题。

师：什么叫作“细细生理”呀？

生1：就是那些卖蜜饯之类的，那些可以自己手工制作的很小很小的东西。

师（竖起大拇指）：真棒！就是说细细生理所卖的产品都是很小，工艺很简单的。

生 2：有的不需要店面的。

师：不用店面他们怎么做生意啊？

生 2：他们有的就在路边摊开一张席子，有的就推着车沿街叫卖。

师：说得真好，细细生理不用很大的店面。

生 3：卖出东西后，收入的钱也不多。

师：哦，薄利多销呢！大家说得真好，细细生理啊，就是卖的东西不用很大，店面也不用很大，甚至可以不开店面只沿街叫卖，薄利多销，这就是所谓的“细细生理”啦。（板书：细细生理）这些细细的生理啊，好安家（板书：好安家）。吴老师还想问问大家，你们知不知道什么叫作“安家”？

生 1：就是得有个地方可以住。

生 2：住的地方还可以一层一层往上建。

师：哦，辛苦赚钱，生活就越过越好啦！

生 3：还得穿得暖，不会冻着。

生 4：还得吃得饱。

师：小朋友们，你们有没有发现在我们的教材下面有帮我们注释，大家看一看，谁能来说说，注释告诉我们什么叫作“安家”啊？

生：赚钱用于生活。

师：对呀，生活就是大家刚刚所说的吃得饱、穿得暖，还有地方可以居住！这是一种很好的学习方法，吴老师跟大家分享分享，以后啊，我们读这本教材时要是遇到不懂的地方，就可以看看下面的注释啦。来，我们一起读读这个题目……

生（齐读）：第 14 课“细细生理好安家”。

二、学习童谣

1．读童谣。

师：细细生理怎么就能够安家呢，让我们一起走进这首童谣！已经预习过了，同学们都会读了吗？

（出示课件）

生：会读！

师：真棒！那么就先在小组中读一读，读给小组中的同学听，一会我们再来展示展示。

（生以小组为单位自由读童谣）

师：哪位同学来为我们读读这首童谣，展示一下？

（一生读童谣）

师：他读得怎么样？

生（齐）：读得好！

师：掌声送给他，真好！吴老师想采访你一下，你怎么能读得这么流利啊？

生：我妈妈用手机帮我扫了书里的二维码，就能听到范读，我就学着读啦。

师：真聪明！你发现了我们这套教材每一课都有一个二维码，只要我们拿手机一扫就可以跟着范读学习读童谣了，好的学习方法跟大家分享，值得表扬！

师：这位同学读得这么准确，吴老师也想读读了，老师还想告诉大家，我们读童谣除了要把字音读准确了，还要读出节奏，注意停顿。听吴老师读一次……

（师范读）

（生鼓掌）

师：来，大家一起读一读。

（生齐读童谣）

2. 理解童谣。

师：读得越来越好了！那么，大家在预习的时候，有没有不懂、不理解的地方呢？

生1：第一行的第二个字我不懂怎么读。

师：别着急，哪位小老师懂得读这个字，来教教她？

生2：读［coh⁴］。

师：你懂得怎么读，那你知不知道什么叫作“撮”吗？

生2：一撮就是一把，课本注释有。

师：你真会学习，现学现卖，吴老师刚刚才教你们看注释学习童谣，你马上就会啦，真棒！还有什么不懂的？

生3：豆团是什么东西？

师：小朋友们帮帮他！

生4：豆团就是花生。

师：豆团就是花生吗？吴老师这里带来了一些豆团，大家看看（师展示豆团）是不是花生啊？

生（齐）：不是，是黄豆。

师：还有什么不理解的地方吗？

生5：挨做豆干变做钱的“挨”是什么意思？

师：谁知道“挨”这个动作？

生6：是不是捏一捏？

生7：书里注释说用石磨来挨。

师：你能不能做个“挨”的动作？

（生7做“挨”的动作）

师：我们一起来体验看看什么叫作挨！请全班起立，看老师的动作，这样就叫作挨（师做动作），全体同学准备，跟着老师的节奏，我快你们就快，我慢你们就慢，来，预备开始，挨啊挨，挨啊挨……

（生全体跟着老师的口令做动作体验“挨”的动作）

（出示课件）

师：这就是石磨（PPT出示石磨照片）这个石磨好重好重，有几十斤呢，快快快，加大力气挨啊挨。

（生继续做动作体验）

师：我来采访一下，谁来说说有什么感觉？

生1：我觉得好重。

师：怎么才能读出“重”的感觉？把你的感觉融进去，读这个句子。

生1：挨做豆干变做钱。

师：哎呀！你怎么把这个“挨”字读得这么重？

生1：因为石磨很重，我要很用力去挨。

师：再采访其他同学，你有什么感觉？

生2：我觉得很累。

师：好累啊，那能不能停下来休息一下啊？

生2：不行，要赚钱呢。

师：是啊，真累真辛苦，那你要怎么读这一句啊？

生2：挨做豆干变做钱。

师：你们能从她的朗读中听出她很累吗？

生（齐）：听不出。

师：其他同学有没有跟她一样觉得很累的，来读读，帮助帮助她！

生3：挨……做豆干变做钱。

师：这次好了，听得出“挨”字很无力，真的很累啊！还有其他感觉吗？

生4：我觉得腰好酸。

师：哎哟，来来来，吴老师帮你捶锤腰！你能不能把你的感受带进句子里，读读！

生4：挨做豆干变做钱。

师：哎呀，吴老师真的听出你挨得好累，腰好酸！我们全班一起来，带着你自己的感受读这个句子，齐——

（生齐读“挨做豆干变做钱”）

师：豆团是不是挨一下就立刻变成钱啊？其实啊，做豆干可不止挨这一道工序，还有很多的工序，来，我们一起来看看。

（师播放做豆腐的工序视频）

师：看了视频，你有什么想说的？

生1：做豆干真复杂，做豆干的人真辛苦！

生2：生意人真辛苦，辛苦辛苦做豆干，可是赚的钱也不多。

师：虽说赚的钱不多，可那却是他们辛苦劳作换来的成果，他们的心情会怎么样？

生2：会很开心。

师：那“变做钱”三个字你要怎么读？

生2：挨做豆干变做钱！

师：厉害！掌声送给她！

生3：这么复杂肯定要做很久的时间，很辛苦。

（板书：吃苦耐劳）

师：是啊，需要很长的时间呢，可是在长时间的辛苦后，你就可以赚到钱啦，心情怎么样？

生3：很高兴的（普通话）。

师：这位小朋友你是不是潮州人呀？

生3：是的。

师：吴老师相信你的潮州话一定比你的普通话说得更好，来，把你辛苦后的高兴劲带进童谣里，读读这句话。

生3：挨做豆干变做钱。

师：真棒！全班一起来，读——

（生齐读句子）

师：让我感受你们辛苦后赚到钱时愉悦的心情，来，再读一遍！

（生再次齐读句子）

师：还不止这样变哦，聪明的潮州人将一块豆干经过他们的巧手，变成了很多不同的豆制品，谁能来说说你知道具有潮汕特色的豆制品？

生1：凤凰炸豆干。

生2：姑苏香腐。

生3：普宁豆干。

……

（出示课件）播放微课《潮汕特色豆制品》。

师：你们看，我们潮汕人是不是很聪明？将豆干一变就变成这么多种花样，所以，当人人说我们生理小（小生意）的时候，你会觉得怎么样？

生1：我却觉得很骄傲自豪，虽然有人看不起我的小生理（小生意），但是我凭自己的辛苦劳动换来了好生活，我就很自豪了。

师：说得真好，请你读读这句话。

（出示课件）

（生读句子）

师：全班同学一起来读。

（生齐读）

师：经过我们一番努力，现在同学们能理解这首童谣了吗？

生：理解了。

师：老师相信在理解的基础上，我们一定能比刚才读得更好，来，再一起读读这首童谣。

（生齐读整首童谣）

3. 以小组为单位，用自己喜欢的方式朗读童谣。

（1）配乐打节拍读。

师：把自己的感受带进去之后再读，这首童谣就变得更不一样了！其实啊，童谣除了可以按这个节奏来读之外，还可以变节奏来读，要不要跟着吴老师来变节奏读？

生：要。

师：记住哦，要跟着我的节奏来读！仔细听，我的节奏可是随时变的哦。

（师生变节奏合作读）

师：好不好玩？

生：好好玩！

师：你看，变一下节奏，童谣就更有趣了！其实朗读童谣有很多种演绎方式，要不要再来多试试一种？

生：好呀好呀！

师：这次我们拍节奏伴读，来，跟着吴老师先练习一下打节奏，手举起来，一一二二三三四……

（生学习打节奏）

师：来，边打节奏边读童谣。

（生边打节奏边读童谣）

（2）应答读。

师：再试一种要不要？这种叫作应答读，我来问，你们来应答，试试！一撮豆团什乜样？

生：圆又圆。

师：挨做豆干可以干吗？

生：好赚钱。

师：人人说我生理怎么样？

生：小！

师：生理细细可以干吗？

生：好赚钱！

师：一撮豆团什乜样？

生：青又青。

师：挨做豆干可以干吗？

生：好安家。

（3）学潮州歌团读。

师：人人说我生理怎么样？

生：小！

师：生理细细可以干吗？

生：好安家！

师：是不是很好玩？两个人一起就可以这样对答着读呢！要不要再玩一种很有潮州特色的？

生：要！要！要！

师：我们潮州有一种歌谣叫歌团，就是平时爷爷奶奶总是随口哼的，吴老师哼给你们听听，然后看看你们能不能学着吴老师来哼。

（师随口哼童谣，生跟着老师哼）

（4）小组表演展示。

师：老师刚刚跟你们分享了三四种童谣的表现形式，来来来，以小组为单位，自己来试着玩玩！

（小组为单位选择喜欢的形式表现童谣）

师：哪一组要首先上来展示？好，这一组先来，你们要选择什么方式？

生：拍手。

（生拍手读童谣）

师：哪一组来？

生：我们要用随口哼。

（生哼童谣）

师：这一组，你们要用什么形式？

生：我们自创了一种拍大腿的节奏，创新的。

师：哎呀！那我也来学学。

（生自创节奏读）

生：我们要一起拍铰刀读。

（师生一起拍铰刀读）

师：在我们一次又一次的表演中，童谣已被读得很熟练了，现在能不能背下来啊？

生：能！

师：来，试试看。

（生背诵童谣）

三、拓展

1．请生展示课前收集到的潮汕小生理和产品展示的同学，将其他生理套如童谣，改编童谣，现场诵读。

师：小朋友们，我们潮汕除了做豆干之外，还有什么细细生理啊？

生1：卖鹅肉。

师：能不能请你为卖鹅肉的生理人代言，把卖鹅肉带进这首童谣里面，来改变一下童谣？

生1：一撮鹅团大又大。

师：鹅团还小，得养大了卤成鹅肉才好吃啊。

生1：一撮鹅团细又细。

师：下一句，豆干用挨的，鹅肉得用什么？

生1：卤做鹅肉来变钱，人人呾阮生理细，生理细细好赚钱。

师：真厉害！孩子们，你们注意到了吗？我们的童谣最后一个字有押韵，比如你看“钱”和“圆”的韵母就一样呢，这样读起来就会很顺口。吴老师帮你修改一下你的卖鹅肉童谣，一撮鹅团鲜又鲜，卤做鹅肉变做钱，人人呾阮生理细，生理细细好赚钱。还有什么生理（生意）？

生2：手捶牛肉丸。

师：你能不能同样为手捶牛肉丸代言，改变童谣？

生2：能，我试试……

师：吴老师提醒你，牛肉丸用什么做的？

生2：牛肉。

师：好，看你表现啦！

生 2：一撮牛肉鲜又鲜，捶做肉丸变做钱。人人呾阮生理细，生理细细好赚钱。

师：掌声送给她！孩子们，你们看，我们潮州就有这么多的细细生理（小生意），现在啊，就让我们跟随着视频，来走进我们潮汕的细细生理人家。

2. 播放视频，体会小生意人的不容易，以及其吃苦耐劳创造好生活的优秀品质。

（播放视频）

师：刚刚在看视频的时候，有小朋友说这个小生理我看过。说明这些啊，都是我们生活中经常看到的很接地气的生理（生意），是吧？那么，看了这段视频之后，你们有什么感受啊？

生 1：小生理人很辛苦。

生 2：他们很能吃苦。

……

3. 展示课前收集的潮汕“老字号”商铺。

师：是啊，我们潮汕人就是凭着这份吃苦耐劳的精神，生意越做越大，除了让家里人能吃得饱穿得暖之外，还将生意发展成“老字号”呢！课后啊，吴老师建议大家有兴趣的话，可以去采访一下爸爸妈妈或是爷爷奶奶，了解一下潮州一些“老字号”铺子背后的故事。还有一些聪明的潮汕人跟上了时代的脚步，做起了电商，这些也是我们潮州现在的小小生理。课后啊，我们再去了解了解他们背后的故事，吴老师相信你们一定能从中收获到很多很多！

4. 齐读童谣。

师：最后，让我们全班再来齐读这首童谣。

• 主体板书设计

吃苦耐劳

细细生理　　　　好安家

• 教学后记

接到开课任务的时候，我的脑子着实一片空白，因为对于这样的课，我之前确实没有深入探究过，后来，在林朝虹教授的组织下，有幸听了几位学校老师们的研讨课，我受益良多，也有了以下几点思考。

我要呈现一节什么样的课？

《潮汕文化读本》是推广进入课堂的一本教材，也就是说，日后它将像语文、数学、思品一样成为学生日常学习的教材，作为一节研究课，平时的可操作性，便是我思考的首要问题。我个人认为，课堂应该既解放老师也解放学生，我希望呈现出来的课堂应该是自然的、不事先做过多准备和铺垫的，我希望课堂的精彩不是来自于节目和很多的道具，而是学生最自然、最原生态的课堂生成。所以，在设计这节课的时候，我大胆地放手给学生，让学生成为课堂的主体，在老师的引导下，主动质疑，合作释疑，去理解童谣，进而有了自己的感受，再将感受带入童谣，反复诵读，并在诵读中去拓展延伸。整节课，我把学生作为课堂动态生成的资源，尊重学生的个体生命体验，通过构建多向互动、动态生成的课堂，激发学生的学习主动性。

我要将教学重点放在哪里？

《潮汕文化读本》进入课堂，其定位是语文综合性活动课，那么，在课堂上，如何上出“语文味”，我的教学重点应该放在哪里？是一个又一个精彩的节目，还是许多趣味性的游戏活动？我一直在思索这个问题。最后，我还是将立足本文、解读文本作为我教学的重点，没有文本的品读与感悟，就没有文本情感的生成，于是，课堂上我不断地引导学生与文本对话，抓住“挨”这个动作，去体会小生意人做豆腐的辛苦，以此作为铺垫之后，再去感受小生意人赚到钱的喜悦，和小小生意能安家的骄傲，乃至最后的作为一个潮汕人的自豪感，便是水到渠成。

这是我在备这节课时的两点不成熟的想法，后来的上课证明了我这两点思考是对的，而且教学效果甚好。

• 名师有话

创新课堂模式　生成精彩课堂

潮州市实验学校　许曼莹[①]

潮汕童谣是潮汕民众在长期劳动和生活中用潮州方言创作出来的口头文学，天然质朴，朗朗上口，通常以口头形式流传。要把原本老传少，口相传的童谣

① 许曼莹，广东省名教师工作室主持人、潮州市教育系统名教师、广东省南粤优秀教师、广东省小语会先进工作者、全国特色教育优秀教师。多次在省、市各项教学现场赛中获奖；主持、参与6个教育教学课题均结题并获奖；多篇教育教学论文、教学设计获得市、省、全国性奖励或发表于各级刊物上。

搬进课堂，该以怎样的课堂模式去呈现？我们尝试着打造一节本色的、原生态的潮汕童谣课，通过课堂，带领孩子们体验学童谣的乐趣。用好教材，培养孩子朗读童谣的能力，并激发孩子创编童谣的兴趣。基于这样的初衷，经过反复修改，吴老师的课以读为本，引导孩子们与文本对话，让孩子们在不知不觉中学会朗读歌谣、理解歌谣、创编歌谣，感受潮州劳动人民吃苦耐劳的精神，课堂精彩生成不断，闪烁着原生态之美。

1. 读顺，在读中培养学童谣的能力

童谣是写给儿童的诗，教学童谣，读是首要任务，《细细生理好安家》虽然简短，但对于习惯了普通话课堂的孩子们来说，要读流利也并不容易。吴老师能充分用好教材，课前引导孩子通过扫二维码先自学童谣，给学童谣赋予了神奇的色彩，“手机一扫，滴的一声，你就可以跟着录音读童谣啦”。课堂上，吴老师不忘大力表扬孩子，扫二维码学读童谣真是一个好方法呀，起到榜样效应。在带领学生理解意思时，吴老师引导二年级的孩子“看文下的注释，就更容易读懂意思了”这样不着痕迹的引导，以后孩子们翻到教材中的任何一首童谣，就可以扫二维码学着朗读，看看注释学着理解，大致就可以学会了。“教是为了不教”，吴老师基本做到了。

2. 读懂，在情境中品童谣之内涵

潮汕童谣反映着潮汕人民的生活实况，内容十分丰富，吴老师在引领孩子读童谣的同时更善于创设情境，让孩子在不知不觉中感悟《细细生理好安家》这首童谣中的内涵。童谣中“挨”这一动词看似简单，其实是整首童谣的词眼，吴老师将品味童谣的重点放在“挨”字，抓得准。她带着孩子们模拟“挨磨”做动作，当孩子们玩得不亦乐乎时，她出示了“石磨”的图片，告诉孩子，这个石磨有几十斤重呢，再使点劲，用力挨，一边挨一边读着童谣。这样玩着玩着、读着读着，孩子们的真实感受自然流露出来，“石磨太重了，挨磨好累啊!”“我的腰好酸啊!”老师问:“那停下来吧?”孩子说:“不行呀，要赚多点钱。”“赚钱做什么?”“赚钱来安家。”潮汕人勤劳持家的美好品质，孩子们读懂了。

课堂上，吴老师精心创设了一个个情境，让孩子们一点点地感悟：一段制作豆干的视频让孩子们体会到生意人辛苦付出赚得收益的喜悦；一段她自己配音制作的潮州街头小生意教学视频让孩子们深深地感受到潮汕人凭着吃苦耐劳的精神，敢于白手创业，用自己勤劳的双手和智慧经营小生意，创造美好生活。一首小小的童谣，让孩子们上完课后有了满满的收获。

3．读韵，在多种形式中悟童谣之韵律

潮汕童谣强调音韵节奏，注重语言的音乐性，更有潮汕话独有的韵律美。在品读童谣后，吴老师开始带着孩子们有滋有味地朗读童谣了，打节拍读、变节奏读、应答读，令人更为赞赏的是她还尝试着引导孩子们用潮州歌册的读法来吟唱童谣。虽然吴老师在潮汕歌册这方面的“修炼”还不够，吟唱得不是很好，但这时课堂已经是潮音袅袅了，孩子们吟唱、诵读的热情高涨，气氛活跃，我想，这就够了。以后，当孩子们拿到另外一首童谣时，或许他们就会用上课堂上学来的几句潮汕歌册来吟唱了，就会学着课堂那样变着节奏读童谣了。

4．创编，在创作中感童谣之乐趣

更让听课者赞叹的是，吴老师大胆地带着二年级的孩子创编起潮汕童谣来，“我们潮汕除了做豆干之外，还有什么细细生理啊?”这本是一个简单的问题，她却大胆地鼓励孩子们模仿着创编童谣。妙就妙在她用一句“能不能请你为卖鹅肉的生理人代言，把卖鹅肉带进这首童谣里面，来改变一下童谣?”使编童谣这件大事显得容易多了。孩子们立马跃跃欲试。于是，课堂上生成了一个个精彩，“一撮鹅团鲜又鲜，卤做鹅肉变做钱，人人呾阮生理细，生理细细好赚钱”，“一撮牛肉鲜又鲜，捶做肉丸变做钱。人人呾阮生理细，生理细细好赚钱”。孩子们在创作中兴趣盎然。

《拍啊拍铰刀》教学设计①

教学媒体资源下载

拍啊拍铰刀，拍来铰绫罗；绫罗整，过深河；深河深河深，一群姿娘囝在听琴；
琴好听，阿公阿妈坐客厅；客厅通底块？通到后头花园边；
园中好花唔甘摘，留分娘囝插支辫。支辫插好去落田，保贺阿兄收大冬。

<table>
<tr><td>教材</td><td colspan="3">《潮汕文化读本（一、二年级）》</td></tr>
<tr><td>课时</td><td>1 课时</td><td>媒体
资源</td><td>1. 课件 PPT；
2. 微课：《以前潮汕孩子的游戏》；
3. 视频资源：《收大冬》《童谣朗读》等；
4. 学生作业展示</td></tr>
<tr><td>教学内容
分析</td><td colspan="3">《拍啊拍铰刀》是《潮汕文化读本（一、二年级）》的第 15 课。这首童谣向我们展示了家庭观念浓厚的潮汕人家其乐融融的生活。一家人互敬互爱，老人和未出嫁的姑娘怡然自得，阿哥阿嫂虽然辛苦，但夫妻间互相关心、恩恩爱爱，生活甜蜜幸福。这首童谣潮味浓浓，内涵丰富，值得传颂，让潮汕孩子更好地理解脚下这方土地，感受风情浓郁的潮汕生活</td></tr>
<tr><td>教学目标</td><td colspan="3">1. 能用潮汕方言有感情地诵读童谣，感受方言童谣的独特之美。
2. 通过诵读和游戏，理解童谣的意思，感受潮汕人家生活的其乐融融</td></tr>
<tr><td>教学重点</td><td colspan="3">能够用潮汕方言正确、流利、有感情地诵读童谣</td></tr>
<tr><td>教学难点</td><td colspan="3">理解童谣的意思，感受潮汕人家其乐融融的生活</td></tr>
<tr><td>教学方法</td><td colspan="3">谈论法、启发法、直观演示法、小组讨论法</td></tr>
<tr><td>预习要求
课前准备</td><td colspan="3">1. 练习读童谣。
2. 结合注释理解童谣。
3. 把自己的家庭生活拍成相片或视频</td></tr>
</table>

① 本课例教学设计教师：洪胜男、吴丽敏；执教教师；洪胜男；授课学校：潮州市潮安区浮洋镇六联小学；授课年级：二年级。

• 教学过程设计（课堂实录）

课前热身：诵读童谣。

一、谈话引入，直接揭题

师：这段时间同学们学了很多童谣，都读得很好，这节课我们要来学习一首新的童谣。

（板书课题：拍啊拍铰刀）

师：请同学们跟我读课题。

（带读课题）

师：这首童谣在讲什么？我们先来看一段视频。

（播放视频：视频展示祖孙三人读童谣的情景）

（师生观看视频）

二、完整欣赏，感受童谣

1. 初步感受童谣。

（出示歌谣）

师：这首童谣真有趣，老师小时候就是在玩读童谣中度过的，我来念给你们听。

2. 师范读，带读。

（师范读童谣）。

师：我先带大家读一遍。

（师带读）

师：现在请大家自由练习读。遇到不会读的字可以举手问老师，或者问问你周围的同学。

3. 生自由练习读。

师：觉得自己已经会读了的同学请举手。哪位同学上来读给大家听呢？

4. 生个别读，师矫正生读错的字音。

师：看来同学们都读得不错，现在请同学们跟老师一起合作读，老师读上半句，你们读下半句。

5. 师生合作读。

师：我们合作得真不错，现在同学们自己练习合作读一读。请同学们站起来，同桌两个人面对面，一起“拍铰刀”读。

6. 师示范动作，全班同学加拍铰刀动作读。

7. 理解童谣。

师：同学们读得真好！大家的童谣读得这么好，那你们知道这首童谣在讲什么吗？这首童谣里面提到了哪些人呢？

生个别回答：姿娘囝、阿公阿妈、阿兄、娘囝。

（师相机板书）

师：姿娘囝就是小姑娘，娘囝是已婚的女子。阿兄与娘囝是一对夫妻。

师：他们又在干什么呢？

生：姿娘囝和阿公阿妈在听琴。

师：阿公阿妈在哪里听琴？

生：在客厅。

师：什么样的客厅，我们来看张照片了解一下。

（出示课件）

师：潮汕民居中的客厅就是这样古色古香，客厅主要用于会客和祭拜祖先。大家有没有看过什么有特色的客厅吗？有的话请把它画下来下节童谣课我们再来展示交流。

师：阿公阿妈坐在古色古香的客厅里听琴，阿兄、娘囝又在干什么呢？

生个别回答：阿兄给娘囝插支辫，然后去落田。

师：用什么给娘囝插辫？

生：花。

（板书：插花、落田）

师：娘囝在干什么？

生：保贺阿兄收大冬。

（板书：保贺）

师：收大冬就是晚稻丰收，我们来看段视频了解一下收大冬的场面。

（播放视频《收大冬》）

（视频展示的是农民收割稻谷、给稻谷脱粒、晒稻谷的场面）

（师生观看视频）

师：你觉得潮汕人家这样的生活怎么样？

生：我觉得潮汕人家的生活既辛苦又快乐。

师：你的体会真独特，为什么辛苦还会快乐呢？

生：因为阿兄和娘囝互相关心、恩恩爱爱所以快乐。

师：说得真好。姿娘囝和阿公阿妈过着自在舒适的生活，阿兄和娘囝虽然较辛苦，但他们恩恩爱爱、甜甜蜜蜜，过得也很幸福。所以潮汕人家的生活是其乐融融的。

（板书：其乐融融）

三、多样诵读，识记童谣

师：现在我们理解了这首童谣，能看板书把童谣背下来吗？

1. 生根据板书齐背童谣。

2. 小组多种形式表演读。

师：看来大家都会背童谣了。那我们分小组来诵读表演吧。在之前的童谣课上，我们用过哪些形式进行诵读表演。

生：回声读、表演读、拍手读、伴奏读。

师：小组长汇报一下你们小组要采用何种形式。

第一小组组长：我们小组准备要拍手读。

第二小组组长：我们小组准备要回声读。

第三小组组长：我们小组准备要表演读。

第四小组组长：我们小组准备要伴奏读。

（生各小组准备表演）

（第一小组表演拍手读）

师：第一小组的同学读得真好听。

（第二小组表演回声读）

师：第二小组的表演真有意思。

（第三小组加动作表演读）

师：第三小组的动作加得又恰当又优美。

（第四小组用筷子敲碟伴奏读）

师：第四小组加上伴奏真有趣。

师：四个小组用四种不同的形式表演读，都诵读得非常好，都要表扬。

四、感受文化，快乐游戏

1. 学生说说自己的家庭故事。

师：我们潮汕人家的生活其乐融融，是因为我们潮汕人家庭观念浓厚，家庭和睦，你们的家庭生活又是怎样的呢？

师：班里两位同学把自己的家庭生活拍成照片，要来跟大家分享自己的家庭故事。有请奕洵同学。

生：我每天吃完晚饭就会和爸爸一起去喂龟，自从去年叔叔给了我一只龟之后，喂龟就成了我每天的任务。喂完乌龟，我有时会跟妈妈一起看书，有时会和妈妈一起下围棋。

师：奕洵同学每天在爸爸妈妈的陪伴下喂龟、看书、下棋，家庭生活既充实又温馨。思熠同学又给我们带来什么样的家庭故事呢？有请思熠同学。

生：过年的时候爸爸妈妈烧了一桌好菜和奶奶一起吃。爸爸先舀了一碗甜汤给奶奶喝。爸爸说："喝了这碗甜汤，一整年就会甜甜、兴兴。"我也学着爸爸的样子夹了两块鹅肉到奶奶的碗里。

师：思熠的爸爸为思熠做了很好的示范，思熠小小年纪就懂得孝敬长辈，我们一起给他点个大大的赞。

（师生共点赞）

2. 玩转快乐游戏。

师：和睦的家庭，幸福的童年，潮汕孩子的游戏往往取材简单，却乐趣无穷。潮汕孩子有哪些有趣的小游戏呢？我们一起来看照片。

（出示课件）

师：这些游戏有趣吗？大家想不想体验？

生（齐）：想。

师：今天老师邀请了四位同学的家长来教大家一起玩游戏，请大家用热烈的掌声欢迎她们上台。我介绍一下，这位是梓祺的妈妈，这位是淦筌的妈妈，这位是柳仪的妈妈，这位是思熠的妈妈。让我先采访一下四位妈妈，你们要教大家玩什么游戏呢？

梓祺妈：我要教大家玩"卜卦"。

柳仪妈：我要教大家扳“糕果”。

淦筌妈：我要教大家玩竹签儿。

思熠妈：我要教大家耍石子儿。

师：现在请四位孩子把自己的妈妈领到自己所在的小组玩游戏。

（四位学生把自己的妈妈领到自己的组里，妈妈们教同学们玩游戏）

扳“糕果”

扣土窑

师：妈妈们带来的游戏虽然取材简单，但非常有趣，既动手又动脑，是很有益的小游戏。希望同学们回去以后可以多和自己的爸爸妈妈一起玩。

五、总结朗诵，再现童谣

师：今天我们学了一首非常有趣的童谣《拍啊拍铰刀》，现在请同学们再一齐边“拍铰刀”边诵读。

（生全体起立边“拍铰刀”边诵读童谣）

师：同学们读得真好。看来这首童谣大家掌握得不错。今天我们学会了《拍啊拍铰刀》这首童谣，体会到了我们潮汕人家生活的其乐融融，了解了潮汕民居中的客厅和“收大冬”的场面，还学会了几个很有意思的小游戏，收获真多呀！希望同学们回去以后把今天学到的童谣读给爸爸妈妈听，并且画一画自己看过的有特色的客厅，下节童谣课我们再一起来展示交流。

• 主体板书设计

拍啊拍铰刀

姿娘团 }
阿公阿妈 } 听琴

阿兄　插花、落田

娘团　保贺

} 其乐融融

• 教学后记

这节课基本上能够按照教学预设，一环扣一环，紧凑地有条不紊地进行。学生兴趣盎然地投入学习，在多种不同形式的朗读中，学会诵读这首童谣，理解童谣的意思，并从中感受到潮汕人日常生活的其乐融融，顺利完成了预期的教学目标。课堂上，多媒体课件的展示，能更形象直观地帮助孩子们认识潮汕传统民居中的客厅、理解“收大冬”等知识难点。在亲子游戏环节中，妈妈们带来了接地气的小游戏，每个孩子都忘情地玩了起来，整个课堂也呈现出一片其乐融融的景象，同时也将教学活动推向了高潮。

虽然这节课达到了较好的教学效果，但也有不尽如人意之处。上公开课时，可能因为过于紧张，所以过多地考虑教学预设，在学生的学习反馈方面有所疏忽。在备课过程中，我发现对这首童谣虽然很熟悉，但对童谣的内容却一知半解。可见，作为一名土生土长的潮汕人，我对潮文化还是知之甚少的。身为一名教师，我有必要深入学习潮汕本土文化，自觉做好地方文化的传承工作。这也将是我今后努力的方向。

• 名师有话

潮味浓浓，其乐融融

潮安区浮洋镇六联小学　薛淑銮[①]

听了洪胜男老师的语文综合性学习课——潮汕方言童谣《拍啊拍铰刀》，那浓浓的潮味，让我油然而生一股亲切感。随着孩子们那富有节奏感的朗诵，我仿佛又回到了童年，回到了那天真无邪的年代。整节课，我跟孩子们一起读着，一起乐着……

洪老师非常了解学生的情况，学生课前预习比较充分，整节课有条不紊，

① 薛淑銮，小学高级教师。1983 年参加工作，市“十佳”优秀班主任、“南粤教书育人优秀教师”、“全国优秀教师”、“全国中小学班主任”，2014 年获“潮汕星河辉勇师表奖”，广东省特级教师。

流畅有序。洪老师这节课目标明确，条理清晰，从视频引入诵读新童谣，到利用现代媒体帮助学生理解童谣，再到最后的亲子一同游戏，充分注意了儿童的年龄特点，体现了学生的主体性，教学内容的趣味性。整节课生动活泼，教师全情投入，学生乐在其中。

以趣导课，是这节课的成功之处。本节课，洪老师充分调动学生的学习兴趣，让学生在快乐中学习，感受潮文化的丰富内涵。上课伊始，老师用事先录制的“嫲孙”同诵童谣的视频，直奔主题，简便快捷，一下子就把学生的兴趣调动起来了，可谓巧妙。洪老师还设计了小组合作的环节，学生小组讨论后，自选诵读童谣的方式，稍做准备之后，进行小组诵读展示，激发了孩子们的合作意识。学生学习的兴趣之浓，热情之高，参与面之广，令人赞赏。课堂上，有的拍手读，有的配上动作读，有的用碟子打着节奏读……形式多样，各具特色。

为了进一步让孩子领略潮汕人家其乐融融的生活，洪老师匠心独具，设计了亲子一起游戏的环节——请家长进课堂，带着孩子们一起玩潮汕地区特有的游戏：扳“糕果”、要小石子等，把课堂学习推向一个小高潮。孩子们与家长一起，兴致勃勃地玩着，沉浸在亲子同乐之中。

本节课的另一成功之处，在于选择合理而又可行的教学方法。俗话说：“教学有法，教无定法，贵在得法。”没有一种教学方法是万能的，要看教师是否善于多种教学方法的有机结合。《拍啊拍铰刀》是一首传统童谣，描述的场景与学生的生活有一定的距离，如“客厅”“落田”“收大冬”等，孩子们无法通过语言的描述想象画面。于是，洪老师借助多媒体课件，展示潮汕传统民居的“客厅”，给孩子以直观的认识；播放农民收割水稻、晒谷的过程，让孩子在熟悉的潮乐声中，在生动的画面中感受劳动的艰辛，丰收的喜悦……直观教学手段的运用，既节省了讲解的时间，又引起了学生的兴趣，提高了教学效果。

这节课改变了一味讲解、生硬体会意境的传统教法，从视频激趣、读中自悟、游戏延伸几个方面进行教学，让学生从视频画面中体验童谣的意境，在多样化朗读中感受童谣的乐趣，很符合学生的年龄特点，取得了良好的教学效果。整节课潮味浓浓，其乐融融，学生不仅学得轻松，而且学得快乐，体现了让学生“乐学”的教学新理念。

教学媒体资源下载

《保贺阿公食百岁》教学设计①

阿公欲食韭菜羹，后头韭菜还未生。保贺阿公食百岁，牵囝牵孙入书斋。
阿公欲食韭菜汤，后头韭菜还未长。保贺阿公食百岁，牵囝牵孙入祠堂。

<table>
<tr><td>教材</td><td colspan="3">《潮汕文化读本（一、二年级）》</td></tr>
<tr><td>课时</td><td>1 课时</td><td>媒体资源</td><td>1. 课件 PPT；
2. 微课：《祠堂》《为什么要吃韭菜》《童谣朗读指导》；
3. 视频资源：《长美祠堂》</td></tr>
<tr><td>教学内容分析</td><td colspan="3">《保贺阿公食百岁》是《潮汕文化读本（一、二年级）》第 16 课。这首童谣通过阿公欲食韭菜羹、韭菜汤，而韭菜还未生长好，引出孩童希望阿公活百岁的美好愿望，从而体现孝敬长辈、尊老敬老的中华传统美德</td></tr>
<tr><td>教学目标</td><td colspan="3">1. 正确、流利地用潮汕方言诵读童谣，理解童谣的含义；
2. 传承潮汕人孝敬长辈、尊老敬老的美德，学会在日常生活中对长辈说吉利话，做孝顺事</td></tr>
<tr><td>教学重点</td><td colspan="3">诵读童谣，了解童谣中蕴含的孝敬长辈、尊老敬老的思想</td></tr>
<tr><td>教学难点</td><td colspan="3">引导学生体会歌谣所蕴含的寓意</td></tr>
<tr><td>教学方法</td><td colspan="3">合作探究法、自主学习法、情景演绎法</td></tr>
<tr><td>预习要求
课前准备</td><td colspan="3">课前教师准备课件及教具</td></tr>
</table>

• 教学过程设计（课堂实录）

课前热身：用提问的方式复习学过的童谣。

一、导入童谣

师：刚才的课前读，同学们表现得都不错，这节课，我们要来学习一首新的童谣，这首童谣就是《保贺阿公食百岁》，请同学们把书翻到第 61 页。

（在学生翻开课本的同时，教师板书课题）

① 本课例教学设计教师：余曦、章漫洁、姚小燕；执教教师：姚小燕；授课学校：潮州市枫溪区长美小学；授课年级：一年级。

师：来，我们一起来齐读课题。

二、学习童谣

1. 初读童谣。

师：现在，同学们请坐好，竖起小耳朵，听老师读童谣。

（出示课件）

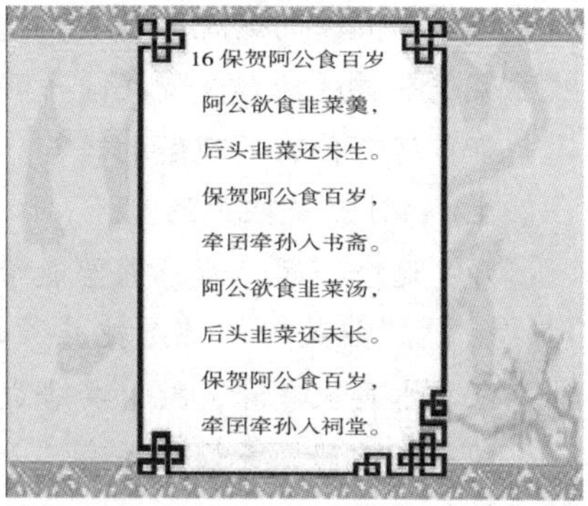

师：这首童谣真有趣。同学们看书，老师一句一句来教你们。记得，不管是听老师读还是自己读，小眼睛都要看书，小手要指字。

师：现在，咱们两句两句来跟着老师读。

（师带生读）

师：好，我们全班来一齐读童谣，记得，读的时候，眼睛要看书，小手要指字，读出节奏来。

（生齐读）

师：现在，同学们自己读读童谣，遇到不理解的地方，跟以前一样，先找童谣下面的注释，要是没有注释的话，请你记起来，待会儿举手问问其他同学或问问老师。

（生自读童谣）

2. 合作释疑。

师：同学们都非常认真地读了童谣。现在，老师要来考考你们，你们知道"书斋"是指什么吗？

生1：学校。

师：对，"书斋"就是学校，但是你的回答不完整，来，咱们重新说一次。

生1："书斋"就是学校。

师：嗯，这次的回答就完整了，你真棒！以前的"书斋"就是指我们现在的学校，那"入书斋"又是什么意思呀？

生2："入书斋"就是去学校读书。

师：对，同学们来学校读书，学知识，长本领，将来，为家乡、为国家做贡献。

师：那，除了注释中的内容之外，你还有什么不理解的地方吗？

生 3：为什么要吃韭菜？

师：哪个同学能帮助她解决这个疑问呢？

（生摇摇头）

师：既然大家都不知道，那老师来告诉你：吃韭菜能强身壮体。在我们潮汕地区，老人吃韭菜还寄寓着吃了韭菜就会活得长久的意思呢。就像我们一年级上学第一天，奶奶就会让我们吃蒜，寓意是吃后会算数，这种做法就跟老人吃韭菜是一样的，都是寄托着一种美好的祝愿。

师：还有什么不理解的吗？

生 4：什么是韭菜汤？

师：这个问题，哪位同学能帮忙解答？

生 5："韭菜汤"就是把韭菜切成段，放进煮开的水中，然后，放进调料，等锅里的水再次煮沸，就大功告成了。

师：同学们，童谣里还有"韭菜羹"，那，"韭菜羹"又是怎么做的呢？哪位同学知道？

生 6：我听过我奶奶说过，做"韭菜羹"要加入粉。

师：那你知道这个"粉"是什么吗？

生 6：这个我不知道。

（出示课件）

师：来，你先坐下，老师跟你们说，这个"粉"就是芡粉，在韭菜汤快要煮熟的时候，加入芡粉水，就变成"韭菜羹"了。同学们，你们看屏幕，这两张图片，左边这张就是"韭菜羹"，右边这张就是"韭菜汤"。

师：同学们还有什么不懂的吗？

（生不作声）

3. 了解俗语。

师：那老师有个小问题，你们知道阿公为什么要牵团牵孙入祠堂吗？

（生摇摇头）

师：同学们都不知道，没关系，让老师来告诉你们吧。祠堂，也叫作宗祠或者是家庙，我们通过一段小视频来了解一下祠堂吧。同学们看完之后，就知道"阿公为什么要牵团牵孙入祠堂"了。

（播放“祠堂”的视频）

师：孩子们，这就是我们村的长美祠堂。祠堂是祭拜祖先的场所。潮汕祠堂数量很多。“阿公牵囝牵孙入祠堂”一是教育子孙后代要孝敬长辈，二是教育子孙后代要勤奋学习。

师：刚才视频中有一句俗语“百善孝为先”，“孝”就是孝顺、孝敬的意思，这句俗语是说，所有的善事好事里面，孝顺是最重要的。孝顺在各种美德中占第一位。我们潮汕地区也有一句俗语叫“尊老有老当”。这句俗语就是说一个人只有年轻时尊敬老人，以后自己老了，才有可能成为受人尊敬的老人。

师：来，跟着老师来读这两句俗语。

（生跟读俗语）

师：同学们，你们知道这两句俗语和我们今天所学的童谣都一样要告诉我们什么呢？

生7：我知道，告诉我们要孝敬长辈。

生8：老师，我知道还要尊老敬老。

师：同学们真棒！

（板书：孝敬长辈　尊老敬老）

师：来，我们看书，再把这首童谣有感情地读一遍。

（生齐读童谣）

师：同学们，阿公想吃“韭菜羹”，他吃到了吗？

生：没有。

师：阿公为什么没吃到？

生9：因为“后头韭菜还未生”。

生10：还因为“后头韭菜还未长”。

师：是呀，阿公想吃，又吃不到，我们的心情如何？

生11：我会很不开心。

师：那你能不能用不开心的语气来读这句话呢？

（生11读）

师：我从你的朗读中听出了你的不开心，来，咱们也来读读这句童谣。

（生读）

师：正因为这样，我们更希望阿公能活百岁。我们该怎样来读这句呢？谁来试试？

（生12读、生13读）

师：对，就是要用这种祈求的语气来读。现在，就让我们有感情地齐读这首童谣吧！

（生齐读）

师：看来，很多同学都能熟读成诵了。来，老师考考你们一下。

出示课件：

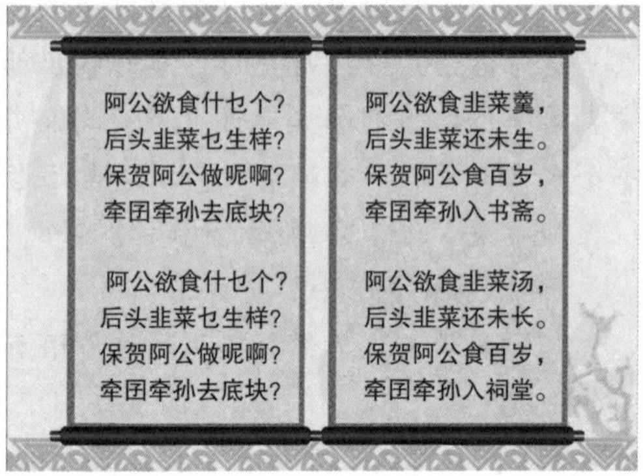

师：阿公欲食什乜个（注：爱吃什么）？

生：阿公欲食韭菜羹。

师：后头韭菜乜生样（注：韭菜长得怎么样）？

生：后头韭菜还未生。

师：保贺（注：保佑）阿公做呢啊（注：怎么样）？

生：保贺阿公食百岁。

师：牵团牵孙去底块（注：去哪里）？

生：牵团牵孙入书斋

师：阿公欲食什乜个？

生：阿公欲食韭菜汤。

师：后头韭菜乜生样？

生：后头韭菜还未长。

师：保贺阿公做呢啊？

生：保贺阿公食百岁。

师：牵团牵孙去底块？

生：牵团牵孙入祠堂。

师：来，哪个同学来做小老师？学着老师刚才那样提问。

生14：同学们，请坐好。现在，我来问，你们来答。

生：好。

生14：阿公欲食什乜个？

生：阿公欲食韭菜羹。

生14：后头韭菜乜生样？

生：后头韭菜还未生。

生14：保贺阿公做呢啊？

生：保贺阿公食百岁。

生 14：牵团牵孙去底块？

生：牵团牵孙入书斋。

生 14：阿公欲食什乜个？

生：阿公欲食韭菜汤。

生 14：后头韭菜乜生样？

生：后头韭菜还未长。

生 14：保贺阿公做呢啊？

生：保贺阿公吃百岁。

生 14：牵团牵孙去底块？

生：牵团牵孙入祠堂。

师：同学们，这位小老师表现得好不好呀？

生：好！

师：那我们用掌声表扬她。

（生鼓掌）

4．再读童谣。

师：同学们，我们刚才的这种读法就是“应答读”。

师：我们知道，诵读潮汕童谣可以采用“拍节奏读、回声读、应答读”等方式，现在，咱们分小组合作，采用你们喜欢的方式读童谣，待会上台展示给同学们看。各小组的同学先商量一下，如果需要打击乐器，就让组长来老师这里领取。

（小组合作，诵读童谣）

师：各个小组的表演都各有特色，都能把童谣诵读得非常好听。表扬！

三、师生互动

1．情境表演。

师：（出示图片）同学们，你们看屏幕，这是什么时候？

生：过年了！

师：对，过年了，一个老奶奶正在家里等着她的两个孙子来拜年，你们等一下，老师去把她变出来。

（师生情景剧表演）

师：小朋友们，你们看，老奶奶的这两个孙子，你比较喜欢谁呀？

生 15：我喜欢那个女孩子，她能对奶奶说“新年好”。

生16：我喜欢那个女孩子，她吃东西的时候能让奶奶先吃。

生17：我也喜欢那个女孩子，她懂得用双手礼貌接东西。

师：(指着一个同学）你喜欢那个男孩子吗？

生18：我不喜欢他。

师：为什么呢？

生18：他很没礼貌，没尊老敬老。

师：是呀，同学们，在日常生活中，我们就要向这个女孩子学习。学习她有礼貌，孝敬长辈、尊老敬老的精神。你们平时在生活中又是如何孝敬家中长辈的呢？谁愿意与同学分享一下。

生19：我爸爸回家的时候，我就会对他说“爸爸，您回来了，工作辛苦了！”

生20：妈妈在煮饭，我就会帮忙摆碗；饭煮好了，我就会请爷爷奶奶来吃饭，还会给爷爷奶奶夹菜。

生21：有一次，我看到邻居老奶奶要缝衣服，就帮她穿针。

师：同学们都是好孩子。其实呀，特殊日子向长辈说吉利话，也是一种尊老敬老的行为。就像春节，我们就要向长辈说声“新年好”，还可以说上一句“新年如意，健康长寿”呢。如果是以下这个时刻，那我们要说些什么话呢？

(出示课件)

生：生日快乐！

师：我们还可以说“福如东海，寿比南山”！

师：如果是重阳节呢，我们要说什么呀？

(出示课件)

生：重阳节快乐！

师：如果是中秋节呢？

生：中秋节快乐！

师：看来，你们都是孝敬长辈、尊老敬老的好孩子，老师相信，同学们一定能够把我们中华民族这种尊老敬老的传统美德继续传承下去的。

师：来，让我们带着感情再把童谣读一读。

(生齐读童谣)

四、教师总结

师：同学们，这节课，我们学了《保贺阿公食百岁》，这首童谣告诉我们要做个孝敬长辈、尊老敬老的好孩子，课后，同学们要把这首童谣分享给大人，更重要的是，要从行动上做个孝敬长辈、尊老敬老的好孩子。

• 主体板书设计

保贺阿公食百岁
孝敬长辈
尊老敬老

• 教学后记

本节课，通过各种形式的诵读，让学生感受潮汕童谣的音韵美，了解童谣的内容，理解童谣的含义。在教学过程中，注重教给学生学习童谣的方法。借助视频中的解说，让学生了解祠堂文化所蕴含的爱国爱家、忠孝仁义、刻苦奋斗、吃苦耐劳、力争上游等思想内涵，它是弘扬优秀传统文化，弘扬潮人好家风的载体。又采用了情景剧的演绎形式让学生更加深刻地体会到小朋友要有礼貌，要懂得孝敬长辈，要尊老敬老。

总体达到预设效果，但感觉课堂自然生成有些不够。

• 名师有话

童谣，润泽孩子的生命

枫溪第二小学　章曼娜[①]

手捧《潮汕文化读本》第一册童谣这本实验教材，我感到一阵欣喜！一翻开它，就忍不住读了起来。读着读着，一幅儿时唱童谣的画面清晰地浮现在眼

① 章曼娜，小学语文高级教师，广东省语文特级教师，潮州市名校长，广东省名校长培养对象，广东省优秀共产党员，潮州市语文教研中心组成员。主持和参与多个市级以上课题，获得市级以上奖励38项，在市级以上刊物发表论文和教学设计10多篇，参与编写出版的辅助教材3套。

前：我坐在奶奶的腿上，奶奶搂着我教我唱童谣，奶奶随着童谣的节奏一前一后摇晃着身子，当唱到一句“天顶一点红”时，我一时兴起，嘴里一边跟着奶奶唱童谣，一边合着童谣的节奏用食指在奶奶的额头一戳，接着唱“短命老娼不是人”。谁料奶奶竟没有生气，哈哈大笑说：“我教你骂我自己了！”说完把我搂得更紧了！每每听到或吟唱潮汕童谣，我就想起这个情景，总感觉童谣不只是一首朗朗上口的歌，更是一个画面，一种情怀，一味情趣，一份浓浓的爱意！童谣，总能勾起儿时最温馨的回忆，它像一根弦，拨动着多少游子的心，因童谣而思念家乡，因童谣而思念亲人，因童谣而生出温暖，因童谣而让心充满诗一般的情怀……《潮汕文化读本》第一册收集了潮汕地区20首经典童谣，每首童谣后面又拓展了两三个学习园地，把它们编成教材，方便儿童传唱和学习。今天，我有幸走进长美小学的课堂，和孩子们一起学习潮汕童谣《保贺阿公食百岁》。课堂上，老师的童心和孩子们的童趣相映成趣，引起了我的思考：童谣的传唱与教学，最重要的是什么？毋庸置疑，滋润孩子的心灵，润泽孩子的成长当然是首要的！现结合长美小学《保贺阿公食百岁》的课堂，谈谈对童谣教学的粗浅看法：

1. 体悟童谣情趣，唤醒并还原儿童灵性

《保贺阿公食百岁》这首童谣，短小精炼，上下句押韵，朗朗上口。它选取了“孝”这个主题，从孩子的角度，生动地唱出儿童的心声。老师通过范唱、领唱、齐唱、应答唱、回声唱等形式，让儿童在吟唱中感悟童谣里的童心和童趣：“阿公欲食韭菜羹”，但是“后头韭菜还未生”。那可怎么办呢？孩子不禁祈祷神仙“保贺阿公食百岁”，因为阿公食百岁，就能食到他想食的韭菜羹了呀，还能“牵子牵孙入书斋”！短短几句，把孩子对阿公的祝福和公孙间的亲密无间淋漓尽致地展现出来。老师没有过多的解释，孩子们唱着童谣，和着节奏，拍着小手，摇头晃脑，反复吟唱着童谣，唱着唱着，童谣中的孩子就是自己，自己对阿公的祝福就在童谣里。孩子们用稚嫩的声音重复着吟唱童谣，唱出了童心的真，唱出了童心的纯，唱出了童心的趣，唱出了童心的灵性……

2. 探究童谣内容，保护并激发儿童好奇心

童谣取材于儿童的生活，儿童总是对身边的人事产生浓厚的兴趣和好奇。当孩子们吟唱《保贺阿公食百岁》这首童谣时，禁不住对童谣里的内容产生怀疑：“什么是韭菜羹呀？”“韭菜羹与韭菜汤有什么区别？”“阿公为什么只喜欢食韭菜呢？”“‘书斋’指什么？”童谣充满情趣的内容激发了孩子们探寻世界的好奇心。课上，姚老师用心呵护这份好奇心，腾出充分的时间让孩子发问，又让孩子当小老师来解答。这一问一答之间，童谣的内容感知了，童谣所涉及的知识懂得了，更可贵的是孩子们的好奇心被激活了，学习起来更是兴致盎然！培根说："知识是一种快乐，而好奇则是知识的萌芽。"借助童谣的学习，保护并激发孩子们的好奇心是非常重要的。

3. 感悟童谣内涵，熏陶和培养儿童的综合素养

吟唱了《保贺阿公食百岁》这首童谣后，围绕着"孝"的主题，老师借助教材的设计，又引出了"百善孝为先""尊老有老当"等名言俗语让学生感悟。而后，老师又设计了一个情景表演：老奶奶和两个表现完全不同的孙子孙女的生活场景。表演再现了生活，很逼真很生动，观看着表演的孩子们被逗乐了。看完表演，孩子们讨论：我喜欢剧中的哪个孩子？为什么？孩子们一边倒都喜欢剧中说话有礼貌、尊敬长辈的孩子。这样，一首童谣通过多种形式的拓展活动让孩子感悟内涵："孝"是善的，是美的，公孙之情是真的浓的。是与非，美与丑在感悟中慢慢根植于孩子们内心的世界里，孩子们在吟唱中积淀，在探究中拓展。从童谣到名言，从书本到生活，孩子们的综合素养在童谣的习得和浸润中慢慢提高，留下了美好的回忆。

耶鲁大学华莱士（Wallace）教授在演讲时说："教育的目的不是学会知识，而是学习一种思维方式。"童谣是乡音，是乡情，童谣的习得不应只以知识为中心，教师更不要放不开手，紧紧地牵着孩子的鼻子走，而要给足时间让孩子自读自悟，让童谣美的音韵和旋律始终浸润着孩子；教学时，要创设轻松快乐自主的学习环境，保持孩子的灵性，激发孩子的好奇心，培养孩子的生命自觉，熏陶和培养儿童的综合素养，这对孩子的发展才是更长远的。诵读童谣，传承的是地方的文化，而文化应该融进血液里，根植于心灵中。

《雨落落》教学设计[①]

教学媒体资源下载

雨落落，阿公去“栅箔”，栅着鲤鱼共“苦初”，
阿公哩爱烳，阿婆哩爱炣，两人相拍相挽毛。
挽去见老爹，老爹笑呵呵，呾恁二老好笑绝。

<table>
<tr><th>教材</th><td colspan="3">《潮汕文化读本（一、二年级）》</td></tr>
<tr><th>课时</th><td>1 课时</td><td>媒体资源</td><td>1. 课件 PPT；
2. 视频资源：煮鱼、炣鱼</td></tr>
<tr><th>教学内容分析</th><td colspan="3">《雨落落》是《潮汕文化读本》第一册的第 17 课。本课主要是要让学生学会用潮汕方言有感情地诵读童谣，了解潮州淡水物产丰富的特色，懂得家人之间要互相尊重</td></tr>
<tr><th>教学目标</th><td colspan="3">1. 能用潮汕方言有感情地朗读童谣，理解童谣的意思，感受诵读童谣的乐趣；
2. 了解潮州淡水物产丰富的地方特色；
3. 通过学习童谣，懂得家人之间要互相尊重，生活就充满情趣</td></tr>
<tr><th>教学重点</th><td colspan="3">用潮汕方言有感情有节奏地诵读童谣，了解潮州淡水物产丰富的地方特色，懂得家人之间要互相尊重</td></tr>
<tr><th>教学难点</th><td colspan="3">明白“栅箔”“苦初”“烳”“炣”等词语的意思</td></tr>
<tr><th>教学方法</th><td colspan="3">图文结合法、讨论法、情景教学法、读书指导法</td></tr>
<tr><th>预习要求
课前准备</th><td colspan="3">1. 学读童谣。
2. 向家长了解：潮州菜有多少种做法？分别是怎么做的？</td></tr>
</table>

• 教学过程设计（课堂实录）

课前：说说自己喜欢的潮菜。

师：我们潮州菜因为色香味俱全，不但闻名全国，还走向了全世界。全国

---

① 本课例教学设计 & 执教教师：章曼娜；授课学校：潮州市枫溪区枫二小学；授课年级：二年级。

各地都有潮州菜馆，就连外国也有不少潮州菜馆。我最喜欢吃潮州的蚝煎，你们喜欢吃什么潮州菜？

生：我最喜欢吃牛肉丸。

生：我最喜欢吃卤鹅。

生：我最喜欢吃牛肉粿条。

生：我最喜欢吃草鱼。

一、谈话引入，调动经验，激发兴趣

师：因为潮州菜做法多种多样，同一种食材也有好多不同的做法，做出来的味道也不同。今天我们要学习的这首童谣跟潮州菜做法的多样性有关，我们一起来读读，听听里面讲了一个怎样的故事？（板书课题、齐读课题）

二、诵读童谣，扩展知识，感悟情趣

师：我们先来听听今天我们要学的这首童谣怎么读。大家要竖起耳朵仔细听，遇到不认识的字要用心记住该怎么读。

（一）初读童谣，正音读顺

1. 听音频范读，生试读。

发现学生读不准确的字音，师范读纠正。（重点纠正第二、三句：阿公去“栅箔”，栅着鲤鱼共“苦初”）

2. 生再读，指名读，正音。

（二）再读童谣，质疑感悟

师：同学们真棒，都会读了。这首童谣有什么不理解的吗？

1. 学生质疑。

生1：什么是“老爹”？

生2：“老爹”就是老人。

生3：“老爹”就是他的爸爸。

师：请同学们看看课本里的注释：“老爹”就是民间替人调解纠纷的老人，是村里威望高的人。

生1：什么是“栅箔”？

生2：我也想问这个问题。

生1：什么是“苦初”？

生2：“苦初”是一种小鱼。

师：你是怎么知道的？

生：我是从课本里的小泡泡知道的。

师：你真是个会发现的孩子。

生：什么是“焴”？

生：“注释”里有，“焴”就是煮。

生：什么是“炣”？

生：“注释”里有，“炣”是一种烹调方法。

师：同学们不但会提问题，还能从注释里找到一些问题的解释，都是会读书的孩子。

2. 释疑理解。

(1) 释疑理解第一、二句。

师：很多同学都不明白“栅箔”是什么？老师找来了一张图片，请同学们看看。

(课件出示：栅箔)

师：图中的叔叔和阿姨一起拿着的这个就是“鱼箔”，它一般是用木片或竹片做成的。下雨的时候，水沟里的水会漫上来，很多鱼也会游过来。如果用这种“鱼箔”插在水沟里，因为“鱼箔”里有很多小孔，所以水能从鱼箔里流过去，但鱼儿游不过去，就会聚集在“鱼箔”前，这就是“栅箔”。

(课件出示第一、二句：“雨落落，阿公去‘栅箔’”)

(生朗读)

师：下雨了，阿公还冒着雨去“栅箔”，你感觉阿公是一个什么样的人？

生：我觉得阿公很勤劳。

师：你说得真好。请同学们再读读这两句话，把阿公的勤劳表现出来。

(生有感情朗读第一、二句)

(2) 释疑理解第三句。

师：阿公捕到鱼了吗？

(课件出示第三句：“栅着鲤鱼共‘苦初’”。学生读)

师：“苦初”这种小鱼长什么样儿呢？就长这个样子。

（课件出示图：苦初）

（3）知识扩展。

师：为什么阿公栅箔就能栅到鱼儿呢？因为我们潮汕地区有很多大小不一的池塘、湖泊，里面有多种多样的淡水鱼。

（课件出示组图：潮州大小不一的池塘和多种淡水鱼）

师：请同学们打开课后题一起来读读“淡水鱼歌”，看谁能把各种淡水鱼的特点读出来。

青黄草鱼爱水草

大红鲤鱼跃得高

黑白鳗鱼头尖尖

银灰鲫鱼味鲜甜

金黄鳝鱼像蛇泅

小黑泥鳅滑溜溜

（课件出示图片：课后资料“淡水鱼歌”。师带读，生朗读）

（三）想象说话，感悟心情

师：阿公栅着鲤鱼共苦初，他的心情怎样？他可能会怎么想？

生：阿公很开心。

生：阿公想：今天可以大餐一顿了。

师：同学们说得真好！我们一起来读读第三句，把阿公的这种高兴、兴奋的心情表达出来。

（生有感情朗读第一、二、三句）

（四）示范表演，体会趣味

师：阿公本想回家美餐一顿，回家后却发生了意想不到的事，发生了什么事呢？

1. 课件出示第四、五、六句：“阿公哩爱炖，阿婆哩爱炣，两人相拍相挽毛”。

（生朗读第四、五、六句：阿公哩爱炖，阿婆哩爱炣，两人相拍相挽毛）

（板书：阿公　炖，阿婆　炣）

师：老师找来了两段小视频，我们一起来看看“炖鱼”是怎么“炖”的？“炣鱼”又是这么“炣”的？它们有什么不同。

2. 播放小视频：潮汕“炖鱼”和“炣鱼”。

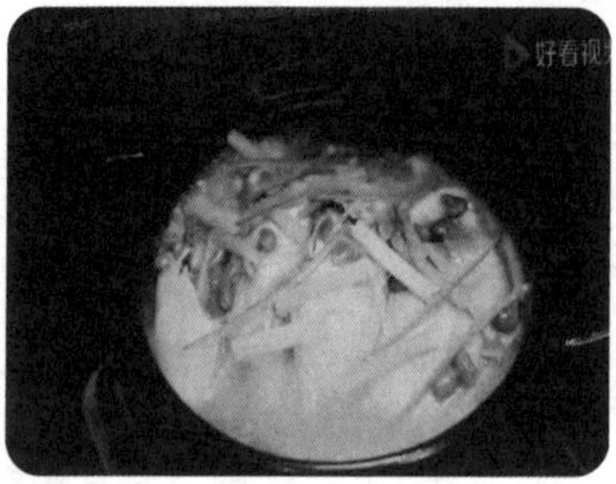
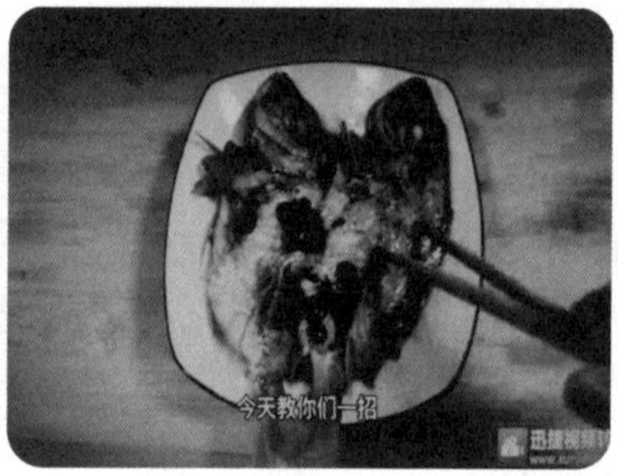

师：你喜欢“煿鱼”还是“炣鱼”？

3. 学生小表演：表演“阿公和阿婆发生争执，各有各的理，最后谁也说服不了谁，两人一起去见老爹”的趣味情景。

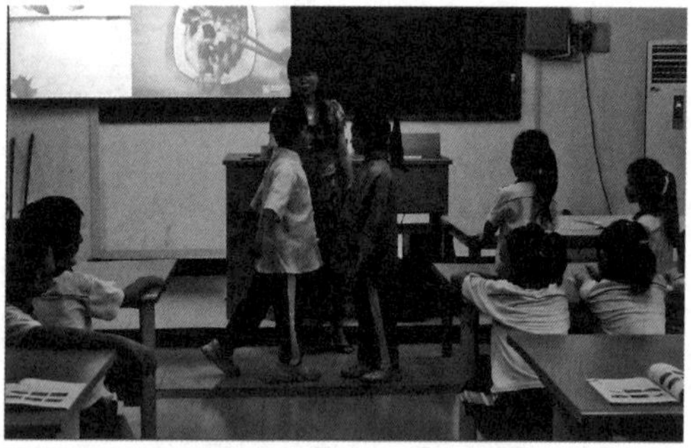

师：谁能把当时阿公和阿婆争执的场面表演出来？（生积极举手）

4. 学生有感情朗读第四、五、六、七句。

（五）想象说话，明白道理

1. 想象说话：老爹会说什么？

生：老爹说：“你们这样吵是不对的。”

生：老爹说：“你们要和好才对。”

生：老爹说：“煿也可以，炣也可以，各有各的味道，不要吵啦！”

生：老爹说：“要和睦相处才开心哦！”

师：同学们说得真好！同学们之间要团结友爱，家人之间更要互相尊重，生活才能充满情趣、更加幸福。我们一起读读最后两句。（板书：好笑绝）

2. 学生有感情朗读第八、九句。

三、总结拓展，背诵童谣，回味寻趣

1. 学生读童谣。

师：同学们，今天我们学了《雨落落》这首潮汕童谣，大家觉得这首童谣有趣吗？喜欢吗？

生：这首童谣非常有趣，我很喜欢。

师：请同学们再读读童谣，想怎样读就怎样读，可以读出不同的节奏。

（1）学生小组读：在小组里赛读，看谁读得好。

（2）学生反馈读：请小组里读得最好的同学大声诵读。

（3）全班读：变换多种节奏读。

2. 背诵童谣。

师：会背诵了吗？一起试试。

（生背诵童谣）

3. 学生谈收获。

师：这节课，你有什么收获？

生：我学会了《雨落落》这首有趣的童谣。

生：我学会看注释理解童谣里不懂的词语。

生：我知道如果遇到不懂的，看图片和视频很容易弄懂。

生：我学会背诵这首童谣。

4. 课后拓展。

师：这节课，同学们的收获可真大。回家后，请把今天学的这首童谣读给爸爸妈妈或者邻居的小伙伴听听。然后，完成第 68 页“活动天地”：认识图中的河鲜课后题，并跟爸爸妈妈学做一道美味的鱼肴。

• 主体板书设计

雨落落

阿公——煿 → 好笑绝

阿婆——炣 ↗

• 教学后记

本课主要是帮助学生学会用潮汕方言有感情地诵读童谣，并背诵童谣。从诵读童谣中感受诵读乐趣，体会农民的勤劳，懂得人与人互相尊重，生活就充满情趣。本课以读为本，学习童谣的主要学习方式就是诵读。因此，从初读正音读顺，到品读读出感情，最后发挥学生的自主性，用多种方法诵读，让学生在读中感受童谣的趣味，读出童趣，读出情趣，最后熟读成诵。本课针对低年级学生的心理和认知特点，采用多种学法，使学生自始至终保持浓厚的学习兴趣。学习的方式有：观察图画，观看视频，想象说话，精彩表演，朗读赛读等。学生在多种学法中，培养具体形象思维的能力和想象力，使学生能表达，乐于表达。此外，通过本童谣的教学，补充相关具有浓郁潮汕生活特色的风土人情和习俗等资料，让学生进一步了解潮汕文化，激发学生热爱家乡的思想感情。

遗憾的是，由于时间的限制，对同类童谣未能进行拓展，以进一步扩大阅读量。如还有时间，也可让学生复习回顾学过的潮汕童谣。

• 名师有话

紧扣童谣特点，培养人文素养
——观章曼娜老师《雨落落》一课有感

潮州市教育局教研室　肖玩君①

《雨落落》这篇童谣的内容极具潮汕地方特色，潮汕湿润多雨，大大小小的湖泊鱼塘遍布各地，淡水鱼品种很多，单韩江里的淡水鱼就有一百多种。这篇童谣讲的是一个下雨天，阿公“去栅箔”，栅到了鲤鱼和苦初鱼，回家之后与阿婆因为烹饪鱼肴的做法发生了争执，最后两人去找老爹评理的小故事。故事生动有趣，再现了潮汕老百姓日常生活的情态。章曼娜老师这节《雨落落》的教学，紧扣童谣的特点，精心设计教学法，培养了学生的人文素养。学生乐学会学，课堂高潮迭起。短短的一节课，学生收获颇丰，给观课的老师留下深刻的印象。笔者梳理了一下，这节课主要彰显了以下三个特色。

1. 多种学法灵活运用，培养学生具体形象思维

潮汕童谣篇幅短小，童谣里的部分内容离学生现实生活有些距离。童谣教学的对象是低年级的学生，因为生活经验较少，加上连年来的成功推普，学生对课本上的部分地方方言竟有些懵懂。因此，教学童谣时，精心设计多种教法学法，帮助学生理解童谣显得非常重要。在学生提出对“栅箔”“苦初”这些词语不理解时，章老师先引导学生学会看课本里的注释，然后采用图文结合的方法进一步帮助学生理解。“栅箔”“苦初”这两个词，课本里给出的解释很抽象：“栅箔”是一种捕鱼方式。“苦初”是一种小鱼。究竟是一种什么样的捕鱼方式？是一种长什么样的小鱼？章老师给学生提供了图片观察，学生一目了然，

① 肖玩君，潮州市教育局教研室副主任，中学语文高级教师，潮州市督学；广东省教育学会小语会、中语会常务理事，潮州市教育学会监事长；“粤东基础教育学科群”小学语文、中学语文学科顾问；国家教材专家委员会委员，广东省中小学教师研训专家库专家。主持或参与多个省、市级以上科研课题的研究，“‘三构互动’阳光活力课堂教学模式研究与实践”荣获教育部国家级教学成果奖二等奖；主要参与的课题成果“读写互动　作文新练”荣获潮州市第四届教育教学成果奖特等奖、2017年广东省教育教学成果奖一等奖、潮州市哲学社会科学优秀成果奖二等奖。主持的科研课题“教育现代化背景下提升小学生语文阅读素养的研究”荣获2019年潮州市教育教学成果奖一等奖。

清晰明了，认识了苦初鱼的样子，又了解了阿公如何在下雨的时候用“栅箔”这种先人捕鱼方法捕鱼的。这对学生理解整首童谣起到非常关键的作用。接下来，需要理解“煿”和“炣”这两种不同的烹饪鱼的方法。章老师通过让学生观看两段小视频，了解两种烹饪方法的过程，直接通过视频的声、色、样，感受烹饪出来的鱼肴的香，从而切身感受阿公和阿婆起争执的缘由，激发学生的情感体验，为有感情诵读童谣奠定感情基础。这种图文结合的直观教学法符合低年级学生的认知特点，学生完成了从字到图，从图到文的思维转换，使学生诵读童谣有了画面感，从而有效培养了学生具体形象思维的能力。

2. 紧扣诵读理解需求，渗透知识拓展认知

童谣教学的一个重要的教学目标就是要让学生进一步了解家乡的相关文化，培养学生爱家爱乡爱国的真挚情感。因此，在童谣教学中适时渗透有关于家乡地方特色的相关内容，拓展学生的知识，培养学生的认知能力很重要。章老师在学生理解了“栅箔”这种捕鱼方式后，适时展示了潮汕地区大大小小的许许多多的湖泊和池塘，展示了多种多样的潮汕淡水鱼，让学生了解家乡的物产，培养了对家乡的自豪感。随后，章老师还多次让学生开展想象说话：“阿公栅着鲤鱼共苦初时心情怎样？他可能会怎么想？”“两人‘挽去见老爹’，老爹会怎么说？”章老师抓住学生理解内容的有利时机，渗透想象说话训练，培养学生的想象力和表达能力，这就培养了学生学习童谣的基本素养。

3. 采用多种诵读方式，切实培养学生语感

学习童谣，“诵读”是最基本也是最重要的学习方式。章老师的课堂，以“读”贯穿始终，并且层层推进，从读通读顺到读出感情，最后是个性化诵读，表达情感。初读，整首感知童谣。品读，逐句理解，充分调动学生的生活经验，唤起学生不同的情感体验，体会童谣里人物的细腻感情变化，让学生有感情朗读。最后，回到整首多形式诵读，学生分小组读，赛读，分句子读，老师还让学生发挥主观能动性，开展个性化诵读，可以按照自己喜欢的节奏读，熟读成诵。在读的过程中，学生多层次体会童谣里人物的情感变化，感悟童谣的诙谐与幽默，体味童谣特有的情趣，使学生爱上童谣，深化爱家乡爱祖国的感情。

潮汕童谣朗朗上口，有很多童谣记录了潮汕地区人们的生活习俗，有的描写潮汕风景名胜，有的集知识性于诵唱之中，有的赞颂民风民俗，有的表现时代特色，有的罗列当地特产……潮汕童谣虽然篇幅短小，但是内容丰富多彩，且句短押韵，读起来很有节奏感，像唱歌一样，很受孩子们的喜欢。章老师这节课是一节示范课例，教孩子们诵读童谣，既要让学生学到知识，进一步认识脚下的土地，又要通过了解和传承家乡的文化，培养孩子们的良好的人文素养。

《粿名歌》教学设计①

教学媒体资源下载

一油堆，二油雷，双（三）头尖，四菜粿，
五缚粽，六甜粿，七酥包，八酵粿。
酵粿泥鳅空，糕粿踏步层，
乌粿包甜馅，食了免分人。

<table>
<tr><td>教材</td><td colspan="3">《潮汕文化读本（一、二年级）》</td></tr>
<tr><td>课时</td><td>1 课时</td><td>媒体资源</td><td>1. 课件 PPT；
2. 视频资源：《粿》；
3. 微课：《粿印的意义》《时节做时粿》《粿品知多少》；
4. 学生作业展示</td></tr>
<tr><td>教学内容分析</td><td colspan="3">《粿名歌》是《潮汕文化读本》第一册第 18 课，本课的内容由潮汕地区年节中非常普遍的各种“粿”名组成，“做粿”是潮汕人过节的序曲，丰富的粿品是潮汕人喜爱的风味小吃，了解粿品，了解“粿印”寓意，了解潮汕人为什么要做粿，从而了解其中所蕴藏的潮汕文化内涵</td></tr>
<tr><td>教学目标</td><td colspan="3">1. 理解歌谣内容，了解粿品的种类，会用各种不同方式诵读歌谣，体会方言童谣的独特语言美；
2. 通过诵读，了解潮汕粿文化内涵，感受潮汕人民的勤劳能干和聪明才智</td></tr>
<tr><td>教学重点</td><td colspan="3">学习歌谣，体验做粿的乐趣，感受潮汕粿文化习俗</td></tr>
<tr><td>教学难点</td><td colspan="3">引导学生体会歌谣所揭示的粿文化及潮汕人民的智慧</td></tr>
<tr><td>教学方法</td><td colspan="3">讲授法、讨论法、直观演示法、合作探究法</td></tr>
<tr><td>预习要求
课前准备</td><td colspan="3">1. 指导学生扫码读文；
2. 课余了解粿品的种类；
3. 布置学生带粿印到课堂</td></tr>
</table>

① 本课例教学设计 & 执教教师：黄燕琪；授课学校：潮州市枫溪区奎元实验学校；授课年级：潮汕文化特长班（1 ~5 年级混合）。

• 教学过程设计（教学实录）

一、激趣导入、点燃激情

师：同学们，今天我们教室里来了好多的客人，黄老师很开心，于是准备了好多美味的小吃想要招待我们的客人。你们想尝尝么？（用手托起准备好的点心）

生：（十分期待）想！

1. 看图说说，了解粿品种类。

师：那么，哪位同学想试试呢？但是，尝试的同时你们还得告诉老师，品尝到的小吃是什么味道？并用潮汕话叫出小吃的名字来。谁想上来？（愉快地望向小伙伴）

（生 1 开心地拿起其中一样品尝）

师：好吃么？什么味道？叫什么？

生 1：好吃，甜的，是乌粿。

师：真棒！还有谁想试试？

（生 2 小心翼翼地拿起品尝）

师：请问你吃的这种食物又是什么味道？叫什么名字？

生 2：（认真地吃了起来）这种食物是香的，叫——朴籽粿。

师：很好。还有一种小吃，还有哪位同学要尝尝？

（学生纷纷举起手）

师：好，请我们这位小女孩来尝尝，并说说你的感觉！

生 3：有点香还有点甜，它是咸水粿！

师：哇！同学们都尝出来了，我们潮汕的小吃是香甜咸，五味俱全。那么除了这些，黄老师屏幕上还准备了许多其他的美味，想不想看看？

生：想！

（课件出示）

师：（出示六张小吃图片）图片上这些小吃你们认识吗？

生：认识！

师：哪位同学告诉老师，你认识哪些小吃？

生：老师，那个红红的是红桃粿。

师：还有吗？

生：老师，那个用芋头做成的叫芋粿；那个包着韭菜的叫韭菜粿；像乒乓球的叫乒乓粿。

师：我们的这位同学知道的可真多。表扬！

师：那剩下的两种是什么？大家大声地告诉老师。

生：乌粿和朴籽粿。

师：没错！还有这两种呢？

（课件出示）

生：（马上举手）老师，我知道。

师：好的，你来说。

生：它们，一种是咸水粿，一种是笋粿。

师：哪种是咸水粿？哪种是笋粿！

生：那个周围白白的是咸水粿！像饺子一样的是笋粿。

师：答对了，表扬他！

生：顶呱呱！

师：大家有没有发现，刚刚我们尝的也好，看的也罢，它们都有一个共同的名字，那是——

生：粿！

师：（板书“粿”）没错，咱们今天就来认识“粿”。跟老师读一遍“粿”。

生：粿。

师：同学们，粿什么时候会出现在我们的生活里？

生：拜老爷（注：祭神）的时候。

师：没错，潮汕人祭祀时，经常会做粿，只是单纯讲述粿品的种类，就可以编成一本百科全书，粿的种类有多少呢？今天我们来学习第18课《粿名歌》，请同学们打开课本，齐读课题。

（板书课题）

生：粿名歌。

二、完整欣赏，感受童谣

师：这首歌谣给我们介绍了什么粿品呢？请大家听一听录音，并且把不懂的地方标注出来。

（播放录音）

师：都听懂了么？

生：听懂了！

（个别学生摇头）

师：还有个别同学不是很理解，没关系，黄老师再带读一次。

（师带读，生跟读）

师：好了，同学们，下面请跟你的小伙伴们自由朗读，并把不理解的地方跟小伙伴交流讨论。有哪些是你认识的？哪些是你不理解的？

（生交流朗读，师巡堂指导）

师：好的，时间到，3—2—1……

（生坐整齐）

师：都交流了么？

生：（骄傲地回答）交流了。

师：那老师想检查一下大家是否会读了，我们试一下，可以吗？

生：可以。

（生一齐朗读）

师：同学们读得真好。那么有什么不理解的地方吗？请举手。

生：老师，请问什么是"踏步层"？为什么糕馃是"踏步层"？

师："踏步层"？来，大家看看老师的手势（比画拾级而上的动作），谁能帮这位同学解释一下？

生：老师，我知道。因为糕馃是一层一层的，就像一级又一级的楼梯一样，所以就叫"踏步层"。

师：回答得真完整，给她点个——

生：赞！

师：还有其他问题么？

生：老师，为什么"双（三）头尖"读"双"，而不是"三"？

师：对啊，为什么是读"双"呢？老师也不是很理解，谁能帮帮我们？

生：老师，这是一首数字歌谣，所以有"三"，但是这种馃叫"双头尖"，采用了谐音，因此要读"双"。

师：呀，解释得真好，真是一位博学多识的小同学，谢谢你！咦，还有问题，你说。

生：老师，什么是“泥鳅空”？

师：谁能解决这个问题？

生：老师，我知道！

师：好的，你来说。

生：“泥鳅空”是酵粿在蒸熟的过程中，会有一些小洞洞，就像泥鳅钻的小洞洞一样。

师：哦，那其实就是酵粿发酵时的小气泡，对吗？（生点头）真厉害，请坐下。还有问题吗？

生：（摇头）没有！

师：老师还有问题，老师这里有一些图片，我不认识它们，请问哪位同学能帮老师找找并指出它们对应的是课本中的哪些粿品。

（生踊跃举手）

师：好的，那两位手举得最高的同学来。

（师在讲台上摆出一系列粿盘，学生挑选）

师：请把你认识的挑出来，并大声地读出来好吗？其他同学也跟着读出来。

（两位学生分别挑出菜粿、粽子、甜粿、酥包、酵粿、糕粿，师边板书）

师：咦，还有三种粿品这两位同学是不认识的。（出示双头尖）请问这是什么？

生：双头尖！

师：没错，这是双头尖，不过呀，它跟我们潮汕的什么小吃相似？

生：尖米丸。

师：真聪明！是的，它跟我们潮州的尖米丸相似，它是汕尾的特产，汕尾人习惯炒着吃，而潮州的尖米丸是煮着吃，明白了吗？

生：（点头）明白。

师：老师手上还有两种粿品？知道是什么吗？

生：（异口同声）油堆和油雷？

师：哪个是油堆？哪个是油雷？（左手拿油堆，右手拿油雷）

生：左手是油堆，右手是油雷。

师：你们怎么知道的？

生：猜的。

师：（笑）呵呵，其实黄老师上课前也专门去了解了一下，原来呀，油堆是用糯米、番薯做成的粿皮，然后蒸熟，又用蒸熟的粿皮包上绿豆馅啊、芋泥啊之类制作而成，再放进油锅里浮（注：煎炸），就成了油堆。而油雷不包馅，用糯米和上番薯做成圆团后直接煎炸，再加上一些白芝麻就大功告成了。两者就这样区分开来。

（生恍然大悟）

三、多样朗诵，识记歌谣

师：了解完这些馃品，让我们再来美美地朗读这首《馃名歌》吧。举起我们的双手，跟着老师的节奏来——1—2—3—4—

1. 拍掌读。（生跟着一起拍掌读）

师：不错！再拿起我们的响板，咱们试着用响板拍击节奏，快乐地朗诵我们的歌谣。

2. 响板读。（生击响板读）

四、迁移应用，拓展探究

1. 介绍馃印。

师：同学们真棒，都记下来我们的这首歌谣。我们刚才也认识了这些馃品，而且也发现有些馃做起来是非常漂亮的，纹理很精致，这是怎么做到的呢？

生：那是用馃印做成的。

师：真聪明！没错，馃做得这么好看是因为有一种神器——馃印。潮汕人很聪明，用馃印做出来的馃真是漂亮极了。同时，馃印上还有不同的图案，代表不同的寓意，有哪位同学知道呢？

生1：鲤鱼图案代表年年有余。

生2：桃子图案代表寿如仙桃。

生3：蝙蝠图案代表福如东海。

……

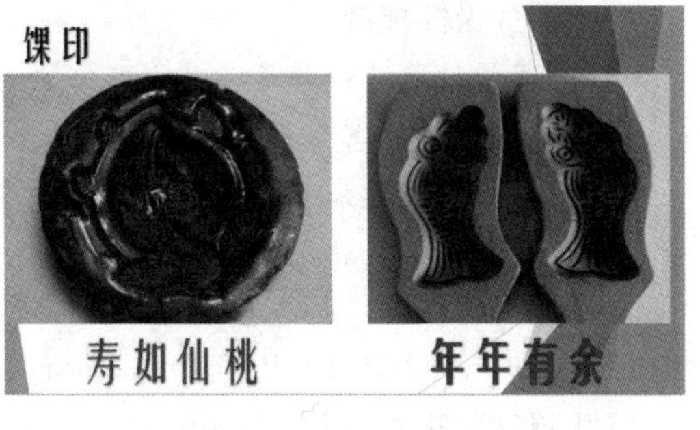

（课件出示）

2. 不同节日做不同的馃。

师：同学们知道的可真多，看来都有去仔细了解哦，老师为你们点个赞！是的，潮汕人在祭祀的时候会做馃，用来祭拜我们的祖先或神明。而不同的节日会做不同的馃，因此就有了“时节做时馃”的说法。同学们知道哪些时节（注：节日）做哪些馃品吗？

（课件出示不同的节日）

生1：过年时做甜馃（年糕）、甘筒（马铃薯）馃。

生2：元宵节“浮油馃”（炸油角）。

生3：清明节做鸟饼、鼠曲粿。

生4：端午节做糕粿（千层糕）和粽子；七月初七做“软饼”。

生5：七月半做面酵粿、红桃粿。

生6：中秋节做月糕和“浮油粿”。

生7：冬至做菜头粿（萝卜糕）、甜粿。

（课件出示）

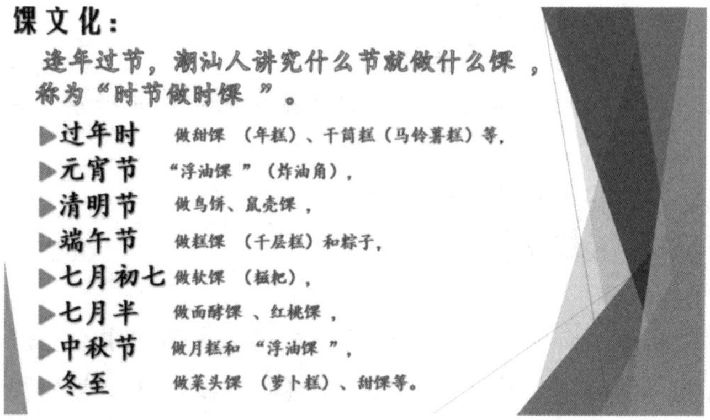

师：是的，以前人们根据时令的不同与各个季节收成的不同，做出不一样的粿品，粿品的种类真的是琳琅满目。下面我们就来观看一个视频，了解一下品种繁多的粿品，以及做粿的过程。

3．播放做粿视频。

师：同学们看完视频是不是也跃跃欲试？想亲自来做粿呢？

生：（兴奋地回答）是。

师：那就行动起来吧，拿出我们的材料，小组合作做粿，同时比赛一下哪个小组做的粿又多又漂亮。

（小组合作做粿，师巡堂指导）

师：好了，时间到，给同学们三十秒整理一下，看看哪个小组坐得最端正？

（生迅速整理物品并且回到座位上坐好）

师：都表现得很好，那么下面请小组长把你们小组的劳动成果拿上台来，老师来点评点评。（表现出惊讶的样子）怎么这个粿缺了一角，嘴巴都裂开了？

生：被偷吃了。

师：（笑）看来同学们都被自己的粿品馋到了。同学们，有些小组的粿做得很好看，有些小组做得不理想，我们要想做好一件事，就必须认真、用心。而潮汕人做出的粿又好看又好吃，可以看出我们潮汕人具有什么特点？而时节做粿有什么意义呢？

生：勤劳、智慧。

（师板书）

（课件出示）

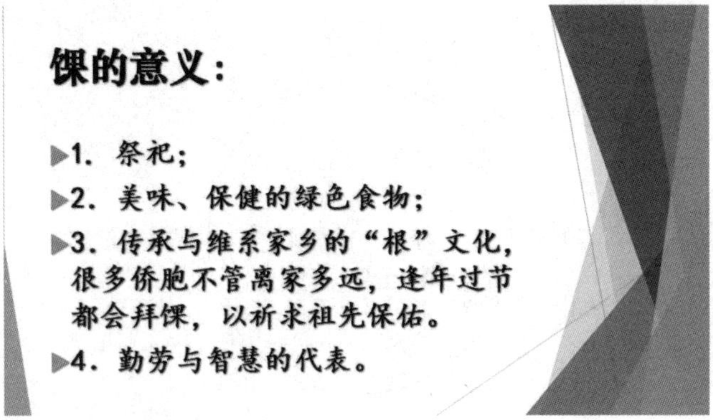

（评出粿品做得最好看的一组）

师：粿品评选胜出的就是第六小组。同学们都很用心，粿品都做得很好看。想不想尝尝我们美味的粿品啊？

生：（迫不及待）想！

师：好的，请大家闭上眼睛，数1—2—3，老师变一下魔术，把大家做的粿品都变成好吃的。

（拿出准备好的红桃粿，生惊呼）

师：我们的劳动成果出来了，是不是也请我们的客人跟我们一起分享呀？

生：（响亮地回答）是。

师：请我们的小组长来为客人送上我们的心意。

（学生与老师分享，学生与学生互相分享）

师：同学们，我们已经把点心跟同学与客人分享了，那么，还能不能“食了免分人”？

生：不是。

师：应该怎么改？

生：食了得分人。

五、总结朗诵，再现歌谣

《粿名歌》一方面说明潮汕粿品丰富；一方面也说明潮汕人智慧聪明，很平常、很普通的食材却能做出很好吃的粿品。

师：没错，食了得分人。请同学们拿起响板，向后转，再次把我们修改的歌谣美美地读一次。

（生读歌谣，拍打节奏，结束课堂活动）

• 主体板书设计

粿名歌

• 教学后记

这是一节乡土文化教育课，既让学生重拾了记忆，又对年复一年的地方节日文化习俗有了进一步的了解和认识。我相信，在一节节这样的乡土文化课中，在孩子们身上，文化自信意识的树立，爱乡爱国精神的培养是能够实现的，保护文化多样性也就能够顺势而为了。

潮汕文化一大特色是秉承着深厚而浓烈的儒家文化意识，崇祖崇宗、宗族文化兴盛是儒家文化在潮汕地区影响深远的重要表现。过年过节做粿祭祖、一家人一起制作粿品都是儒家宗族文化在潮汕得以弘扬和传承的体现。

这节课如果加上一小段潮汕人家过节时做粿和用粿品祭祖的视频，就更完美了。

• 名师有话

体验，让课堂更具生命温度

潮州市实验学校　陈少华①

自课改以来，许多专家学者多次呼吁：语文综合性学习的设计和实施，要遵循语文教学的规律和学生的个性差异，体现听说读写的整体发展，以及与其他学科的有机整合和课内外学习的有机结合，以提高学生的语文素养，促进学生的可持续发展。奎元实验学校黄燕琪老师执教的《粿名歌》正是从学生实际出发，关注学生生命成长，通过匠心独运的课堂体验活动，将语文与生活有机结合，寓教于乐，很好地展现了语文综合性学习的独特魅力。

1．尝一尝，品味潮州小吃的独特风味

新课标提出“培养学生对世界事物的好奇心、产生强烈的探究兴趣，具有问题意识，这是综合性学习的前提”。上课伊始，深谙此道的黄老师便根据小学生好奇心强的心理特征和大多数孩子爱吃零食的特点，搬出色香味俱全的潮州小吃，请同学上台品尝后告诉其他同学粿品的味道。让孩子们在体验中感受潮汕小吃的独特风味，这极大地激发了孩子们强烈的探究兴趣。“亲身下河知深浅，亲口尝梨知酸甜”，有了亲身体验，没有了“巧妇难为无米之炊”的空谈，于是孩子们介绍起潮州小吃的风味，更得心应手。从而轻而易举地完成了“在活动中用口头或图文等方式，表达自己的观察所得、自己的所见所闻”的综合性学习目标。而且，他们这种以生活体验为基础的语言表达便更显真实、更令人觉得珍贵。这不正是“纸上得来终觉浅，绝知此事要躬行”的道理吗？

2．读一读，感受潮汕童谣的无穷魅力

我们都有这样一种认识，只听老师滔滔不绝、不闻学生书声琅琅的语文阅读课，不是好的语文课，更何况是童谣课。令人欣慰的是，在这节课中，黄老

① 陈少华，长期从事小学语文教学和班主任工作，广东省中小学语文骨干教师、广东省中小学名班主任、广东省“百系列”优秀德育教师、广东省名班主任工作室主持人、潮州市家庭教育讲师团成员。

师遵循语文教学的规律，努力创造情境，对学生进行了大量的朗读训练：听录音跟读，老师带着学生练读，学生自由朗读，全班齐读，包括后面的拍手读、配乐读……层层推进。不同形式的朗读，为学生们创造了浓烈的阅读氛围，在朗读中学生感受了潮汕童谣朗朗上口的语言特点、理解了潮汕方言的独特表达、体会了童谣中蕴含的真挚情感，也为学生搭建起了与文本对话的桥梁，在对话中学生认识了潮汕地区常见的粿品、了解了粿品各自的特点、感受了粿品的制作精美。最后，用自己喜欢的诵读方式表达了自己独特的阅读感受，阅读体验、语文训练也便水到渠成了。

3．做一做，体验潮汕人家的心灵手巧

精致美味的粿品不仅让人垂涎三尺，更承载着心灵手巧的潮人的勤劳与智慧。如何让学生体味这其中的蕴意，美国教育家苏娜丹戴克说："告诉我，我会忘记；做给我看，我会记住；让我参加，我就会完全理解。"于是，黄老师巧妙地设计了做粿的环节：让孩子们拿出事先准备好的粿印和超轻黏土，分小组进行制作。潮汕人家制作粿品的过程可不容易，更何况是这些十来岁的孩子，他们大多没做过，甚至没看过。于是，一时间，教室里充满了跃跃欲试的身影：这边揉面、包粿；那边塑形、印制……一个个忙得不亦乐乎。于是乎，孩子们不仅认识了粿印这一做粿神器，了解了粿印图案的不同寓意，潮人时节做时粿的传统习俗，更在这热火朝天的制作活动中深深感受到了潮人的勤劳和智慧。当他们捧出一盘盘自己亲手制作的精美"粿品"再读童谣时，那种为自己是一名心灵手巧的潮汕人而自豪的喜悦溢于言表，让听课者感同身受，不禁为之拍手叫好。

4．改一改，传承潮汕文化的优秀传统

《语文课程标准》指出："综合性学习"，"综合"的范围包括学生学习生活的各个方面，要使他们学会在各个领域里用语文，在运用中进一步学好语文。语文是一门兼具人文性和工具性的学科，在最后一个环节，黄老师在学生与听课老师其乐融融地分享粿品时，又巧妙地引导学生把童谣中的"食了免分人"改为"食了得分人"，不仅让孩子们在语文学习中传承潮汕文化的优秀传统——乐于分享、热情待客，还让孩子们在语文实践中学会运用语言文字，更有利于学生进一步学好语文。

总之，《粿名歌》一课，老师精心设计体验环节，让学生在观察、朗读、动手实践、分享中感受童谣语言的魅力、理解童谣蕴含的意思、体会童谣承载的精神，让课堂教学更具生命温度，更具语文魅力。

教学媒体资源下载

《潮汕特产歌》教学设计[①]

让我在此来啰嗦，歌团敲出潮州名牌产品多：澄海出名猪头粽，月浦出名狮头鹅，

桑田出名大只蟹，潮阳出名冬瓜膏，普宁出名老豆酱，溪口出名甜杨桃，

新圩出名芳菜脯，归湖出名好槟榔，东里出名鲜薄壳，潮州姑苏香腐别处无。

<table>
<tr><td>教材</td><td colspan="3">《潮汕文化读本（一、二年级）》</td></tr>
<tr><td>课时</td><td>1 课时</td><td>媒体资源</td><td>1. 课件 PPT；
2. 微课：《特产歌》《了解潮汕特产》《潮汕特产歌》；
3. 视频资源：《猪头粽》</td></tr>
<tr><td>教学内容分析</td><td colspan="3">《潮汕特产歌》是《潮汕文化读本（一、二年级）》教材中的第 19 课，主要学习内容是认识与了解潮汕的特产文化，本节课以潮汕传统文化为依托，探索研究潮汕文化在特色班级创建中的运用</td></tr>
<tr><td>教学目标</td><td colspan="3">1. 学生能正确、熟练地用潮州方言诵读童谣；
2. 根据非洲鼓特色班特点，引导学生根据歌谣创编节奏，再有节奏、有韵律地诵读童谣；
3. 了解并感受丰富多样的潮汕特产</td></tr>
<tr><td>教学重点</td><td colspan="3">正确、熟练地运用潮州方言进行有节奏、有韵律诵读童谣</td></tr>
<tr><td>教学难点</td><td colspan="3">了解更多的潮汕特产，感受潮汕特产文化</td></tr>
<tr><td>教学方法</td><td colspan="3">讲授法、小组合作讨论法、自主学习法</td></tr>
<tr><td>预习要求
课前准备</td><td colspan="3">制作特产名片</td></tr>
</table>

① 本课例教学设计 & 执教教师：陈泓；授课学校：潮州市湘桥区实验学校；授课年级：二年级。

• 教学过程设计（课堂实录）

一、导入新课

出示图片让学生辨别潮汕特产。

师：同学们，我们潮汕地区地域广，名牌产品多，来看看老师这里的图片，你们认识的特产有哪些？（出示五张图片让学生辨别）

（出示课件）

生：蚝烙、薄壳、咸水粿、菜脯、红桃粿。

二、学习童谣

引入童谣《潮汕特产歌》。

师：同学们认识的可真多，这些统称为潮汕特产。今天，我们来学习一首跟潮汕特产有关的童谣《潮汕特产歌》。（师板书）

1. 看地图，认识潮汕地区和地名。

师：这是潮汕地图。歌谣所写的包括汕头市的澄海、月浦、桑田、潮阳、东里（读作东陇），揭阳市的普宁，潮州市的溪口、新圩、归湖。同学们再把这些地名按顺序读一次。

2. 范读童谣。

（出示课件）

3. 学生多形式读。

（学生跟老师读，学生自由读）

4. 学生带着问题自己读，并释疑。

师：同学们你们看，这里的“啰嗦”是什么意思呢？

生：话很多。

师：“啰嗦”就是说不完。怎么会说不完？因为特产多。

（出示课件）

师：这首童谣中有哪些特产？

生：猪头粽、狮头鹅、大只蟹、冬瓜膏、老豆酱、杨桃、菜脯、槟榔、薄壳、姑苏香腐。

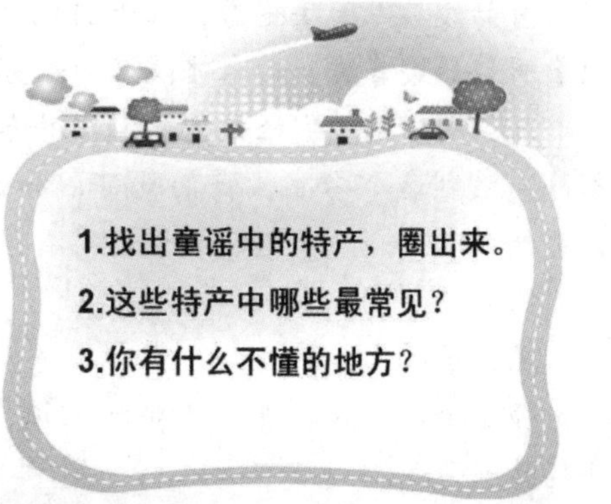

师：这些特产中哪些是常见的？

生：大只蟹、杨桃、薄壳。

（出示课件）

师：这位同学说的基本都是常见的特产，还有什么？

生：普宁的老豆酱。

师：那我们普宁的老豆酱是用来干什么的？

生：拿来蘸的（注：作佐料用）。

师：这里还有一颗橄榄，但我们书里写的却是槟榔。这是为什么呢？明清时期潮汕人有食槟榔之俗，而后渐渐不流行了。后因潮汕盛产橄榄，味道和形状与槟榔十分相似，所以潮汕人就用橄榄代替槟榔，并把吃橄榄说成“食槟榔”。

师：刚才同学们没讲到的一些特产就是比较少见的，有哪些呢？

生：猪头粽、狮头鹅、冬瓜膏、姑苏香腐。

师：我们先来说说潮州的姑苏香腐，吃过没有？

生：四四方方、黑黑的。

（出示课件）

师：它还有另外一个名字叫作“乌香腐”。相传以前有姑嫂二人长年吃斋，因而自制了这样的香腐，原名叫作姑嫂香腐，后来才改名为姑苏香腐。

潮阳冬瓜膏

师：刚才同学们还提到了潮阳的冬瓜膏。（出示图片）看到这个名字，我们就可以知道他的主要材料是什么？

（出示课件）

生：冬瓜。

师：除了冬瓜之外，还要加上糖、盐、麦芽糖一起熬制而成。

月浦狮头鹅

师：我们再来看看月浦的狮头鹅，（出示图片）鹅头大大眼小小，头顶有黑肉瘤，有“世界鹅王”之称。将狮头鹅制成卤鹅是很好吃的哦。你们喜不喜欢？

（出示课件）

师：再来说一说猪头粽，猪头粽跟我们平常吃的粽子一样吗？有没有包粽叶？它虽也叫粽，却没有包粽叶。这出名的猪头粽是怎么做的，你们知道吗？

（让学生观看制作猪头粽的视频）

师：这就是澄海的猪头粽。

5. 自编节奏读童谣。

（1）师先和上节拍范读童谣。

师：同学们，老师能用这样的节奏读童谣，你们非洲鼓班的同学更能创编出不同的节奏来配合诵读童谣啦。现在分组练习，看谁读得最好听。

（结合非洲鼓特色，学生分为四大组自己创编节奏读童谣）

（2）学生上台展示。

（每组学生均有三人上台打鼓，其他同学读童谣。展示小组合作创编的结果）

师小结：每个小组的展示都很精彩，四个小组都有自己的节奏类型和特色。同学们表现得都非常棒，来，掌声鼓励一下自己。

（师生一齐鼓掌）

三、拓展练习

1. 讨论什么是“手信”。

师：我们潮汕人热情好客，每当客人来了，要回去时我们总是会让他们带上一些手信。你们知道手信是什么吗？

生：手信就是拿在手里的礼物。

师：是的，手信就是随手带的礼物，也是具有地方特色的物件（注：东西）。请同学们打开课本，看看书里介绍的手信有什么？

生：手锤牛肉丸、腐乳饼、凤凰茶、木雕。

师：为什么用这些作为手信？

生：这些是潮汕特有的，可以代表我们潮汕。

2. 介绍“潮州三宝”。

师：“潮州三宝”也是很出名的手信，哪三宝呢？

生：老药桔、老香黄、黄皮豉。

师：同学们看看三宝分别是用什么做的？

生1：金桔、佛手、黄皮。

生2：这些都是水果。

师：“潮州三宝”就是用这些原材料经过特殊加工腌制而成的。因为有消食、开胃的作用，所以特别受欢迎。现在老师给个任务，课后大家要去进一步了解它们的制作过程，再做成一张小报，下次上课进行交流、展示。

3. 学习制作潮汕手信名片。

师：潮汕手信这么有特色，要如何把它们推荐给外地人呢？大家看：菜脯的名片——

姓名：饶平菜脯，也叫作萝卜干。特点：味道香甜，肉厚酥脆。一句话推荐：爽爽脆脆，配糜好滋味！购买地址：饶平县高堂镇。

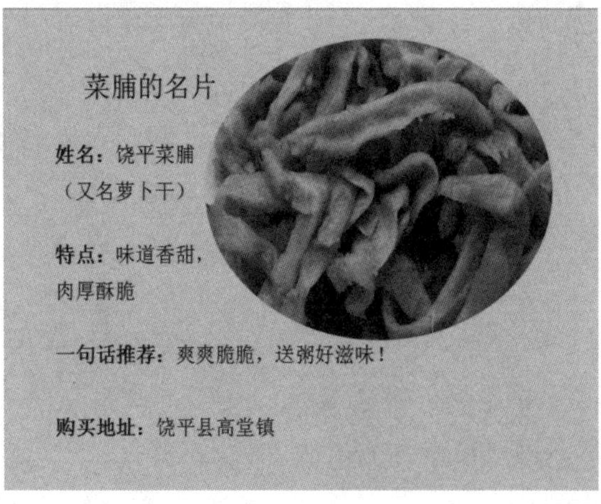

（出示课件）

（学生互相交流自己的特产名片，互相品尝带来的特产）

（师指名介绍）

生1：牛肉丸是广东潮州著名的地方小食，它的肉质较为鲜嫩，口感嫩滑，很有嚼劲。如果游客们有机会到潮州来，你一定不要错过我们的潮州小食牛肉丸。购买地址：枫溪外马路枫二牛肉店。

生 2：腐乳饼造型小巧，有独特的南乳、蒜头、白酒的调味，口味酥软，是香味独特的潮州小食。购买地址：潮州市布梳街。

生 3：大家好！我就是远近闻名的潮州蚝烙。我吃起来鲜美酥香，酥而不硬，脆而不软。哇，你是不是听到口水快流出来了呢？快快来，到下水门这里来，让你一饱口福。一句话推荐：潮州蚝烙，上上上！

四、总结

师：同学们介绍得很有趣。我们潮汕特产又多又好吃，驰名海内外。最后老师把这首童谣唱成歌儿送给大家。

（老师现场演唱《潮汕特产歌》）

• 教学后记

《潮汕特产歌》一课主要的学习内容就是对潮汕的特产文化的认识与了解。在这一课的教学中，我融入了本校的“一班一品”社团特色，选择了非洲鼓班作为教学班级，在童谣中加入了非洲鼓的节奏元素，使学生更加生动地演绎出既充满潮汕风情，又具有时代新元素的童谣诵读。让学生既易于接受，又能发挥特长。

为深入了解潮汕特产，我课前还让学生自己动手制作特产名片，写出食物的特点和推荐语，以及购买地址等。学生们的名片制作得非常精美，推荐语也写得朗朗上口，让人食指大动。在特产推介环节，同学们热情高涨，表达流利；在品尝分享环节，孩子们更是兴高采烈，大饱口福。

整个过程既有文化熏陶，又有美食品尝，可谓双重享受，使学生能更切身体悟到潮汕特产的美味诱人，潮汕饮食文化的迷人魅力，并因身为潮汕人而倍感骄傲、自豪，进一步提高地方文化自信。

• 名师有话

特产多又好　鼓韵美且趣

湘桥区实验学校　黄若葵[①]

陈泓老师执教的《潮汕特产歌》潮汕童谣活动课，理念新，设计巧，资源广，效果好。

1．“潮”课堂架起新桥梁

陈老师利用课堂架起了生活与文本的新桥梁。课一开始，老师巧用“猜美食”的环节，调动孩子们的学习兴趣，马上拉近了文本与学生的距离。通过地图了解潮汕各地美食的分布情况，边认边读，边读边记，为后面童谣的朗读教学做了铺垫。在教学中，教师注重以生为本，重在引导学生的自读自悟，在读中理解，在理解中熟记。如在认识特产时，让学生说说自己认识的特产，不认识的特产提出来大家互相解疑，解决不了的老师再释疑。像“猪头粽”，很多潮州小朋友不认识，老师通过视频让大家了解了猪头粽的制作过程，直观形象地解答了孩子们的疑问。

2．巧设计带出鼓韵美

在童谣教学中融入音乐元素，鼓点与童声缔造出潮汕童谣的韵律之美，这是本节课的一大亮点。在了解、初读了童谣之后，老师又利用响板加入节奏带领孩子们兴趣盎然地再读童谣。而上课的班级刚好是学校“一班一品”特色社团的非洲鼓班，陈老师巧设计，大胆放手让孩子们创编节奏，这样一来，一首童谣便有了多种节奏读法，孩子们编得舒心，读得开心。

3．小环节走遍大潮汕

在童谣教学中落实文化点是我们开展童谣教学的重要意义所在。本节课中，陈老师围绕“手信”，让孩子们认识手信，画出手信，推介手信。孩子们一手

---

① 黄若葵，湘桥区实验学校副校长，小学语文高级教师，参加市、区教学观摩赛和教师基本功比赛均获一、二等奖。近年来坚持课题研究，先后获得“南粤优秀教师”“优秀科研教师”“潮州市名教师”“潮州市尊师重教系列‘优秀教师’”等光荣称号。

拿着栩栩如生的图片，一手拿着课前准备的实物手信，使尽浑身解数向听课老师、好朋友进行推介。一节课下来，手锤牛肉丸、腐乳饼、咸水粿等手信大家都尝了个遍。

4. 小课堂融入大信息

短短40分钟的课，在不知不觉中融入了大量的信息。有地理知识的了解，有丰富特产的感知认识，有美妙音乐节奏的创编，有精美手信的绘图推介……大量的信息使整节课环环相扣，既有童谣的趣读，又有音乐、美术、地理、历史知识的整合渗透，学生学得充实，学得开心。

在诵读歌谣中落实文化点，潮汕三市的地名与传统地道的特产蕴含的浓浓潮味，唤醒味蕾，引发回忆，潮人情悠远绵长；在文本与生活中架起桥梁，新时代的孩子在潮汕土特产中寻根——诵读小童谣，了解潮文化，激发家乡情。一节课下来，孩子们习得歌谣，传承文化，不亦说乎。

《潮州八景好风流》教学设计[①]

教学媒体资源下载

潮州八景好风流，十八梭船廿四洲；廿四楼台廿四样，二只鉎牛一只溜。

潮州八景好踢跎，十八梭船廿四垛，廿四楼台廿四样，二只鉎牛一只无。

<table>
<tr><td>教材</td><td colspan="3">《潮汕文化读本（一、二年级）》</td></tr>
<tr><td>课时</td><td>1 课时</td><td>媒体资源</td><td>1. 课件 PPT；
2. 微课：《潮州八景》《潮州八景背后的故事》《多种形式朗读童谣》；
3. 视频资源：《湘子桥》</td></tr>
<tr><td>教学内容分析</td><td colspan="3">《潮州八景好风流》是《潮汕文化读本（一、二年级）》第 20 课。本节课通过教给学生多种形式朗诵潮汕童谣的方法，让学生体验朗读童谣的乐趣，从而更深刻地领略潮汕风景名胜，特别是潮州八景的美丽风光，提高学生的语文朗诵能力；通过教学潮汕童谣，激发学生热爱家乡、热爱潮汕传统文化的真挚情感</td></tr>
<tr><td>教学目标</td><td colspan="3">1. 学生能用多种形式朗读潮汕童谣，理解童谣内容；
2. 能结合生活体验感受潮州八景的美丽风光，增强热爱家乡的真挚情感</td></tr>
<tr><td>教学重点</td><td colspan="3">教给学生多种形式朗读童谣的方法，使学生在读中感悟童谣所蕴含的潮汕传统文化</td></tr>
<tr><td>教学难点</td><td colspan="3">在活动中渗透潮汕传统文化知识，激发学生热爱家乡的情感</td></tr>
<tr><td>教学方法</td><td colspan="3">讲授法、小组合作学习法、创设情境法</td></tr>
<tr><td>预习要求
课前准备</td><td colspan="3">学生收集和潮州八景有关的神话故事；准备一张和家长到潮汕风景名胜区游玩观光的照片</td></tr>
</table>

• 教学过程设计（课堂实录）

课前热身，交流知道的童谣。

师：同学们，我们的家乡潮州位于潮汕地区，这里景色迷人、风光秀丽，是观光旅游的好地方。你们知道家乡哪些地方景色最美吗？

---

① 本课例教学设计 & 执教教师：刘洁；授课学校：潮州市湘桥区实验学校；授课年级：二年级。

生1：鳄渡秋风。

生2：凤台时雨。

生3：湘子桥。

……

师：还有哪里最美？星期六、星期天你们会去哪儿玩？晚上又会去哪儿？

生1：人民广场。

生2：滨江长廊。

……

师：对，潮州美景相当多，最有代表性的就是我们的——潮州八景。（教师板书：潮州八景）

一、潮州八景好风流

1. 猜景点引入。

师：潮州八景是指哪八景呢？老师来考考你们。

（1）教师出示图片，学生猜八景名称。

生：西湖渔筏。

师：猜对了，齐读——西湖渔筏。（生齐读）西湖渔筏是八景之一。西湖有渔筏，还有什么景色？（师指着图片）

生1：湖心亭。

生2：有绿树红花。

生3：有很多鱼。

师：是啊，西湖渔筏的景色秀丽壮观，富有诗意，因渔筏出没于潋滟空蒙、变幻无穷的湖光水色之中而得名。再看看这个。

生：韩文公祠。

师：韩文公祠上有一景，叫韩祠橡木，跟我一起读——韩祠橡木。

生：韩祠橡木。

师：韩祠橡木是纪念韩文公的，韩文公就是韩愈。韩愈刺潮时为潮州人做了许多好事，据说韩文公曾在山上亲手植下橡树，潮州人敬仰韩公，便将此山称为“韩山”，将韩文公祠迁址到此，成为潮州八景之一。

师：再来一张。（出示图片）

生：湘子桥。

师：同学们都认识啊？这也是潮州八景之一，湘桥春涨，一起读一读。

生读：湘桥春涨。

师：再来个难点的。（出示图片）

生：金山古松。

师：同学们真棒！金山古松是纪念宋末抗元将军马发的。他的墓建在我们潮州金山顶上，成为我们潮州的一景。让我们一起读——金山古松。

生：金山古松。

师：这一张呢？（看图片，生议论纷纷）

师：看来有不同的意见。有没有同学认出来？这个亭子在哪，它叫什么？

生：凤凰洲。

师：对了，这里就是凤凰洲的风景——凤台时雨。你们有没有去凤凰洲赏桃花呢？（生：有。）来跟老师一起读——凤台时雨。

生：凤台时雨。

师：这个呢？（出示图片）

生：龙湫宝塔。

师：对了。那这个呢？

生：鳄鱼亭。

师：对了，这就是潮州八景的另外一景，叫鳄渡秋风。鳄渡秋风里有什么？

生1：有一只鳄鱼。

生2：有一块石碑，石碑压着鳄鱼。

师：这是韩愈当年治鳄的地方。他在鳄鱼台写了一篇《祭鳄鱼文》，将鳄鱼镇压在石碑下，宣读祭文，赶走了鳄鱼。这就是鳄渡秋风的由来。我们一起读——鳄渡秋风。

生读：鳄渡秋风。

师：这里呢？

生：北阁佛灯。

师：对了，看来同学们都认识。北阁佛灯佛光普照，成为江上夜航的标志。我们再读一次——北阁佛灯。

生：北阁佛灯。

2. 揭题，学习多音字“好”。

师：潮州八景的景色美吗？所以，难怪我们都说：潮州八景——好风流。（板书：好风流）

师：跟我读——好风流。好风流的意思就是？

生：好漂亮。

师：“好风流”就是非常风流的意思。

（指课题）

师：请跟我读“好风流”。

生齐读：好风流。

师：今天，让我们一起来学习潮汕读本第20课“潮州八景好风流”，一起读读课题吧。

生齐读：第20课《潮州八景好风流》。

师：潮州八景这么美。难怪民谣唱曰：“到广不到潮，枉费走一遭；到潮不到桥，白白走一场。”你们知道这里的“桥”指的是哪座桥吗？

3．认识湘子桥。

（1）导入童谣。

生：湘子桥。（课件出示湘子桥图片）

师：今天我们要学的童谣，说的就是湘子桥美丽的景色，让我们一起来学一学吧。（出示童谣）

（2）学童谣。

师：一起看看课本，我们来听小老师是怎么读这首童谣的。

（课件朗读童谣）

师：听清楚了吗？注意读完题目要停顿一下，然后再读内容。好，现在请同学们自由读，遇到不懂的字把它圈出来，有不理解的地方做个记号，和同桌交流一下。

（生自由读）

师：读完的同学举起手来。老师请同学来试试看。好，请这一行的同学来接力读。

（学生接力读，师纠正读音）

师：同学们读得真好，能够自己完整地读一次吗？

学生：能！

（生齐读）

师：大家读的时候有没有遇到不理解的地方呢？

生1：楼台是什么意思？

师：谁知道“楼台”的意思？

（生摇头）

师：老师带同学们去看看好吗？

（出示课件）

师：这就是湘子桥上的楼台。湘子桥上有24座楼台，每一座楼台都——（生齐答：不一样。）所以我们说“廿四楼台廿四样”。还有不理解的地方吗？

生2：“垛”是什么意思？

师：“垛”和童谣里另一个字“洲”是同一个意思，有没有同学可以给大家解释一下呢？

生3：“垛”和“洲”是指桥墩。

师：真聪明，你是怎么知道的？

生3：童谣下面有注释，我在这里看到的。

师：对！我们以后学童谣的时候，可以先看看下面的注释，这样我们就对童谣的内容了解得更清楚了，这真是一个好方法，可以帮我们学好童谣。还有不理解的地方吗？

生4：“鉎牛”是什么意思？

（出示课件）

师：请看，这就是“鉎牛”，“鉎牛”就是由鉎铁铸成的牛。古时候，“鉎牛”是作为镇水神兽置于桥上的。湘子桥上本来有两只鉎牛，因为发大水，一只鉎牛“溜”走了，所以留下了“二只鉎牛一只溜”的故事。还有不懂的吗？

生5：“踢跎”是什么意思？

师：同学们知道吗？

生齐答：玩！

师：对了，就是玩。“好踢跎”就是好玩。还有不理解的吗？

生6：梭船是什么？

（出示课件）

师：这就是“梭船”，它的样子像长长的梭子，所以叫作“梭船”。十八只梭船在湘子桥上并排构成一列横队，用铁索连成浮桥。这就是“十八梭船”，一起读“梭船”。（生齐读）老师带同学们一起去欣赏湘子桥美丽的景色好不好？

（多形式朗读童谣）

4. 欣赏童谣，感悟韵律美。

（播放视频）讲解：湘子桥，又名广济桥，是中国四大古桥之一，这座桥设计独特，两头有24个桥墩，中间用18只梭船并排构成一列横队，用铁索连成浮桥。桥上本来有两只鉎牛，因为发大水，两只鉎牛一只溜。这就是“十八梭船廿四洲”的由来。

师：同学们，湘子桥美吗？

生：美！（板书：美如画）

5. 诵读童谣。

湘子桥这么美，谁能用自己的声音美美地把童谣读出来？

（生1、生2分别读童谣）

师：同学们，你们觉得谁读得更好？她怎么就读得更好听呢？

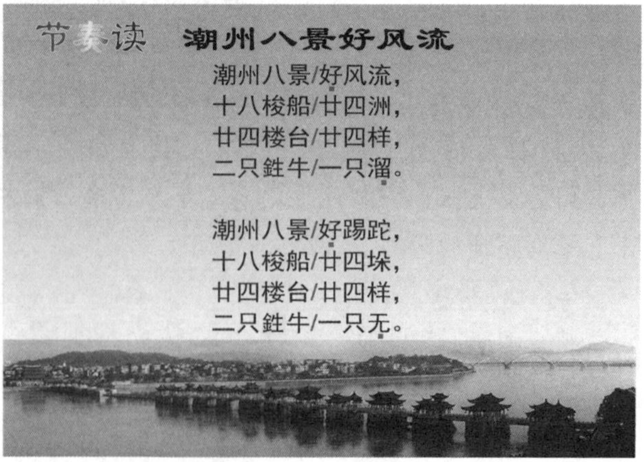

生1：她读得有感情。

生2：她读得有表情。

生3：她还有动作，有节奏感。

师：对，因为她读出了童谣的韵律美。朗读童谣时要有轻有重，带着节奏读，边读边想象湘子桥的美丽风光，带着感情朗读，才能读出童谣的韵律美。老师将童谣标上了小记号，你们跟着节奏试一试。

（出示课件）

（生练读）

师：跟着老师来接力读，我们各读一句。

（师生接力读）

师：看来加上节奏读能将童谣读得更好听哦，老师想教你们一种更有趣的朗读方法，好吗？（生：好！）这种读法叫作回声读。

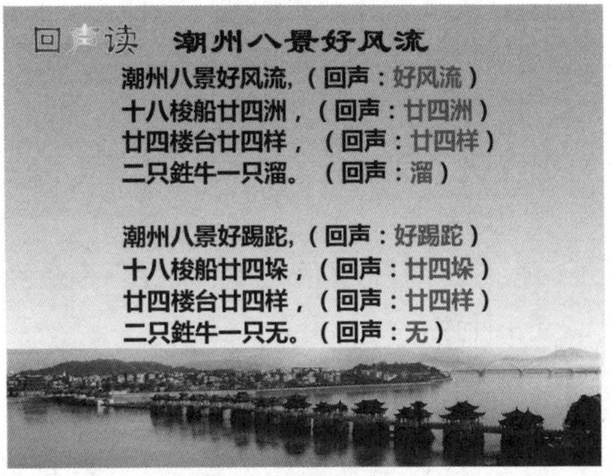

（出示课件）

师：什么叫回声？我们对着山洞喊：喂——山洞就会喊——喂，声音轻轻的、长长的，这就是回声。我们来试试看。你们读童谣部分，老师来读回声部分，然后我们再将内容交换读一次。

（1. 师生接力读。2. 男女生接力读）

师：读得可真像回声，真有趣！原来童谣还可以这么读，我们再来试试另一种读法——应答读。应答就是我问你答。老师先读一次给你们听，同学们读童谣部分，老师读应答部分。

（出示课件）

潮州八景好风流，（应答：乜生样？）
十八梭船廿四洲，（应答：好）
廿四楼台廿四样，（应答：上）
二只鉎牛一只溜。（应答：儒）
潮州八景好踢跎，（应答：呾来听！）
十八梭船廿四垛，（应答：过雅，过雅，过敢雅）
廿四楼台廿四样，（应答：架势，架势，过架势）
二只鉎牛一只无。（应答：趣味，趣味，过趣味）

（师生应答读）

师：有趣吗？

生：有趣！

师：那现在请男生读童谣部分，女生读应答部分吧。

（男女生分角色读）

师：下次我们朗读童谣时，还可以采用应答读和回声读呢。如果再配上节奏是不是会更好听？请同学们拿出响板，给童谣伴奏吧。

（生伴奏读）

师：有了节拍，就可以配上音乐美美地诵读出来了，想试一试吗？

（生配乐读）

师：同学们会背诵了吗？能背诵出来的同学站起来朗诵一下吧。

（生诵读）

二、潮州八景故事多

1. 过渡，交流故事。

师：潮州八景不光景色美，每个景点背后还有一些美丽的传说。（板书：传说多）课前我们已经收集了这些故事，现在请先在小组里交流交流。

2. 学生交流。

3. 学生讲故事。

师：老师刚才听到几位同学讲故事讲得很精彩，我们邀请他们给大家讲一讲吧。

生1：大家好，我讲的故事是“仙佛造桥”。据说，韩愈刺潮后，深感潮州老百姓过江之苦，便请他的侄孙韩湘子和广济和尚一起造桥。韩湘子造东面一段桥，请八仙来帮忙，把石头都变成黑猪，赶到东面，成了桥墩；广济和尚则请来十八罗汉帮忙，把石头点化成乌羊，变成了南面的桥墩。这时，天快亮了，最后一批黑猪、乌羊还没有及时赶来，中间一段桥便没法修拢。怎么办？八仙中的何仙姑只好将手中的莲花瓣抛向江心化成十八艘梭船；广济和尚一见，立即抛下禅杖，化成一根大藤，把十八艘大船拴住，成为浮桥。这样，人们为纪念仙佛合力造桥的功绩，便把此桥既称为“湘子桥”，又叫“广济桥”。

师：你真是一个地道的潮州通。再来邀请一个同学给我们讲古。

生2：大家好！我给大家讲关于“鳄渡秋风”的传说。我们韩江从前叫作恶溪，恶溪里有许多鳄鱼，专吃过江的人。有一天，又有一个百姓被鳄鱼吃掉了，韩愈（韩文公）知道后很是着急，担心鳄鱼不除，肯定后患无穷。便命人宰猪杀羊，到城北江边设坛祭鳄。韩愈写了一篇《祭鳄鱼文》，向鳄鱼宣战。相传韩愈祭鳄仪式举行以后，当天晚上又打雷又刮风又下雨，但是天一亮，整个江水都干涸了，鳄鱼往西跑了六十里，从此再也不来危害老百姓了。后人在当年祭鳄的渡口上修建了祭鳄亭，来纪念韩文公，因此“鳄渡秋风”成了潮州八景之一。

师：同学们收集了很多的神话传说，但是由于时间关系，不能全部展示出来，下一场，我们开个讲故事大会，再请同学们来“讲古”。

三、潮汕名胜数不清

学生展示游玩的照片，根据提示介绍游玩过的景点。

师：在潮汕地区，像八景这样美丽的景点还有很多，比如揭西黄满寨瀑布、汕头礐石风景名胜区、揭阳榕江音乐喷泉、南澳跨海大桥、潮阳海门莲花山……（出示课件）

汕尾陆丰玄武山

揭阳榕江音乐喷泉

南澳跨海大桥

潮阳海门莲花山

师：同学们都和爸爸妈妈去过哪里游玩呢？快来介绍介绍吧。

（出示课件）

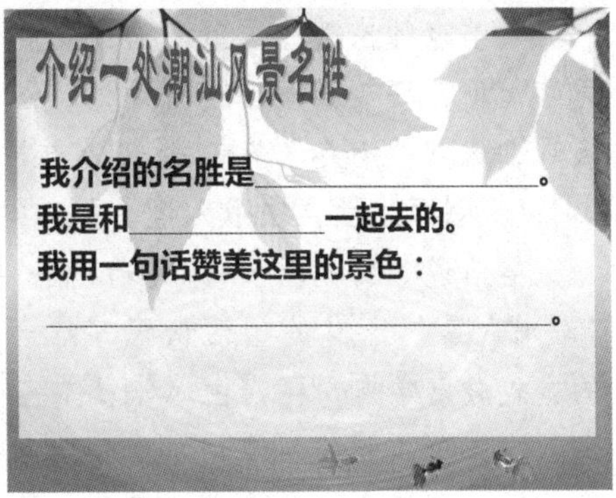

生1：（出示游玩时的照片）我介绍的景点是揭阳榕江音乐喷泉，我是和爸爸妈妈一起去的。这里的音乐喷泉会随着音乐声的高低起伏而跳舞，可有趣啦！

生2：（出示游玩时的照片）我介绍的景点是揭西黄满寨瀑布，我是和爸爸妈妈，还有叔叔坐着汽车一起去的。那里的瀑布像一条巨大的、银色的纱巾从天上挂下来，美极了！

四、总结

师：我们潮汕地区风景美如画，神话传说多，处处充满浓浓的文化气息。如果五湖四海的朋友来我们潮汕游玩，我们一定要当好小导游哦，邀请他们欣赏无边的美景，为他们讲解我们的潮汕文化。

• 教学后记

本节课通过教给学生多种形式的朗读潮汕童谣的方法，让学生体验朗读童谣的乐趣，从而更深刻地领略潮州八景的美丽风光，不但提高了学生语文诵读的能力，而且激发了学生热爱家乡的真挚情感。其中，创新了童谣朗读方法——回声读、应答读，这两种有别于传统朗读方式的读法是本节教学设计的亮点。

本课内容丰富，应有2个课时更为合适。

• 名师有话

有趣　有法　有味　有源

——评刘洁老师《潮州八景好风流》一课

潮州市湘桥区实验学校　苏东青[1]

刘洁老师执教的这节潮汕文化童谣课《潮州八景好风流》，教学直观形象，思路清晰，环节紧凑，突出读诵，注重实践，学生的个性与学习智慧得到尽情展现，课堂“有趣”“有法”“有味”“有源”，真正成为师生共同创造的舞台。

1. 联系生活，由歌入谣，引入“有趣”

俗话说“好的开始是成功的一半”，教学伊始，刘老师根据潮州孩子对“潮州八景”已有的生活认识，结合低年级学生的年龄特点，以“猜景引入”的方式激发学趣，再借由《潮州有座广济桥》的歌曲风光视频，巧妙引领学生进入《潮州八景好风流》的童谣学习意境，积极调动学生的生活情感体验，由歌入谣，潮韵浓浓，趣味盎然。

---

① 苏东青，潮州市湘桥区实验学校校长、小学语文高级教师，全国五一劳动奖章的获得者、广东省南粤优秀教师、广东省特级教师、广东省中小学“百千万人才培养工程”名校长培养对象、广东省第十二次党代会代表。曾主持或主要承担了“小学生传统文化美德教育特色探究”等11项国家级、省级科研课题实验，其中3项获国家级教育教学成果奖一等奖，6项获省级科研成果奖励；担任《潮汕文化读本（一、二年级）》副主编以及3套省级小学语文教辅教材的编委，撰写的21篇论文、20个课例在《中小学校长》《广东教育》等国家级、省级刊物、配套教材中发表或在各级评比中获奖。

2. “读”占鳌头，入情入境，创学“有法”

刘老师作为《潮汕文化读本》童谣一册的编写人员之一，深知读本的设计意图是以“潮汕童谣”为文本中心，以此激活学生主动探究、继承潮汕优秀文化的内在学习因子，成为能“上天入地”有所作为的新时代潮人。因此，要让文化走进学生的心灵，首先要让学生爱上“押韵顺口、节奏鲜明、生动易记”的童谣，并读出情感、读出乐趣。可以说，刘老师这节课最大的亮点也在于此——以读为本，读有策略，读有坡度，读有韵味。初读童谣，她设计自由读、指名读、示范读、全班读、开火车读等多种方式，先让学生读准读通读顺童谣；再读童谣，她通过组织学生赛读、自由练读、师生对读，在读中学会标画节奏，读出节奏，体会韵律美；创读童谣，她引领学生进行趣味读、理解读、合作读，鼓励学生选择接力读、拍手读、配动作读、回声读、应答读等自己喜欢的方式创造性地诵读童谣。朗朗的诵读声把课堂气氛渐渐推向了高潮，大家思维活跃，兴趣浓烈，主动积极，争先恐后，一读为快，读得声情并茂，读得其乐融融。就在这样循序渐进的反复朗读中，激发了学生的诵读兴趣和情感共鸣，真正走进了童谣，入情入境地感悟了童谣，不仅“高声朗读，以昌其气”，甚至还颇有点“密咏恬吟，以玩其味”的意蕴。在场听课的老师也被深深地感染了，不禁也跟着孩子们诵读起来，惬意地沉浸在其间。

3. 故事擂台，超越文本，文化“有味”

在学生对童谣所讲述的内容有了较为深入的理解之后，刘老师趁热打铁，以“潮州八景不仅景色优美，而且每个景点背后都有美丽动人的传说，谁能把自己听过的八景故事介绍给大家?”这一问题为导向，将童谣学习延伸到故事传说的课外阅读和积累，从学生生活实践出发，超越文本，让学生演绎故事，置身情景，触动心灵，精神世界在潮汕民间文化中得到滋养。

4. 游学交流，超越课堂，拓展“有源”

在“潮汕名胜数不清”这一环节中，刘老师适时有度，透过“课堂小天地”，拓展“天地大课堂”，让学生在班中交流和展示自己游历名胜的访学收获和体会，在相互介绍中，了解更多潮汕景观背后的文化符号，感受家乡人文景观独特的魅力。这样，以天地作为学生的教科书，将知识与生活经验相链接，有效地扩大了学生的精神视野，真正实现文本学习生活化，文化传承实践化。

《潮汕文化读本》（潮汕童谣）学习情况调查

（问卷时间：　　　年　　月　　日；编号：　　　　　　）

亲爱的小同学：

你好！这是一份了解你对《潮汕文化读本》学习情况的问卷。问卷的答案没有对错之分，请你根据自己的实际情况填写。谢谢你！

你的基本情况：

学校＿＿＿＿＿＿＿班级＿＿＿＿性别＿＿＿家乡＿＿＿市＿＿＿区（县）

一、你喜欢《潮汕文化读本》这门课吗？（　　）

1．喜欢　　2．不喜欢　　3．不确定

二、学习这门课之后，在日常生活中你更愿意用潮汕方言跟别人交流吗？（　　）

1．是　　2．不是　　3．不确定

三、这门课会影响你说好普通话吗？（　　）

1．影响　　2．不影响　　3．不确定

四、你学习了《潮汕文化读本》中（　　）首潮汕童谣，能记住（　　）首。

五、学习这门课之后，你对潮汕童谣更感兴趣了吗？（　　）

1．是　　2．不是　　3．不确定

六、学习了这门课，你能向客人简单介绍＿＿＿＿＿＿＿＿＿＿＿＿＿＿＿＿＿＿＿＿＿＿＿＿＿＿＿＿（可多选）

1．畲歌　　2．颠倒歌　　3．小动物的潮汕名称　　4．潮绣

5．潮剧《陈三五娘》　　6．潮汕冬至　　7．出花园

8．潮汕某一爱国基地　　9．过番三件宝　　10．红头船

11．潮汕农事　　12．潮人作田　　13．潮人捕鱼与海鱼

14．潮人小生意　　15．潮汕童年游戏　　16．潮汕祠堂

17．潮汕河鲜　　18．潮汕的“粿”　　19．潮汕特产

20．湘子桥

七、以后还有这样的乡土文化课，你愿意参加吗？（　　）

1．愿意　　2．不愿意　　3．不确定

八、学习这门课之后，你喜欢潮汕文化吗？（　　）

1．喜欢　　2．不喜欢　　3．不确定

九、学习这门课之后，你会为自己是潮汕人而自豪吗？（　　）

1. 是　　　　2. 不是　　　　3. 不确定

十、学了这门课，你最喜欢家乡潮汕哪一方面？为什么？
（例如：我喜欢潮汕的“粿”，因为有粿吃很开心！）

____

____

____

《潮汕文化读本》（潮汕童谣）执教教师访谈提纲

执教单位：____________学校　执教者：__________　访谈时间：__________

1. 您对《潮汕文化读本》（潮汕童谣）的看法如何，即对以潮汕童谣引入潮汕文化学习的编著特点有何看法？

2. 这本教材出版至今已 4 年，您以及周围老师对教材的意见和看法如何？

3. 学生对教材的意见和看法如何？

4. 用潮汕方言开展《潮汕文化读本》（潮汕童谣）教学，会影响学生学习普通话吗？学生愿意用潮汕方言诵读童谣和开展学习吗？

5. 使用这本教材的教学效果如何？

6. 开发这样的课程对您个人专业发展和学生成长有促进作用吗？为什么？

7. 在学生中开展这样的方言与乡土文化教育，家长会同意吗？家长是否能参与到方言与乡土教育中来？

8. 在课程实施过程中遇到过什么困难？如何解决？

9. 您是如何理解地方乡土课程与国家部编课程的关系的？

3.2 故事教学设计及教学后记

示例课文

《潮汕文化读本（三、四年级）》第17课《富翁嗜工夫茶》①。

《富翁嗜工夫茶》教学设计及教学后记

• 教学目标

1. 读懂《富翁嗜工夫茶》的故事，会用方言复述故事，感受人物对工夫茶的嗜好。

2. 了解工夫茶的用具及喝工夫茶的礼节，学会冲泡工夫茶。

3. 交流有关工夫茶的俗语和故事，学生能喜欢工夫茶、热爱家乡和家乡文化。

• 教学重难点

1. 理解故事中人物对工夫茶的嗜好，会用方言复述故事。

2. 学会冲泡工夫茶的全部顺序，喜欢工夫茶。

教学媒体资源下载

• 课时安排

2课时。

---

① 本课例教学设计 & 执教教师：潮州市绵德小学洪菲。

• 教学准备

课件、工夫茶具。

• 教学过程设计

第 1 课时

一、交流引入

1. 师：同学们，你们家平时有喝茶的习惯吗？一般在什么时候喝？课前老师让大家完成“活动天地”中的小调查，谁来说一说你调查的结果。

2. 师生交流调查结果。

二、一起来讲“古”

1. 过渡：通过刚才的交流可以看出，潮州人离不开工夫茶。很多人每天都喝茶，早也喝，晚也喝，一有空就喝，真是个老茶客。今天我们就来聊一聊关于老茶客的故事，故事名字叫《富翁嗜工夫茶》。

题目中哪一个字引起了你的注意？“嗜”是什么意思？喜爱，爱好，到了沉迷的地步就叫作“嗜”。现在谁来说一说题目的意思？富翁喜爱工夫茶。

2. “一起来讲古”：课前大家都看过这个故事，觉得这个故事有意思吗？试着讲一讲。

提示：讲一讲《富翁嗜工夫茶》的故事，小组同学互听互评，选出讲得最精彩的一位同学，代表小组在全班表演。

3. 学生讲故事，小组内讲，全班讲，师生评议。在评议的过程中引导学生理解人物对茶的痴迷。如：庄老板每天先喝茶再吃早餐。庄老板爱喝茶，会品茶，看到好茶壶马上想买。庄老板为了喝工夫茶，宁愿出大价钱与乞丐共享茶壶。在故事中，乞丐哪怕自己祖传的茶壶能让一家人过上好日子，仍不肯卖掉茶壶，只肯与庄老板共享。

4. 一起来听“古”：大家互相补充，将这个故事讲得生动形象，真有意思。潮州人把讲故事也叫作什么？“讲古”，现在我们来听一听专业的讲古人是怎么讲这个故事的。（播放讲古音频）

5. 小结：通过讲古人的演绎，我们对这个故事印象更加深刻了，一个富家子弟因为嗜茶如命又不会打理生意，沦落为乞丐，却依然爱茶；一个大老板，为了喝上好茶，愿意与乞丐共享茶壶，甚至成为多年的老茶友。不仅是在故事中，在潮汕地区的街头巷尾，家家户户日常生活中都爱喝工夫茶。工夫茶为什么有那么大的魅力呢？让我们一起来深入地了解工夫茶。

三、认识工夫茶

1. 什么是工夫茶？谁能从书里找出答案？（学生找答案）

2. 茶叶与口感：知道潮州工夫茶用得最多的是什么茶叶吗？

潮州工夫茶多用凤凰山单丛茶冲泡，属于乌龙茶类，汤色较浓，茶水醇厚，茶香独特，有香、活、甘的特点。香，在于茶本身的香，清香芬芳有齿颊留香之感；活，指滑润爽口、少涩感；甘，喉咙有回甘甜之感，俗称“有喉头”。

3. 工夫茶器“四宝”：工夫茶具也有讲究。

小冲罐：有盖瓯和朱泥壶两种，盖瓯开口大，装茶容易，能保持茶的原汁原味，多用于卖茶的店铺；朱泥壶，取用的是当地的“红泥”，泥料质地细腻柔韧而少含砂，透气性好，又能保持水的热度，能使茶汤口感更香醇更甘甜，多用于喜茶爱茶的家庭或者茶馆。两种茶具，装茶时都只装八分满。

小薄瓷杯：白如玉能衬托出茶色的漂亮，质薄如纸以使其能起香。

砂铫：透气性好，能吸收炭的香气。

红泥小炉：能使火势均匀，省炭。

4. 喝茶的礼仪：工夫茶一般放几个杯子？为什么是三个杯子？

“茶三酒四”：“茶三”说的就是冲泡工夫茶用三个茶杯最为适宜，恰好摆成一个“品”字，倘若喝茶的人多于三人，宾主之间便会互相谦让，这一杯茶水之间的谦让凸显的正是潮州人的热情好客以及谦逊有礼。正是“壶小乾坤大，茶薄人情厚”。

潮汕人喝工夫茶有一定的礼节：

（1）首轮茶冲出来后，让长者、贵宾先喝，晚辈、主人后尝；如果喝茶时又来了客人，就得撤换茶叶重新冲茶，此为“敬”。（提问：要是刚换了茶又来客人怎么办？可用俗语：“头过脚泄，二过茶叶，三过有钱买不着。”巧妙地吸引客人，既表达了对客人的尊重，又不用浪费好茶叶。）

（2）喝茶时一般顺手势先拿旁边的一杯，最后的人才拿中间那杯，互相谦让，此谓“和”。

（3）品茶时，要用精致洁净的茶具，为客人创造幽雅的环境，是谓“精”。

（4）主客围坐茶桌旁，欢声笑语，便为“乐”。

5. 小结：听了老师的简单介绍，大家是不是很想动手试一试呢？下节课，我们就来学一学怎样冲工夫茶。

第 2 课时

一、观赏工夫茶艺

1. 引入：同学们，潮州工夫茶的冲泡技艺有二十一式，我们也可以到校外的茶馆、茶舍学习，环境和效果会更好，今天就让我们看看国家级非物质文化遗产项目潮州工夫茶文化传承人陈香白教授的徒弟，潮州工夫茶文化代表性传承人，潮州市鸿德茶文化交流中心主任李淡榆老师所演示的整套传统的潮州工夫茶艺。

2. 播放视频，学生观赏潮州工夫茶二十一式冲泡技巧。

3. 喝茶：先闻香，后品茗。品茗时，以拇指与食指扶住杯沿，以中指抵住杯底，俗称“三龙护鼎”，这样拿茶杯不会太烫手。工夫茶很强调热度，所以品要一小口一小口地喝，既能保持温度，又能防止烫伤。

二、学习冲泡工夫茶

1. 选一个学生冲工夫茶，老师指导，其他学生评价。

2. 学生实际操作冲泡工夫茶，老师巡查，指导学生轮流冲泡，边喝边谈感受，可以是品茶的口感，冲茶时哪道程序最难把握，哪方面的知识最有趣，也可交流喝茶的俗语和故事。

三、“我的感受”

1. 谈谈喝茶和冲茶的感受，听过的有关茶的俗语和故事。

2. 总结：不管是在世界上的哪个角落，有潮州人的地方就有工夫茶，共饮的人相敬相爱，一杯小小的工夫茶将潮州人紧紧联系在一起，是一种真善美的高级享受。现在，我们就不难理解为什么富翁嗜工夫茶，乞丐嗜茶如命了吧。希望同学们通过这节课的学习，能对工夫茶有所了解，会冲茶，会喝茶，爱喝茶，让潮州工夫茶陪伴你们的成长，并且继承和发扬下去。

四、活动天地

1. 将《富翁嗜工夫茶》的故事，用“讲古”的形式讲给家人听。

2. 回家多冲工夫茶，当一个热情好客的小主人。

附：板书设计

《富翁嗜工夫茶》

• 教学后记

《富翁嗜工夫茶》讲述的是两个老茶客——庄老板和乞丐，两人身份悬殊，却因茶相识、相知的故事。“文化百科”从工夫茶器“四宝”和“客至则设茶”，即潮汕人喝茶的礼节来介绍潮州工夫茶。“活动天地”设计的是喝茶习惯小调查，让学生通过调查，寻找身边的老茶客，理解潮汕人对工夫茶的热爱。

既然是讲述老茶客的故事，为了让学生主动去了解、探寻茶文化对潮汕人的影响，我反其道而行，预习时让学生先完成“活动天地”中的喝茶习惯小调查并在课前进行交流。在交流中学生发现，原来生活中也有许多“老茶客”，每天都喝茶，早上也喝，中午也喝，晚上也喝，潮州人家家户户都离不开工夫茶。这样一来，故事中富翁和乞丐皆嗜茶如命的老茶客形象就变得具体可感，身边的人与故事中的人物有了共性，更激发了学生进一步了解工夫茶的兴趣。

《潮汕文化读本》（下称《读本》）作为乡土教材，其最大的特点就是有文本作为支撑，根据不同年段学生特点，以歌谣、民间故事、诗文作为切入点，引导学生了解、学习家乡的文化。而《读本》的课程定位——语文综合性学习，决定了在《读本》的课堂上，教师要架桥搭梯，引领学生与文本的对话，拉近学生与文本的距离，体现“语文味”。因此，“一起来讲古”通过小组内讲，全班讲，师生评议的过程，在引导学生理解故事中人物对茶的痴迷的同时，也锻炼了学生的概括能力和口头表达能力。“一起来听古”再将书中的故事以“讲古”的形式呈现在课堂上，久违了的“讲古”通俗易懂，诙谐押韵，潮味十足，在满堂笑声中既加深了故事在学生心中的印象，也极大地调动了学生学习的积极性。而适时补充相应的生活经验和知识，也能拉近学生与文本的距离。“茶三酒四”“壶小乾坤大，茶薄人情厚”“头过脚泄，二过茶叶，三过有钱买唔着”“假力洗茶渣”等与茶有关的俗语、故事，贯穿在认识茶文化的过程中，学生在一种自然愉悦又充满生活气息的环境中深刻地体会到了潮汕文化学习带来的快乐。

为了让学生更深入地了解工夫茶，我甚至将潮州工夫茶艺传承人请进课堂，为学生演示“潮州工夫茶艺二十一式”的冲泡过程，并亲自指导学生冲泡工夫茶（也可用传承人的演示视频代替），在开阔学生眼界的同时，实现文本内容与校外课程资源的连接，从而增强了学生对家乡文化的认同感和归属感。

在学生动手冲泡工夫茶的时候，看到孩子们有模有样地“危冲下筛”“韩信点兵”“关公巡城”……甚至有好几个孩子主动向老师们敬茶，我知道有一帮“小茶客”诞生了，他们将会和家里的“老茶客”一起将工夫茶传承下去。

3.3 古诗教学设计及教学后记

示例课文

《潮汕文化读本（五、六年级）》第 11 课《潮州元宵》①。

《潮州元宵》教学设计及教学后记

上元灯火六街红，人影衣香处处同。
一笑相逢无别讯，谁家灯虎制来工？

教学媒体资源下载

• 教学目标

1. 能用潮汕方言流利、有感情地朗读古诗、背诵古诗。
2. 能想象诗中描绘的画面，体会诗人所表达的情感。
3. 能了解诗中涉及的元宵节习俗，感受诗中体现的传统文化内涵。

• 教学重点

1. 使用潮汕方言诵读诗歌，理解诗歌大意，感受诗歌的音韵美、画面美和情感美。

2. 能了解诗中涉及的节日习俗，感受诗中体现的传统文化内涵。

① 本课例设计 & 执教教师：湘桥区铁铺镇慈云小学余冬毅。

• 教学难点

1. 能用潮汕方言流利地、有感情地诵读古诗。

2. 理解“上元”“六街”“灯虎”的含义，了解元宵节的习俗，体会潮汕人民祈求幸福安康、向往美好生活的意愿。

• 课时安排

2 课时。

• 教学准备

课件。

• 教学过程设计

第 1 课时

课时目标

1. 能用潮汕方言流利、有感情地朗读古诗、背诵古诗。

2. 能想象诗中描绘的画面，感受诗歌的音韵美、画面美和情感美，体会诗人所表达的情感。

3. 了解诗中涉及的元宵节习俗，初步感受诗中体现的传统文化内涵。

教学过程

一、花灯作引，引出关于元宵节习俗的话题

1. 出示花灯图片，调动视觉记忆。

（1）引导学生观看花灯图片，思考花灯是哪一个传统节日的重头戏。

（2）学生回顾并介绍家乡元宵节习俗。

2. 教师小结：通过刚才的交流，我们知道咱们的家乡潮州过元宵节时有游花灯、挂灯笼、游神等传统习俗，过得红火热闹，带给了我们无穷无尽的快乐回忆。老师从大家的精彩描述中也真切地感受到了节日的温馨和美好。

二、品读古诗，理解诗意，感悟诗歌表达的情感

创设场景：现在我们是这样过元宵节的，那么古时候潮州人又是怎样过元宵节的呢？让我们跟随诗人陈坤一起穿越时空去看看吧。

（一）读诗题，识诗人

1. 学生齐读诗题，理解“元宵”一词的含义。

①“元宵”释义：正月是农历元月，古人称夜为“宵”，因此人们把一年中第一个月圆之夜正月十五称为元宵。

②“元宵”别称：十五夜、小正月、灯节、上元节、元夕等。

2. 诗人简介：陈坤，大兴（今北京）人。清同治元年（1862）任潮阳知县。

（二）读诗歌，悟诗意

1. 听音频，初读诗。

（1）播放朗读音频，让学生听范读。

（2）巡查、指导学生用潮汕话朗读诗歌。

朗读提示：注意诗歌中一、二、四句尾字“红”“同”“工”相互押韵，诗歌的音韵美就在这里得以体现出来。由于整首诗洋溢着节日的欢乐气氛，诵读时语调应该比较轻快，要读出轻松喜乐的感觉。

（3）学生反复自由朗读，读准字音。

（4）全班齐读。

2. 趣读诗歌，感受音韵美。

过渡：我们刚才初读诗歌时是按照传统的读法，读出了 2－2－3 的节奏。现在我们看看能不能变换读法，把诗歌读得更有趣一些。比如，配上节拍读（拍手读、脚踏节拍读之类），或是配上动作读，都能让诵读变得更有趣、更好玩。

（1）教师示范配上节拍读诗。

（2）学生练习古诗趣读。

（3）学生趣读展示。（齐读、小组读、个人读）

过渡：同学们的趣读方法真是多种多样，节奏感强，生动有趣，精彩纷呈啊！老师这里还有另外一种趣读方法——应答读。你们想听听吗？

（4）教师出示设计好的应答读 PPT 并范读。

示例：　　　潮州元宵

　　　　　　清　陈坤

上元灯火六街红，（应答：过雅）

人影衣香处处同。（应答：好看）

一笑相逢无别讯，（应答：哦障）

谁家灯虎制来工。（过呖、过呖，过敢呖！）

（5）学生练习应答读，教师巡查指导。

（6）学生展示应答读。（分角色对读、小组对读）

3. 读诗，质疑，释疑。

（1）学生自由读诗歌，尝试理解诗歌内容，并把不懂的地方提出来。

（2）预设：诗歌中“上元”“六街”“无别讯”“灯虎”是什么意思？

4. 听读，想象画面美。

过渡：从趣读中我们感受到了这首诗歌的音韵美，它不但是一首动听的歌，还是一幅活色生香的风俗画呢。来，让我们闭上眼睛听一听。

（1）听读想象画面。

仔细听老师朗读这首诗，透过诗里的文字想象画面。你看到了什么？

（2）学生描述画面。（提示：在什么时候？什么地方？谁在干什么？）

预设：

场景1：上元灯火六街红，人影衣香处处同。

①学生交流自己对上面诗句的理解：元宵佳节，潮州城里几条大街张灯结彩，金碧辉煌，到处游人如织，热闹非凡。

②想象画面：引导学生抓住“六街红”来感受潮州城里大街小巷灯火通明，亮如白昼，抓住“人影衣香”感受人声鼎沸的热闹场景。

③引导学生感受诗句表达的情感，读出诗句的韵律美。

场景2：一笑相逢无别讯，谁家灯虎制来工？

①学生交流自己对上面诗句的理解：游街赏灯猜谜的熟人相遇时没有别的话题，只兴奋地谈论着大街上谁家的灯谜制作更工巧、更精致。

②想象画面：引导学生抓住“一笑相逢”感受人们游街赏灯、猜谜时的喜悦心情。

③指导学生朗读时注意语调轻快，读出喜乐的感觉。

5. 学生结合自己的感受，再次有感情地朗读古诗，感受情感美。

三、梳理诗歌内容，尝试背诵

1. 教师梳理诗歌内容：这首诗描述了古时候潮州城里人们过元宵节的情景，勾勒了观灯图、猜谜图，让我们感受到了传统节日带来的美好与欢乐，深切地体会到地方风俗的独特和温馨。

2. 学生尝试背诵全诗。

四、课堂小结，课后延伸

1. 教师小结：今天，我们通过多种形式趣读古诗，读出了节奏，也读懂了诗句的含义，抓住重点词想象画面，真切地感受到了古时候潮州元宵节的热闹和喜庆，领悟到了诗文中所体现的传统文化内涵。

2. 收集有关潮汕地区元宵节习俗的资料。

第 2 课时

课时目标

通过文化活动体验，进一步了解元宵节的习俗，深切体会潮汕人民祈求幸福安康、向往美好生活的意愿。

教学过程

一、复习古诗，反馈元宵节习俗资料信息

1. 回顾上课所学的内容。

2. 学生背诵古诗。

3. 学生反馈收集到的有关潮汕元宵节习俗的信息。

二、文化拓展，引导体验

1. 教师导入。潮汕俗语称："一年一度元宵明。"元宵节，明月皎洁，高悬碧空，而人间万家灯火、金碧辉煌，真可谓天上人间，都成了灯火世界了。在潮汕，元宵节是仅次于春节的重要节日。潮汕人从正月十三起，便已开始准备过节了。街上卖灯笼，神庙和宗祠里也开始陆续悬挂上各式各样的灯笼。到了元宵夜，游花灯便成了潮汕元宵活动的重头戏。直至今天，游花灯仍然是我们潮汕地区元宵节的主要民俗活动之一。哪位同学来说说咱们村里元宵节是怎样游花灯的呢？

2. 预设生答。元宵夜，我们村里会营花灯、营老爷，晚上七八点钟，大家在神庙前集合，花灯队伍前头是高灯彩旗，接着是锣鼓队，再接着是长长的花灯队伍，最后是神像。游行队伍穿街过巷，好不热闹。

3. 师小结过渡。是的，现在元宵夜我们仍然游花灯，标旗神像，锣鼓彩旗，热闹喜庆，大家提着油纸灯笼或红纱灯笼在村里游行祈福。但那些灯笼制作简单，式样单一。那么古时候潮汕人是如何游花灯的呢？来，我们一起看看。

4. 学生观看《荔镜记》中的"睇灯"片段。

文化点一：潮州花灯

1. 简介潮汕花灯史。

潮汕元宵节游花灯，历史悠久。由明朝嘉靖刻本潮剧《荔镜记》中对当时元宵夜潮州游花灯情景的具体描写可以推知，潮汕元宵花灯至少已有四百年以上的历史。

2. 游灯盛况。(出示各式花灯图片)

"游花灯"即由民间各个神社组织及各行铺出资制作花灯，晚上穿街过巷游行。

花灯队伍前导为火把、龙灯，接着是各色标旗，紧接着是锣鼓队，吹打拉弹，再接着便是长长的花灯队伍了。花灯种类繁多，莲花灯、蜜柑灯、柿子灯、麒麟灯、鲤鱼灯、乌龟灯、活灯、纱灯……花果虫鱼、飞禽走兽和戏剧传说、民间故事人物等鱼贯而至，结尾是翩翩起舞的凤凰灯。这样的游行队伍称为"龙头凤尾"，寓意好头好尾。

文化点二：潮汕灯谜

过渡：刚上课时有同学提到元宵夜的习俗除了游花灯之外，另一重头戏是灯谜会猜。那么，什么是灯谜呢?

1. 何谓"灯谜"。

(1) 贴在花灯上的谜语称为"灯谜"。灯谜又称文虎、灯虎。

(2) 出示写有灯谜的小花灯，让学生猜射。

谜语一：嘴像小铲子，脚像小扇子，走路左右摆，不是摆架子。(打一动物)

谜语二：一层壁，二层壁，掰开来个老伯须赤赤。(打一食物)

2. 听谜史，知谜人。

(1) 潮汕灯谜。谜，作为一种娱乐或游戏最初是口头表达，直到南宋，它才有另一种载体——花灯，这就是灯谜形成的时代。潮汕灯谜是中华谜艺的重要组成部分，具有中华谜艺的共性，也具有"潮韵"的个性。

(2) 潮汕杰出谜人。古有被潮汕民间视为"谜圣"的林大钦、翁万达、吴殿邦；今有谢会心、柯鸿才、余锡渠等。谢会心是现代杰出灯谜艺术家，他的《评注灯谜虎辨类》《韵谜三百则》《科学谜刊》等著述在现代谜坛产生了重大影响。

3. 潮汕俗语灯谜会猜。

(1) 学呾潮汕口头语（出示潮汕俗语 PPT，师先范读，再教读）

(2) 引导学生根据所掌握的俗语，猜测谜语答案。

例引：

立春——季头

原地踏步——无寸进

分手乐曲——离谱

不改倒霉相——衰形、卖变

南面着火——唔烧（相）北

陶瓷事业在改革——做泥有变

买鸭——街市觅无

走在 CD 上——踏碟

乐观——看欢喜

三、自制花灯，体验传统工艺制作的艰辛和乐趣

1. 观看简易卡纸花灯制作方法。

2. 学生自制花灯。

3. 自制花灯展示。

四、课堂总结，课后延伸

1. 教师小结：在这一课上，我们学习了古诗《潮州元宵》，了解了古时候潮州人过元宵节的盛况，知道了潮汕元宵节的许多习俗，参与了灯谜会猜、自制花灯的活动体验，感受到传统节日的美好和温馨，领略到家乡文化的独特魅力。同学们，潮汕文化源远流长，博大精深，只要留心生活，就会发现许多有趣的家乡文化习俗。

2. 收集其他有关传统节日和习俗的古诗。

附：板书设计

潮州元宵

上元习俗 { 观灯 / 猜谜 } → 文化点 { 潮州花灯 / 潮汕灯谜 }

• 教学后记

《潮州元宵》是清代诗人陈坤吟咏潮州元宵灯会、猜谜风俗的诗歌，虽然只有短短 28 个字，却将古时候潮州人红火热闹过元宵的场景生动地勾勒了出来。怎样引导学生学习经典文本，引领学生与文本对话，进而领会文本中所体现的节日的美好与温馨，感悟文本中所蕴含和表现的民族文化心理，是这节课教学的重要目标。为此，我在引导学生感知诗歌方面设计了多种不同读法，通过有感情朗读、花样趣读，让学生在反复朗读中理解和掌握经典文本内容。接着就潮州花灯有什么特点、花灯游行队伍有什么本土特色、灯谜竞猜有哪些地方特色、潮汕元宵节其他传统习俗又有什么特色等问题着手进行备课，力图将这些区别于其他地方的充满本土民俗风情的元素挖掘出来。于是，在体验活动环节我设计了灯谜竞猜和自制花灯两个活动，以凸显课堂实践体验的趣味性。

整节课的设计坚持以经典文本为引领，活动体验为文本的拓展和延伸，努力让孩子们理解脚下的这一方水土，体验区域文化魅力，认同自己民系文化，提高区域文化自信，点燃他们热爱家乡的热情。

1. 采用方言教学，落实经典文本阅读

林朝虹教授在《〈潮汕文化读本〉课程定位与实施原则》中强调古诗词更多属于方言而不是共同语，而且中、高年级中文化百科涉及诸多地方名物、俗语俗谚、地方民俗等都属于潮汕民系方言文化的内容。因此用方言讲述自己的民系文化，会使课堂更生动、更有趣、更具感染力，这亲切的乡音一下子便拉近了学生与老师、文本的距离。

课堂伊始，以花灯作为引子，调动学生的视觉记忆，引出学生对自己家乡元宵节习俗的介绍，又进一步引导学生结合文本提供的信息理解"元宵"的意思，了解元宵节的别称。有了这些元宵节知识储备之后，便自然而然地引出对古诗《潮州元宵》的学习。

在诗歌阅读方面，我引导学生在流利通读古诗的基础上，进行创造性的花样趣读，设计了有趣的应答读，让原本一板一眼，有着严格韵律限制的古诗诵读变得生动而风趣起来。对读得准确、读得流利的学生及时予以表扬，便一下子调动了课堂气氛，学生们参与课堂的积极性和主动性瞬间高涨。爱因斯坦说："兴趣是最好的老师。"几轮下来，有的学生已能脱离古诗文本自然成诵了。

在反复诵读的基础上，学生已对古诗中描述的元宵节场景有了整体的感知，我便顺势引导学生结合自己过元宵节时的生活体验，与文本描摹的场景及表现的情感进行对话交流，想象诗句所描述的画面，而过节时同样的热闹红火，同样的兴奋愉悦，便成了联结学生与文本对话的纽带。于是，诗歌内容理解的重点、思想情感体验的难点一下子迎刃而解。风过无痕般地实现了既定的教学目标，落实了经典文本阅读及理解的教学任务。

2. 设计活动体验，感受地方文化魅力

语文综合性学习的课堂不应只停留在简单的动口与动脑的层面上，还要引领学生进行真切的实践体验。本课是一节描摹本土人情风物的古诗，诗歌中所涉及的潮汕本土文化元素应该作为拓展和挖掘的重点。于是，我设计了潮汕特色灯谜竞猜和自制花灯两个活动，让语文课堂更开放、更创新、更具活力，使学生在文化经验积累、竞技、手工、审美趣味等领域也能获得长足发展，从而提升学生的语文核心素养能力。

（1）灯谜竞猜，体会潮汕方言的形象生动、朴拙风趣。

潮汕灯谜竞猜活动是一项历史悠久又为潮人所喜闻乐见的民俗活动，其中潮汕俗语灯谜难易适中，雅俗共赏，颇受欢迎。于是，灯谜竞猜内容我选择了潮汕俗语灯谜。孩子们在竞猜活动中思维敏捷，反应迅速，十几条谜语花不了多少工夫都被他们成功猜中了。竞智型的谜艺活动，既激发了孩子们潜藏于身的潮人争强好胜的民族文化心理，又丰富了他们对地方特色方言词汇的积累，提高了地方文化积淀，同时也让其感受到潮汕话的生动诙谐、朴拙风趣。由听、学、说到理解运用，俗语俚语方言文化生趣盎然，这样的文化体验相信孩子们是印象深刻的。

（2）自制花灯，体验地方传统手工艺制作的艰辛与精致。

潮州花灯是最富于地方特色、独一无二的百年传统手工艺，用料考究，做工精细，品类繁多。挂灯、壁灯、串灯、花篮灯、水果灯、动物灯、走马灯、座灯等，五彩缤纷，生动传神，惟妙惟肖。特别是以潮剧故事、民间传说中的人物为题材的百屏花灯，更是宏伟佳作，人物造型千奇百怪，栩栩如生，在民间极具影响。课堂上，我给学生们放映影视作品中的潮汕元宵游灯视频，又让学生观看了各类美轮美奂的潮汕花灯图片。在学生们的一声声由衷的赞叹中，我知道区域文化给他们带来的震撼是不言而喻的。这样的一种文化影响，使学生在花灯制作活动中，更追求精益求精。有的同学利用彩色卡纸制作花灯，灯身制作完毕后还要剪出一圈流苏进行装饰；有的同学用废弃饮料瓶剪出灯身，雕出小巧的灯窗，还用彩色卡纸剪出漂亮的小蝴蝶贴上灯身装饰；有的同学制作出小柠檬灯，还不忘仔细地给小灯笼穿上提线，再装上小竹棒，点上小蜡烛……

活动场面亲切而温馨，学生们在地方文化浸润中其乐融融。在实践体验中感受区域文化的美好与魅力，这样的经历是难忘的、深刻的。理论和实践相互结合，知识与实操相互补充，文本延伸，文化拓展，于润物无声中将地方优秀传统文化植根于他们的心间，提高了学生对自己家乡文化的认同感，起到了事半功倍的学习效果。

3.4 散文教学设计及教学后记

示例课文

《潮汕文化读本（初中全一册）》第1课《扛标旗的少女——我的春节记忆》①

《扛标旗的少女——我的春节记忆》教学设计及教学后记

教学媒体资源下载

• 设计意图

《潮汕文化读本（初中全一册）》的教学实践尚处于最初的探索阶段，本教学设计以陈平原教授的《扛标旗的少女——我的春节记忆》教学实验为实例，尝试从对话文本、文化拓展、巧用教材三个方面，探索实现《潮汕文化读本》语文综合性学习课程定位的教学实践途径。

春节是我国民间最隆重、最热闹的传统节日。文章以“扛标旗的少女”为主要线索，生动有趣地勾勒了作者记忆中的潮汕春节景象。在作者眼里潮汕的春节是异常别致的，因为它有丰富多彩的地域民俗活动，并且富有人情味。这正如“扛标旗的少女”一般，扛的人、标旗的内容，甚或标旗的做工不尽相同，但其所表达的内涵却是一致的，那就是从古至今所有潮汕儿女为之无限眷恋的温馨、和谐与喜庆的风物人情。虽然时代不断变迁，但这正是那恒久的记忆和思念，永恒的潮汕文化之根。

① 本课例设计 & 执教教师：潮州市湘桥区磷溪镇侨光中学陈建纯。

• 教学目标

1. 了解乡土文化对个人成长的重要作用，学生通过文本阅读体会领悟作者的家乡情怀。

2. 学生关注体验丰富多彩的民俗文化，在生动有趣的文化现象和文化体验中去认同自己的民系文化。

3. 学生增强快速阅读课文、提炼把握文章主要内容的能力。

4. 紧密结合初中语文阅读的特点，借用文本阅读提升语文综合素养。

• 教学重难点

1. 学生关注体验多彩的民俗文化、乡土文化，并内化为人文素养。

2. 通过课内课外有机联系的广泛阅读提高语文综合素养。

• 教学过程设计

一、导入新课

故乡的歌是一支清远的笛，总在有月亮的晚上响起，故乡的歌从远古唱到今天，却亘古而年轻。每当新年或佳节来临，那来自故乡的风更是带着思念的气息，拨动游子的心。当灯笼挂起，锣鼓响起，鞭炮响起，游行队伍在乡间穿行，我们为之感动的正是那浓浓的乡情。

现在请同学们一起来回忆我们学习过的反映故乡风土人情的文章。

（回答示例：人教版语文八年级下册，鲁迅的《社戏》、刘成章的《安塞腰鼓》、吴伯箫的《灯笼》。请学生互动交流，老师适当点评）

鲁迅的《社戏》

刘成章的《安塞腰鼓》

家乡是我们生于斯长于斯的地方，同学们的记忆里有什么类似于以上课文的民俗活动呢？

（回答示例：游神赛会、潮剧、潮州大锣鼓等）那么同学们是否也曾想过像课文的作者一样把身边的民俗文化写成文章，做一个乡土文化的传承者呢？

而有一个人，他就做到了，他就是陈平原教授，我们磷溪镇旸山村人，他离开家乡外出求学工作已经几十年了，他把记忆里美好的民俗文化写成了文章《扛标旗的少女——我的春节记忆》。

二、作者简介

陈平原，广东省潮州市磷溪镇旸山村人，文学博士，现为北京大学博雅讲席教授（2008—2012 年任北京大学中文系主任）、教育部“长江学者”特聘教授、中央文史研究馆馆员，国务院学位委员会第六、第七届中国语言文学学科评议组成员。2008—2015 年兼任香港中文大学中国语言及文学讲座教授（与北京大学合聘）。

陈平原教授

这样一位大教授、大学者就是我们的乡亲，磷溪镇旸山村人。同学们是否由衷地觉得非常的自豪和骄傲呢？陈教授外出学习工作已经几十年了，但对家乡是一往情深，同学们手中的《潮汕文化读本》就是陈教授赠送给我们的。作为编者他既贡献智慧又自掏腰包，买这些读本送给我们，真是拳拳赤子心，浓浓家乡情，让人为之感动，在这里我们感谢陈教授。

三、课文内容的阅读分享

（学生快速阅读课文，自觉分享阅读到的内容）

1. 设问引导。

（1）扛标旗的少女在同学们的印象中是什么样子的？（学生互动，先讲述民俗活动的印象和体验，再与文中描述做对比）

——生来雅、衫裤雅、标旗雅。（潮汕方言意为长相漂亮、衣服漂亮、标旗漂亮）。

（2）扛标旗的少女体态容貌是什么样的？

——（穿戴容貌身姿）穿华服，戴墨镜，步态轻盈，面容娇美，既不唱也不跳，只靠身姿与面容，还有肩上的各色标旗，吸引着无数围观的群众。体态婀娜，笑容可掬，安静地走在大街上——娴静、美丽。

（3）标旗上绣的是什么字，反映了什么精神风貌？

——“一帆风顺”“出入平安”“国泰民安”“吉祥如意”；

“旅泰华侨”“新加坡潮州商会”捐赠。反映了温馨、吉祥、和谐的精神风貌。

(4) 扛标旗的机会易得吗？扛标旗对于少女有何特殊意义？

——扛标旗是少女们一生中无比风光的时刻。机会来之不易，可以成为小名人，不愁嫁不到好人家。

(5) 扛标旗的少女适合出现在什么样的舞台？有何特殊魅力？

——适合于走在乡镇或小城的街道上，而不属于繁华的大都市。其特殊魅力在于与围观民众的良好互动，是农业社会自娱自乐的“选美比赛”加“时装秀”。

2. 图片欣赏。(欣赏游行的图片——扛标旗的少女)

四、课文内容的拓展延伸

春节是我国民间最隆重、最热闹的传统节日。潮汕地区除了与全国其他地区穿新衣、拜新年、收红包的习俗一致之外，还有自己独特的民风民俗。其中“闹热”尤为特色。所谓“闹热”，就是潮汕人一年一度的集体祭祀神明的狂欢节，人们用游神赛会的形式庆祝丰收年，并表达对新年新气象的憧憬，寄托祈求风调雨顺的美好愿望。“闹热”是潮汕的一种非物质文化遗产，它有着源远流长的历史，一直受潮汕人民的热捧。学生身处其中，体验深刻，可适当引导，提醒记忆，加深学生对本土文化的认识，深入理解脚下的一方水土。

1. 设问引导：作者离开家乡几十年，他最美好的春节记忆是扛标旗的少女。那么同学们最美好、最有印象的春节记忆又是什么呢？

2. 学生回忆乡村春节闹热盛况，讲述自己家里过节时的物品准备、节日活动、家庭氛围。(图片、视频欣赏)

(1) 穿新衣、拜新年、收红包、团圆饭。(穿新衣、拜新年、收红包、团圆饭图片各一张)

(2) 祭品、神前。(“三牲”、粿品、神前图片一组)

穿新衣、拜新年、收红包

红桃粿

鼠壳粿

潮州卤鹅

（3）游行队伍。（游神锣鼓队图片一组，视频一个）

（4）独特民俗。（独特民俗磷溪溪口“穿蔗巷”图片一组，视频一个）

游神队伍

溪口独特民俗“游蔗巷”

3. 学生参与节日活动的亲身体验。

（1）潮乐合奏。（现场潮乐合奏）

（2）击鼓表演。（现场击鼓表演）

现场潮乐、击鼓表演

五、引导“1 + ×”阅读，提高语文综合素养

多彩的民俗文化、缤纷的节日记忆伴随着我们成长的历程，是我们精神财富最宝贵的一部分。陈平原教授在《潮汕文化读本》的序言中说：也许有一天你会跑到很远很远的地方去求学、工作乃至定居，夜深人静，回想曾经生活过的潮汕——那些日渐远逝的乡音、人物与食品，说不定你会泪流满面。三十功名尘与土，八千里路云和月。在人生的某一个时刻，或许你会突然觉得，眼前的满眼繁华还抵不上故乡母亲的一声呼唤。故乡是每个人的生命之根，它就是如此深沉而磅礴地影响着每一个人，这千古的乡思正是千古的文思，故乡之思

已成为一个文化的母题，从古至今以家乡的历史习俗、风物人情为表现对象的各种艺术作品不胜枚举。如王安石的《元日》："爆竹声中一岁除，春风送暖入屠苏。千门万户曈曈日，总把新桃换旧符。"写出了元旦的民俗活动和喜气洋洋的过节气氛。王维的《九月九日忆山东兄弟》："独在异乡为异客，每逢佳节倍思亲。遥知兄弟登高处，遍插茱萸少一人。"写的是重阳节怀乡怀亲人，以及重阳节插茱萸的习俗。还有辛弃疾的《清平乐》："茅檐低小，溪上青青草。醉里吴音相媚好，白发谁家翁媪？大儿锄豆溪东，中儿正织鸡笼，最喜小儿亡赖，溪头卧剥莲蓬。"写的是我们最熟悉最亲切的乡村生活。

拓展到当代的作品，汪曾祺的《端午的鸭蛋》，写的是他的家乡高邮，水乡，鸭多，鸭蛋也多，高邮最出名的就是咸鸭蛋。小小的咸鸭蛋寄托的是老先生浓浓的乡情。

再往课外拓展，沈从文的《边城》，写的是作者的家乡湖南湘西，那里纯美的山水和淳朴善良的人们，是非常唯美的一部作品。路遥的《平凡的世界》，写的是陕北地区黄土高原双水村一户人家的悲欢离合，是一幅波澜壮阔的时代画卷。甚至诺贝尔奖的得主莫言很多作品也是取材于家乡高密，让家乡的风物带上象征走向了国际。

（古今名作的相应图片准备，服务直观的阅读引导）

六、课堂欣赏学生描述家乡的作文

附：901 班学生丁韩璇习作

忆春节

红红灯笼挂满树，人山人海祠堂前。今天的小街比往常温馨了许多，连荒凉的木屋都升起乳白色的烟。一切都是热乎乎的，一切都是新的，是啊，春节近了，近了。

奶奶热乎乎的脸上洋溢着许久未见的灿烂笑容，紧紧地握手，握住了几年不见说不尽道不完的话，深情对视的双眼泪光闪闪，凝聚成一句"新年好"；老爷爷摆开红联，用突然灵活的双手，遒劲有力地，把"四季平安"刻在对联上；母亲不亦乐乎地把祭拜祖先的贡品摆好……

盼望着，盼望着，新年的钟声响起，整个小村庄顿时炸开了锅。

年幼的我跟随长辈来到人山人海的祠堂祭拜祖先，满心却想着祠堂里摆着的各种漂亮的"小玩意儿"。我急急地催着母亲买棉花糖，等买来了嘴里却还塞满了巧克力。

一天的"奔波"当然还不够，主角是夜晚的大锣鼓。只要听到"隆咚"的有节奏的锣鼓声，走出家门踩着鞭炮就看到那支五颜六色的锣鼓队了。

队员们穿着整齐缤纷的队服，在火光照耀下，这条“彩色神龙”游行穿梭于小小的村庄，送来诚挚的祝福。有史以来，我第一次感到那么温馨与感动。

打鼓的、吹笛的、拉二胡的曲调浓缩在一起，演奏出古老的韵味。扛着绣有“一帆风顺”等字样的锦旗的少女端庄优雅，扛花篮的可爱女孩们扮着鬼脸，壮年们扛着各位神仙，站在旁边的大娘喜滋滋地走到神仙前摸了摸，其他人也跟着做，寓意迎来好运。队伍游行到凌晨一点，此时仍人人神采奕奕，毫无倦意。

春节，点燃的是鞭炮，留下的是故事，寄托的是希望，不变的是传统，传承的是真情。我爱这七彩的春节。

大作家和我们的小作者各以自己的方式，写出了各自的故乡之恋。将心灵之根深扎于故乡的土地，汲取着那永不枯竭的养料，不同的笔触，不同的故事，写出的却是相同的眷恋，这故乡之恋正是文学情思的源泉。陈平原教授有一段话，对我们是一个很好的引导。同学们一起朗读一下：

> 成长过程中，最好能够“上天入地”。这当然是比喻——“上天”指的是获得全国乃至国际性视野，“入地”则是努力理解脚下的这一方水土，体会区域文化的魅力。

“世界眼光”必须辅以“本土情怀”，我们的知识及趣味才不会出现严重的偏差。请同学们多多记录下生活中美好温馨的民俗记忆，让故乡之思脉流远长。让自己的知识结构多维立体，让自己成为一个全面发展的人才。

七、总结

我国地域广阔，不同地区有着不同的民俗文化，它们孕育和滋养着一方人民，影响着我们的生活方式、思想状态和情感表达，是我们整个中华民族最宝贵的文化资源，最能体现民族归属感。

八、板书设计

扛标旗的少女

扛标旗的少女：可爱、美丽、娴静

活动的舞台：乡镇小城的街巷

围观的民众：同在一个生活圈，热情互动，是一场“时装秀”“选美比赛”

社会风气：有人情味，温馨、和谐、喜庆

• 教学后记

陈平原教授的《扛标旗的少女——我的春节记忆》是初中《潮汕文化读本》中的第一篇文章，我大胆地进行了课堂教学实验尝试，下面谈谈几点实验过程的体会。

师生实现了良性互动是这节课的第一个优点，课堂自始至终让学生处于主体地位，在老师的引导下进行主观能动的学习体验。文本对话环节，学生通过阅读主动分享阅读心得，师生互动完成文本内容的理解，体现读本教学的语文味。在文化拓展环节中学生是课堂的主人，充分调动学生的生活经验和生活积累，让活色生香的潮汕文化从学生主动的描述和表演中一一呈现。体现“生活即教育”的理念，让学生深入理解脚下的一方水土，从切身所感的文化现象中去认同自己的民系文化。

本节课第二个优点是挖掘利用本地乡土文化资源实现学生与文本的共鸣。磷溪镇人文荟萃，乡土文化资源丰富多彩，民俗活动独特缤纷，这是作者和学生共同的体验和记忆，有着一脉相通的默契和深情。课堂上学生动情地追忆自己的春节美好记忆正是与文本及作者的知遇和共鸣。磷溪乡土文化的深入挖掘契合了文本内容的感情暗线并融会贯通完成了文化拓展。

课堂教学实验有待探讨之处是本人尝试了初中语文阅读“1 + ×”的阅读模式，利用经典文本的阅读引导学生将阅读往课外延伸。初中三年学时短暂，中考任务繁重，“三年备考”一直是初中语文教学的口号和实操，导致语文教学有“少读书多练题”的倾向。“1 + ×”的尝试意在借用文本引导学生课内课外有机联系，同类群文阅读，拓宽阅读空间和视野，通过阅读提高语文综合素养。但教学实践中同类诗文的选择列举是否合理有待进一步思考，课堂实际效果也有待提升，期待与共同热爱潮汕文化的老师商榷提高。

4 文本解读

4.1 《潮汕文化读本（一、二年级）》童谣解读[①]

1.《畲歌畲嘻嘻》

童谣动画

畲歌畲嘻嘻，我有畲歌一簸箕。
一千八百哩来斗，一百八十勿磨边。
畲歌畲嗨嗨，我有畲歌一米筛。
一千八百哩来斗，一百八十勿磨来。

解读　这是一首畲歌斗歌序曲，这里的畲歌是指潮汕方言歌谣，当地百姓称之为“歌囝”。早在新石器时代，潮汕大地就有人类进行渔猎活动。从逻辑上说，应该存在原始的歌谣，但无从考证。到了宋代，潮汕出现了汉族歌谣、疍族歌谣、畲族歌谣同时并存的局面。明清文献记载，当时潮汕人插秧等大规模农事活动或者闹元宵等节日游乐活动，都会有鼓声相伴的歌谣演唱。潮汕歌谣用词朴实、用比生活化，如“我有畲歌一簸箕”“我有畲歌一米筛”，老百姓觉得簸箕和米筛装满了必定很多。能唱一千八百首歌谣才有资格来斗歌，只会一百多首就不要去凑热闹了。不过曾经灿若星辰的潮汕歌谣，今天会完整诵唱的人也不多了。

2015 年潮州歌谣被列入广东省第六批省级非物质文化遗产项目名录，它具有较高的文学价值、语言价值、民俗价值、史料价值和教育价值。

2.《老鼠拖猫上竹篙》

童谣动画

老鼠拖猫上竹篙，和尚相拍相挽毛。
担梯上厝沽虾团，点火烧山掠田螺。
老鼠拖猫上竹枝，和尚相拍相挽辫。

---

① 本部分由林朝虹解读。

担梯上厝沽虾囝，点火烧山掠蟛蜞。

解读 潮汕歌谣的滑稽歌可分为“无情的滑稽”的讽刺歌、“有情的滑稽”的诙谐歌和“无义的滑稽”的戏谑歌三类。这首颠倒歌就是属于戏谑歌，是“没有意思”之歌，因其“没有意思”而很有意思，叙说一连串与事实相反的奇怪现象，体现事理上的颠倒，从而形成颠倒谐趣的艺术效果。颠倒歌是一种“无厘头”式的民间幽默，“缘事而发、触物而动”，没有特别的含义（“意思”），更没有“微言大义”，是一种“为滑稽而滑稽”的很有意思（有趣）的“没有意思（意义）”之歌。

3.《一脚雨伞》

一脚雨伞，二脚鸡使，
三脚蟾蜍，四脚水牛，
五脚啼嗄，六脚蚧蛃，
七脚马鬼爷，八脚马龙骑，
九脚无人有，十脚阿蟹舅。

解读 这首数数歌是两句一韵的随韵，即潮汕方言所说的“合粘念”，而且不管是四言句还是五言句，始终保持两个音步的节奏，音步时值相等，整齐划一，使童谣表现出很强的节奏感，这是孩子们喜欢它的原因。幼儿学习这首童谣时，可以引导其学习数数和单双数，并在数数中辨识小动物。不过童谣中的“三脚蟾蜍”是来源于传说，“三脚蟾蜍”即指旺财的金蟾，一般蟾蜍都是四只脚的。另“五脚啼嗄”也是没有昆虫学依据的，“啼嗄”指“蝉”，蝉是六只脚的。小学生学习这首童谣，可拓展体验本地区的动物游戏。

4.《潮州姿娘好针工》

童谣动画

潮州姿娘好针工，十指尖尖舞银针；
绣出梅花散芳味，绣出七女下凡间。
潮州姿娘好针工，十指尖尖舞银针；
绣出大厦成群起，绣出七女下凡间。

解读 这是一首很具潮汕歌谣篇章特点的两章重叠童谣，歌咏的是心灵手巧的潮汕姑娘下针如有神的绣花技艺。一个“舞”字，既有绣花的姿态，又有速度与神态，通过句式和篇章的复沓，道出其技艺的精湛。歌谣中绣品栩栩如生、活灵活现，充满生命力，绣出了生活的美好。

潮绣与广绣合称为粤绣，与苏绣、湘绣、蜀绣并称为我国四大名绣，被列入我国第一批国家级“非遗”保护名录。潮绣主要有传统潮绣、抽纱刺绣、通锦绣等。最具特色的传统绣法是垫金绣，用棉絮垫高，用金银线镶嵌，具有浮雕效果，凹凸有致，色彩浓艳，生动逼真。其实精雕细刻是包括潮绣在内的所有潮汕民间工艺美术的共有特点，这是由绣花式的农耕方式引发的，共同构成了潮汕文化“精细”的特质。

5.《门脚一丛柑》

门脚一丛柑，唔危唔下好晾衫；
唔危唔下好打扮，打扮起来似陈三。
门脚一丛蕉，唔危唔下并君腰；
唔危唔下好打扮，打扮起来似五娘。

解读　这是一首叠体童谣，两章均以“门脚一丛×”起兴，而这个“×”的音节，定下了整章的韵。潮汕歌谣有不少这类“门脚诗”（门脚即门边）和“天顶歌”（天顶即天上），语言形式独特，地域色彩浓郁。以往歌者多是文化程度不高的劳动大众，吟咏的肯定是有别于文人的“风花雪月”，况且歌谣往往是歌者即兴所作、脱口而出，门前看到之景，天上见到甚至是想象之物，用来作为百姓之歌的起兴句是再合适不过了。这首童谣还通过起兴、反复、顶真等使童谣朗朗上口的修辞手法，引出了潮汕人非常熟悉的潮剧人物“陈三”“五娘”。因此可围绕《陈三五娘》的故事传说，让低年级的孩子了解潮剧，知道潮剧是用潮汕方言演唱的，是广东三大剧种之一，有潮语的地方就有潮剧。

6.《年年冬节边》

年年冬节边，家家户户在舂米；
舂米做乜事？舂米来挲圆。
一粒搭粟篁，一粒搭门边；
搭了好乜事？人吔搭了平平安安嫑唔见。

童谣动画

解读　这首歌谣描述了冬至时潮汕家家户户舂米、挲圆，在门上贴汤圆的民俗。在潮汕民间，冬至是一个很重要的节日，素有“冬至小过年”之说，有吃汤圆、祭祖、扫墓（挂冬纸）等习俗。挲圆食圆是一定要的，吃了冬至圆，意味着长大了一岁。挲圆食圆是祈求一家大小团团圆圆，讲究要挲得大小不一，即所谓公孙父子圆。潮汕乡村以往还有贴汤圆求神护的习俗：贴在粟篁上求丰收，贴在大门上求平安，贴在畜圈上祈求家畜平安过冬，贴在果树上希望果子像汤圆一样“流流滴滴”，即果实累累。

7.《红屐桃》

红屐桃，红屐桃，屐桃穿好觅踢跎；
奴囝行磨砌宫灶，砌起宫灶趣味多。
红屐桃，红屐桃，你做公来我做婆；
阿婆绣花公种作，有食有穿乐呵呵。
红屐桃，红屐桃，奴囝都呾大人好；
爱做大人出花园，拜天拜地拜父母。

童谣动画

解读 这首童谣从潮汕孩子玩“过家家”（砌宫灶）游戏唱起，孩子们希望自己快点长大，引出了潮汕地区的成人礼“出花园”。关于“花园”之俗有两种说法：一种是潮汕人认为儿童在15虚岁前一直生活在公婆神佑护下的“花园”里，当长到15岁时，一般在七月初七这天（也可自己“择日”）举行“出花园”仪式，让孩子跳出“花园”墙，走向社会。另一种是昔日富家大户住宅常建有花园，孩子长到15岁，被认为可以走出家门，值得庆祝。出花园仪式有三个主要程序：一是早晨用6对花草泡水洗脸和沐浴，6对花草指石榴花、仙草、榕树枝、状元竹、龙眼枝、柑枝（有的用桃枝），这里有永葆青春、读书成才、趋吉辟邪之意；二是用五牲、红桃粿、酵粿、豆酒圆、斋碗等凑成12件，出花园是孩子最后一次祭拜公婆神；三是家中备丰盛午餐，12道菜寓意一年12个月生活幸福，用餐时出花园孩子坐正位，其母在一旁说：阿奴坐北朝南，阿奴已经成人。要让孩子吃鸡头，这一天孩子也要穿红皮木屐，希望孩子像文科状元林大钦一样读书成才。

8.《天顶一条虹》

天顶一条虹，地下浮革命：
革命铰掉辫，娘囝放脚缠。
脚缠放来真架势，插枝花囝冻冻戏。

解读 这首童谣里的“革命”是指辛亥革命，推翻了统治中国几千年的君主专制制度，传播了民主共和理念，人们的生活发生了翻天覆地的变化。对于这场轰轰烈烈的革命，处于“省尾国角”的潮汕百姓，看到的可能仅仅是童谣所唱的男子剪掉辫子、女子不再缠足这些现象，这是远离政治中心且处于生活底层的潮汕百姓所知道的关于这场革命的全部情况，因此这从头到脚的变化“铰掉辫”与“放脚缠”就很自然地入歌了，而且还打趣“插枝花团冻冻戏”的女人。发生于一百多年前的辛亥革命，小学低年级的孩子们理解起来有些困难，学习这首童谣可从带孩子参观本地红色革命基地开始，从图片或视频引入，创设学习情境。

9.《一溪目汁一船人》

一溪目汁一船人，
一条浴布去过番；
钱银知寄人知转，
勿忘父母共妻房。

解读　这是一首过番歌。“过番歌”是指在中国侨乡或境外华人社区流传的以各方言族群先辈们到海外谋生为主题的民间歌谣或长篇说唱。“过番”是先辈们移民海外（主要是东南亚国家）的共同历史记忆。过番的人被称为“番客”。潮汕人过番时，很多人都会带着“过番三件宝”，即浴布、市篮和竹笠（或雨伞）。以前过番的人坐着木帆船出国，路途遥远，在海上颠簸时间长，生死难卜。码头离别，泪流满面，非常辛酸。潮汕、客家、福建等几大民系的“过番歌”都是在旧时经济逼迫的历史背景下产生的。如谭元亨所说，“过番歌”是“漂泊史，也是情感史，当然，更是一部生命史”！

10.《洋船到》

洋船到，猪母生，
乌团豆，拂上棚。
洋船沉，猪母眩，
乌团豆，生蛄蝇。

解读　这首童谣的“洋船”是指清代以来往返于潮汕和南洋的红头船。红头船是一种大型木帆船，因船头油刷朱红色而得名。船头画有两颗大眼睛，船浮在水面行驶就像一条大鱼。当年很多潮汕人就是坐着红头船出海过番，远渡重洋，到海外艰苦创业的。红头船是从潮汕地区启航驶向世界的，曾经是中国与世界经济文化交流的纽带，是潮汕人开拓拼搏的象征。这首童谣通过比兴的手法表达了家乡人对“过番”男人的依赖心理：红头船顺利到达，“过番”的男人也顺利回家，母猪生崽、扁豆生长，一切都是兴旺的；红头船沉没了，“过番”男人也遇难了，对于侨属来说是灾难临头，什么事情都是倒霉的。

11.《农事歌》

正月落粟种，二月浥冬瓜，
三月禾苗长，四月茄开花，
五月桃团熟，六月掘地瓜，
七月摘龙眼，八月剥麻皮，
九月鱼菜齐，十月新米炊，
十一月柑皮红，十二月梅开花。

解读 这首十二月歌以时间为序，铺陈了一年十二个月的农事以及各个季节的瓜果蔬菜。潮汕人将播种称为“落粟种”或“落种”，将植物种子放在一定的湿度、温度下，使其发芽称为“浥（ih^4）”。一年四季的收获既有粮食作物，也有热带水果，更有终年不断的蔬菜。因耕地四季可种，凝聚着民间智慧的农谚便提醒着大家及时耕种不要耽误农时。歌谣中“三月禾苗长”，是说种到新开垦的水田中的稻谷幼苗生长了。而什么时候可收割呢？潮汕农谚曰“夏至，稻好试”，即六月就可收割早稻了。而歌中的“十月新米炊”说的是晚稻。潮汕农谚“早田布田脚踏龙眼花，晚田布田脚踏龙眼皮”（早田：早稻；布田：插秧；晚田：晚稻），歌谣中“七月摘龙眼”，可见晚稻插秧在七月，收成在十月，才有“新米炊”之说。

12.《大家来唱作田歌》

1 3 5，1 3 5，大家来唱作田歌；
作田歌唱作田人，作田有人唔相同。
有人田地出金宝，有人田地长猫毛：
有人亩田早冬收八百，有人一亩只收四百多。

解读 这首童谣运用对比手法，表达了辛勤耕作的农民能获得丰收这一主题。让孩子们体验潮汕农民“作田如绣花”的辛劳与精细。从清末以来，潮汕平原人多地少，潮汕农民视土地为生命，注重精耕细作、间种套种，努力提高有限耕地的劳动收成，这就是“作田如绣花”。这种耕作方式使潮汕地区拥有了“全国第一个亩产千斤县”称号。正是这种绣花式的农业经济方式，形成了潮汕文化“精细”的特点：民间工艺的精雕细刻、精细潮州菜的“化腐朽为神奇”、工夫茶的“工夫”、做生意的精打细算、艺术的精益求精等等。

童谣动画

13.《南风去了东风来》

南风去了东风来，东风来了笑面开；
掠鱼都是东风力，鱼虾满载伊送来。

解读 潮汕人生产，巧于农艺，精于工艺，也善于捕捞。这首劳作歌说的是渔民善于通过观察气候与风向来决定出海捕鱼的时间。季候风一变，东风来了，渔民扬帆出海，往往都能满载而归，当然就脸上笑开了花。“鱼虾满载”唱出了潮汕海产品的丰富。潮汕地处南海之滨，海岸线近400千米，这里有鱼类400多种，还有虾蟹、贝类、藻类共近一百种。海鲜是潮汕人餐桌上的常见菜。潮汕人颇讲究，什么时令吃什么鱼。而且“无海鲜不成筵”，烹制海鲜的技艺更是精工细致。

14.《细细生理好安家》

一撮豆团圆又圆，挨做豆干变做钱；
人人呾阮生理小，生理细细好赚钱。
一撮豆团青又青，挨做豆干来安家；
人人呾阮生理小，细细生理好安家。

解读 潮汕人把经商作为发财致富的手段，清代海禁初开的时候，不少潮汕人漂洋过海到南洋从事商业活动，一百多年过去了，海外潮州商帮成为商海中一支不可忽视的力量。小小生意也可安家，童谣以做“豆干”为例形象地表达了这种观念。小小生意，可以小到连铺面都没有的如卖豆腐花、卖麦生糖（麦芽糖）等，尽管辛苦，潮汕人仍愿意做、坚持做。起早贪黑、吃苦耐劳是潮汕商人的共同特点。从小小生意开始，一步步向前走，坚持不懈，一代传一代，靠着勤劳与诚信，潮汕不少“老字号”商铺就这样诞生了。

15.《拍啊拍铰刀》

拍啊拍铰刀，拍来铰绫罗；
罗绫整，过深河；
深河深河深，一群姿娘团在听琴；
琴好听，阿公阿嬷坐客厅；
客厅通底块？通到后头花园边；
园中好花唔甘摘，留分娘团插支辫；

支辫插好去落田，保贺阿兄收大冬；

解读 这首童谣描写了好几个场景，每个场景之间都没有直接的联系，靠的是声音上的衔接，但它却成了潮汕地区耳熟能详的“经典”童谣。何谓“经典”？即能够经得起时间考验的作品。如此缺乏直接联系的童谣为何能成为“经典”？因为它有“无义之义”“无意思之意思”“无用之用”。用周作人先生的话说：“我说无意思之意思，因为这无意思原有它的作用，儿童空想正旺盛的时候，能够得到他们的要求，让他们愉快的活动。”这类童谣对幼儿具有娱乐作用。顶真手法的运用使童谣很具声音美感，所谓的“声音大于意义”。童谣本来就是以“声音”见长的文体。

16.《保贺阿公食百岁》

阿公欲食韭菜羹，后头韭菜还未生。
保贺阿公食百岁，牵团牵孙入书斋。
阿公欲食韭菜汤，后头韭菜还未长。
保贺阿公食百岁，牵团牵孙入祠堂。

解读 这首两章叠体童谣叙说的是希望爷爷长命百岁，带着子孙去书斋读书、去祠堂祭拜先祖，表达的是孝亲尊老的主题。潮汕俗语“尊老有老当”，意思是一个人只有年轻时尊敬老人，今后自己才有可能成为一个受人尊敬的老人。尊敬老人、赡养父母，是潮汕地区的一种好风尚。家庭是社会的细胞，家庭和睦是社会和谐的基础，是构建和谐社会的必然要求和重要途径。这些凝聚着潮汕民间智慧的童谣、谚语都表达了同样的主题。

17.《雨落落》

雨落落，阿公去“栅箔”，
栅着鲤鱼共“苦膘”，
阿公哩爱煵，
阿嬷哩爱炣，
两人相拍相挽毛。
挽去见老爹，
老爹笑呵呵，
呾恁二老好笑绝。

解读 这是一首充满生活情趣的诙谐歌，堪称潮汕诙谐歌的经典之作。诙谐歌不像“无情的滑稽”的讽刺歌那样辣味十足，它更温和一些，以“打趣”为主，是一种“有情的滑稽”。童谣一开始是环境描写，紧接着的场面描写是故事的发展与高潮：老两口各有所好，一个想“煏”，一个想“炣”，烹调方法的不同让他俩互不相让，甚至互拽头发，真是“老人如细囝（小孩儿）”；最后找“老爹”评理，“老爹”笑呵呵地说他俩笑死人了。夫妻生活本来就是和稀泥、互让半步，没有对错。童谣折射了潮汕人的幽默谐趣，懂得生活，生性乐观。

18.《粿名歌》

一油饉，二油鐳，
双（三）头尖，四菜粿，
五缚粽，六甜粿，
七挲包，八酵粿。
酵粿塗鳅空，糕粿踏步层，
乌龟包甜馅，食了免分人。
一块分人哩过少，二块分人哩唔甘。

解读　这首边玩边念的数数歌其实也是一首粿名歌。该童谣不但可让孩子们认识“粿”的名称，还可认识它们的形状：像发酵类米制糕粿品的“酵粿”，发酵后的糕点上有一个个如泥鳅洞一样的小洞，故说“酵粿塗［tou^{5}］鳅空［kang^{1}］”；糕粿一层一层如石阶一样，故曰“糕粿踏步层”；做成乌龟形状的饼是甜馅儿，为喜欢甜食的孩子们所喜爱。潮汕人逢年过节都要祭拜祖先和神灵，粿品是必不可少的供品，做粿就成了过节的序曲。潮汕人讲究时节做时粿：除夕、春节做鼠曲粿、菜头粿（萝卜糕），元宵节做酵粿、甜粿，清明节做朴籽粿，端午节做栀粿、包粽子，中元节做翁团粿，好多节日会做红桃粿。做粿的工艺也有讲究，“粿印”的大小花样不同，但寓意美好。

19.《潮汕特产歌》

童谣动画

让我在此来啰嗦，歌囝敲出潮州名牌产品多：
澄海出名猪头粽，月浦出名狮头鹅，
桑田出名大只蟹，潮阳出名冬瓜膏，
普宁出名老豆酱，溪口出名甜杨桃，
新圩出名芳菜脯，归湖出名好槟榔，
东里出名鲜薄壳，潮州姑苏香腐别处无。

只条歌囝猜条谜，十处出产都是好，
射作中药共三件。谜底：“生地、五加、五味”，
大家听着妥不妥？

解读 这首灯谜歌讲述了汕头、潮州、揭阳等地的10种特产，事实上潮汕特产丰富，各地特产经常入歌，成为潮汕歌谣的一大题材。像《潮安特产歌》《黄冈特产歌》《汕头市郊特产歌》《普宁百果歌》以及好几个版本的《潮汕特产歌》。著名潮汕曲艺家王敏先生加工创作的方言歌《潮汕特产歌》，铺陈了潮汕地区的68种特产。好几首老丑歌，更是天南地北无所不谈，把潮汕特产盛赞了一番。精巧飘香的小食、品种繁多的海产品、内涵丰富的茶文化、不可或缺的糜文化和粿文化等，共同组成了潮汕独特的饮食文化。《潮汕文化读本》只选取了这首猜谜歌的前12句。

20.《潮州八景好风流》

童谣动画

潮州八景好风流，十八梭船廿四洲；
廿四楼台廿四样，二只鉎牛一只溜。
潮州八景好踢跎，十八梭船廿四垛；
廿四楼台廿四样，二只鉎牛一只无。

解读 这首童谣歌咏的是潮州八景之一的地标式建筑——湘子桥，湘子桥与河北的赵州桥、北京的卢沟桥和福建的洛阳桥并称为中国四大古桥。关于湘子桥，潮汕民间流传着八仙和广济和尚即仙佛造桥的传说故事，给这座桥增添了几分神秘色彩，因此民间叫“湘子桥”，官方称“广济桥”。湘子桥始建于南宋，明朝嘉靖九年（1530）形成“十八梭船廿四洲”的格局。之所以采用这种建筑形式，其实当时是不得已而为之。韩江的径流量大，中流流速过高，依旧时的技术难以建墩，只好用浮桥。这种在工程技术上的“无可奈何”，造就了它独特的建筑形式，给游览者提供了审美的愉悦。湘子桥的另一特色是如清代潮州人曾廷兰《湘桥即目》所写的“一个桥洲一画亭”，即童谣唱的“廿四楼台廿四样”。这样独具特色的一座桥，让身处其中的游览者心境极佳、趣味盎然，产生了“二只鉎牛一只溜”的遐思。一个“溜”字，传递了一种态度，表现了潮汕人的乐天派。

4.2 《潮汕文化读本（三、四年级）》各课简介[①]

1.《韩愈祭鳄鱼》

本课讲述了韩愈来到潮州后，听闻恶溪有鳄鱼吞食过江的百姓，就在溪边设坛祭鳄，最终驱除鳄鱼的故事。“文化百科”提炼两个知识点：一是韩愈驱鳄、兴学、治水、赦奴的功绩；二是潮州人民对韩愈的尊崇。“活动天地”旨在让学生发现潮汕地区“崇韩文化”的人文特色。

2.《留衣亭：韩愈与大颠和尚的故事》

本课讲述了初次见面时大颠和尚因韩愈不喜欢自己的两颗龅牙，便敲落下牙齿送予他。韩愈惭愧万分，再次登门拜访，从此两人结下深厚的友情的故事。后来，韩愈赴任袁州刺史，离别时留下自己的官袍赠予大颠和尚。为了纪念二人这段千古奇缘，后人修建了留衣亭。“文化百科”介绍了“潮汕三大名刹”：潮州开元寺、潮阳灵山寺、揭阳双峰寺。“活动天地”以记录卡的形式指导学生探寻家乡寺庙的故事。

3.《林大钦对对子》

本课讲述了林大钦在银湖村巧对族长，生日宴上智对翁万达进士，京城赴考愤对北方举人，最终成为潮汕地区第一个也是唯一一个文状元的故事。“文化百科”介绍了他“大钦”之名的由来和高中状元的经历。“活动天地”以林大钦两个对对子的故事，让学生进一步熟悉对对子这种文学形式，也突出了林大钦的博学多才。

① 本部分内容由洪菲解读。

4.《食人酒肉赠人福：吴殿邦的故事》

本课讲述了明朝时吴殿邦喜欢猜谜且一字难求，有一富商设灯谜擂台求得吴殿邦大笔挥毫，写下“福”字的故事。“文化百科”简介潮汕灯谜活动兴起的时期和举办灯谜的时间，以小故事介绍有趣的俗谜。“活动天地”内容是猜字谜，调动学生课外了解潮汕谜艺的兴趣。

5.《有千年池厝渡，无百年郑大进》

本课讲述了揭阳的山美村和池厝渡村因多年积怨，两村关系一直紧张。当郑大进衣锦荣归时，山美村民想乘机仗势报复池厝渡村人。郑大进极力劝阻，说服了村民，从此山美村与池厝渡村消除旧怨，建立了友好的睦邻关系。“文化百科”介绍郑大进的生平及其一心为公、清正廉洁的高尚品格，宣扬潮汕人团结和睦的邻里之情。“活动天地”拓展学习反映潮汕人团结互助的俗语，借此文学形式深化学生的品德教育。

6.《龙湖古寨“先生祠”》

本课讲述的是明朝年间，福建人王侗初在龙湖古寨教授的学生，大都成了当地有名的秀才。他无儿无女，学生们为他养老送终。王侗初去世后，学生们感念师恩，为他修建了侗初师祠。“文化百科”简介潮安龙湖古寨的侗初师祠和澄海区隆都镇的“状元先生第”，突出潮汕人修祠堂传师道，尊师重教的优良传统。“活动天地”以完善“祠堂小名片”的形式，借此加深学生对潮汕祠堂文化的了解和潮汕人尊师重教人文精神的印象。

7.《大峰祖师传奇》

本课讲述的是大峰祖师来到潮阳，见百姓过河困难，想办法找来木材和石材，为乡亲建桥的传说。“文化百科”简介潮汕地区善堂与慈善文化。“活动天地”以完善慈善计划书的形式，在学生心中播下慈善的火种。

8.《汕头老妈宫的故事》

本课讲述的是妈祖林默从小在海边长大，能预知台风的来临，并拯救在海上遇险的家人的传奇故事。“文化百科”介绍潮汕人供奉妈祖的习俗，意在传承妈祖“立德、行善、大爱”的精神。“活动天地”设计两个活动，让学生了解“妈祖生”的节俗和与之相关的故事。

9.《郑智勇的故事》

本课讲述的是爱国华侨郑智勇乐施好善、热心公益、兴办学校、孝顺父母的故事。“文化百科”以潮安龙湖古寨阿婆祠的故事，倡导应弘扬潮汕孝道文化。“活动天地”拓展课外体验活动，将孝道落实到日常生活中。

10.《林道乾在泰国大年的传说》

本课讲述的是林道乾率领船队帮助北大年的人民赶跑海盗，定居北大年后从事海上商业活动取得巨大的成功，受到人们尊重的故事。“文化百科”简介潮汕侨乡文化、杰出侨领侨胞的事迹和团结互助的精神。“活动天地”以故事汇的形式分享华人资料事迹，宣扬杰出华人的优秀精神品质。

11.《慈黉爷起厝好慢孬猛》

本课讲述了清朝富商陈慈黉回到家乡兴学育才，重修村道和祖屋，建成了潮汕地区规模最大的、有着“岭南第一侨宅”美称的近现代家族式建筑——陈慈黉故居。陈慈黉建造宅院，以工代赈，建房几十年，养活了许许多多的人。“慈黉爷起厝好慢孬猛”也成了乐善好施、慢工出细活的代名词。“文化百科”以“下山虎”“四点金”“驷马拖车”为代表介绍极具鲜明地方特色的潮汕建筑。“活动天地”的古民居小调查，意在让学生深入感受古民居魅力的同时，建立保护古民居的意识。

12.《盐灶老爷欠拖》

本课讲述了盐灶村一个渔民将神像拖到海边埋了，那一年他的家乡五谷丰登，他也在南洋发了大财，于是就流传下来独特的“拖老爷”风俗。“文化百科”简介潮汕地区“营老爷”的民俗活动，表达潮汕人知恩惜福的情感。“活动天地”以绘画、设计手抄报的形式，让学生从生活中了解相关的民俗活动及内涵。

13.《一条牛索激死三个师傅：从熙公祠的故事》

本课讲述了彩塘镇从熙公祠的木雕、石雕十分精美，尤其是石雕“渔耕樵读”中牧童手里捏着的那条悬空牛索，细如牙签。相传当年为此累死、急死了三个石雕师傅。最后那位师傅巧用妙计，才终于镂空雕出，成为绝世精品。“文化百科”简介潮汕石雕和木雕的代表作品和艺术成就。“活动天地”分步骤指导学生用白萝卜尝试简单雕刻，感受潮汕雕刻艺术的匠人精神。

14.《吴潘强捏豆渣猴》

本课讲述了浮洋大吴村的能工巧匠吴潘强被香溪乡邀请到乡里捏泥像，他巧用豆腐渣捏制了两只活灵活现的猴子，让大家无比惊叹的故事。“文化百科”简介“中国三大泥塑”之一的大吴泥塑，突出其独有的技艺——贴塑。同时介绍了受大吴泥塑影响较深的枫溪瓷塑。“活动天地”请学生仿照制作工序捏公仔，感受泥塑艺术的魅力。

15.《姑嫂鸟》

本课讲述的是，有一对姑嫂都是绣花能手，嫂嫂为圆小姑子绣杨梅花的梦，半夜上山采杨梅花遇难，小姑子日复一日寻找嫂子呼号，化成了姑嫂鸟。“文化百科”简介“中国四大名绣”之一的潮绣，以传统绣、抽纱绣、通锦绣三大类别，展示了潮绣技艺精湛、构图多姿多彩的独特魅力。“活动天地”以完成潮绣寻访记录卡的方式，激发学生了解、欣赏潮绣的热情。

16.《仙佛造桥》

本课讲述的是韩愈请八仙和活佛广济和尚帮忙建造湘子桥的传奇故事。“文化百科”简介湘子桥建造的年代、启闭式构造和亭台等。“活动天地”以画画的方式，让学生深入了解湘子桥和与之相关的迷人胜景。

17.《富翁嗜工夫茶》

本课讲述的是两个老茶客——庄老板和乞丐，两人身份悬殊，却因茶相识、相知的故事。“文化百科”从工夫茶器“四宝”和“客至则设茶”，即潮汕人喝茶的礼节来介绍潮州工夫茶。“活动天地”设计喝茶习惯小调查，让学生通过调查，寻找身边的老茶客，理解潮汕人对工夫茶的热爱。

18.《“铜锣王”一锤定音》

本课讲述了福建东山一个潮剧团的铜锣坏了，慕名来潮州浮洋找“铜锣王”方潮盛修理，方师傅修好后，剧团的人嫌费用贵，方师傅只一锤，铜锣又哑了。剧团的人只好送上酬金，方师傅几下子又让铜锣铿锵如旧，剧团的人佩服得五体投地，表现了“铜锣王”的高超技艺。“文化百科”简介潮州锣鼓乐中大锣鼓和小锣鼓的艺术特点及精神内涵。“活动天地”让学生走进当地的锣鼓班，观赏演出或者尝试演奏相关乐器。

19.《唔对凯伯个数路》

本课讲述的是儿子要去南洋谋生前，与父亲凯伯约定用画画表示挣了钱的数字，后来儿子寄来番批，被水客偷偷扣下 20 元。凯伯看了番批，发现数字有错，水客只好拿出钱来。“文化百科”简介侨批的由来及其丰富内涵。“活动天地”以设计侨批的方式激发学生进一步了解侨批的兴趣。

20.《巧媳妇的故事》

本课讲述的是潮州溪东有个土名叫阿狗的聪明人，给三个儿媳妇出了道难题，被巧姑破解，便娶了巧姑为四儿媳妇。巧姑过门后，处处为公公避讳，让众人十分佩服。“文化百科”用剪纸和绣花等女红手艺突出潮汕女人勤俭持家、贤惠能干、孝敬公婆的优秀品质。“活动天地”设计两个活动，一是让学生学习剪纸和钉纽扣，二是向奶奶、外婆、妈妈表达感激之情。

4.3 《潮汕文化读本（五、六年级）》古诗解读[①]

1. 送王生及第归潮阳[①]

【宋】陈尧佐[②]

休嗟[③]城邑住天荒[④]，已得仙枝[⑤]耀故乡。

从此方舆[⑥]载人物，海滨邹鲁[⑦]是潮阳。

①潮阳：潮州曾在唐天宝元年（742）至乾元元年（758）16年间改称潮阳郡，诗作这里用作“潮州”的别称。

②陈尧佐（963—1044）：北宋阆州阆中（今四川南充）人。兄陈尧叟、弟陈尧咨皆状元。陈抟尝谓其父曰：“君三子皆当将相，惟中子贵且寿。”后如抟言。为太宗端拱元年（988）进士，历官至枢密副使、参知政事，同中书门下平章事、集贤殿大学士，加太子太师。卒赠郑国公，谥“文惠”。

③嗟：叹惜。

④天荒：边远荒僻；科考未出过及第人才，谓之“天荒”。清代黄宗羲《余姚县重修儒学记》：“至使数十年之中，人才寥落，科名亦且天荒。”

⑤仙枝：指月宫的桂枝。古人称登科为“蟾宫折桂”。

⑥方舆：指大地。引申为地方志书。宋代欧阳修《省试司空掌舆地图赋》：“穷人迹于遐域，包坤载于方舆。”

⑦海滨邹鲁：潮州虽地处海滨，也是文化昌盛之地，礼仪之邦。邹，孟子故乡；鲁，孔子故乡。

题解 宋真宗咸平二年（999）春，陈尧佐因上书触怒皇帝，“坐言事忤旨，降通判潮州”。在潮州他“修孔子庙，作韩吏部祠，以风示潮人”。同时“选潮民优者劝以学”，培养了一批人才，如许申、林从周、黄程等就是他扶掖

---

① 本部分由陈贤武解读。陈贤武：潮州文史学者、《潮汕文化读本》小学三分册副主编。

的名士。陈尧佐后来回到朝廷，但“未尝一日忘潮”，故以“海滨邹鲁”四字予以概括。后来此语成为对潮州的习用赞语。后世潮人多将其与韩愈并称，宋代王象之《舆地纪胜》：“千里秀民，久已习韩昌黎之教；七朝故老，犹能言陈文惠之贤。”“儒雅相承，乃韩昌黎之旧治；风流未泯，有陈文惠之清规。”

简译　莫要再叹惜你们住在未开化的僻壤，你们已经从蟾宫中折得仙枝而显耀于家乡。像你们这样的杰出人物的名字将从此载入史册，潮州已是如诞生过孔子、孟子等圣人之邹、鲁两地一样成为南海之滨一个人才辈出的地方。

2. 揭阳道中[①]

【宋】杨万里[②]

地平[③]如掌树成行，野有邮亭[④]浦[⑤]有梁[⑥]。
旧日[⑦]潮州底处所[⑧]，如今风物[⑨]冠[⑩]南方。

①揭阳道中：指在来潮州的路上。揭阳，古代潮州通称之一。

②杨万里（1127—1206）：字廷秀，号诚斋，宋江西吉水人。南宋绍兴二十四年（1154）进士。官至庐陵郡开国侯，宝谟阁学士。卒赠光禄大夫，谥文节。著有《诚斋集》《诚斋易传》。杨万里一生作诗两万多首，传世作品有四千二百首，被誉为一代诗宗。他创造了语言浅近明白、清新自然，富有幽默情趣的“诚斋体”。淳熙六年（1179），杨万里任提举广东常平茶盐。淳熙八年（1181），升任广东提点刑狱。是年二月，汀州大盗沈师作乱，福建大震。八月，进入广东，游走于循潮惠之间。杨万里率师平叛。除夕，从潮州凯旋。

③地平：地面平坦，指水土得到治理。

④邮亭：驿馆。⑤浦：水滨。⑥梁：桥梁。

⑦旧日：往日；从前。⑧底处所：在什么地方。

⑨风物：风光景物、风俗物产。⑩冠：居第一位。

题解　旧潮州“飓风鳄鱼，祸患不测。州南近界，涨海连天。毒雾瘴气，日夕发作”（唐·韩愈《潮州刺史谢上表》）。经过劳动人民的开发，宋代已不见荒凉模样。这一首诗以平实的笔调描写了作者沿途所见，称赞潮州地平路直、通邮通航，是南方各地的榜样。

简译　在通往潮州的官道上，田地平坦如掌，路树成行，沿途设驿馆，水滨也有桥梁，交通方便。旧日的潮州在什么地方是许多人不知道的，如今的潮州，风光、物产是南方的榜样。

3. 游凤凰塔[①]谒郭祠[②]

【明】林熙春[③]

朝阳[④]栖凤处，砥柱[⑤]障川东。影落惊波鳄[⑥]，光延接彩虹[⑦]。

苹蘩[⑧]思北斗[⑨]，桃李[⑩]忆春风[⑪]。无限登临者，千年仰令公[⑫]。

①凤凰塔：位于潮州古城外东南约2公里处的韩江之滨，因遥对凤凰山，又与隔江的凤凰台相望而得名。凤凰塔右边的韩江支流北溪旱时溪水常涸，俗名“涸溪”，故此塔又称涸溪塔。明郭子章倡建于万历十三年（1585），塔高45.8米，基围46.6米，墙厚2米多，七层八面，石砖结构。两边有郭子章所书对联：“玉柱擎天，凤起丹山标七级；金轮着地，龙蟋赤海镇三阳。”1962年7月被列为广东省文物保护单位。

②郭祠：郭子章祠。明万历四十年（1612），潮州同知杨可成与地方缙绅林熙春、黄琮、张凤翼、夏宏等倡建郭子章生祠于凤凰塔旁。郭子章，号青螺，江西泰和人，万历九年（1581）至十三年（1585）任潮州知府，政尚整肃，吏畏民安，著有《潮中杂纪》，颇著文名。清代陈本直《潮州百咏》：“驱石曾闻王启泽，檄神又见郭青螺。韩陈（尧佐）而后推循吏，遗爱均应矢弗过。”

③林熙春（1552—1631）：字志和，号仰晋，明海阳龙溪（今潮安庵埠）人。官至户部侍郎，卒赠三代尚书。

④朝阳：山的东面。《诗·大雅·卷阿》：“梧桐生矣，于彼朝阳。”毛传：“山东曰朝阳。”《释名·释山》：“山东曰朝阳，山西曰夕阳，随日所照而名之也。”

⑤砥柱（dǐ zhù）：指塔屹立于江东南岸如中流砥柱，捍卫着东南沿岸。

⑥波鳄：唐代韩愈《鳄鱼文》：“鳄鱼睅然不安溪潭，据处食民畜、熊、豕、鹿、獐，以肥其身，以种其子孙；与刺史亢拒，争为长雄。”这里指江中鳄鱼，也借指有碍地方安定的不和谐因素。

⑦彩虹：日光与水气相映，呈现在天空中的弧形彩色光带。

⑧苹蘩（pín fán）：苹和蘩分别是两种可供食用的水草，古代常用于祭祀，泛指祭品。《诗·召南·采蘩序》：“《采蘩》，夫人不失职也。夫人可以奉祭祀，则不失职矣。”后以“苹蘩”借指能遵祭祀之仪或妇职等。

⑨思北斗：此处将郭子章比作韩愈，受人敬仰如“泰山北斗”。

⑩桃李：汉代韩婴《韩诗外传》卷七：“夫春树桃李，夏得阴其下，秋得食其实。”后遂以“桃李”比喻栽培的后辈和所教的门生。唐代刘禹锡《宣上人远寄和礼部王侍郎放榜后诗，因而继和》：“一日声名遍天下，满城桃李属

春官。”

⑪忆春风：郭子章任潮州知府时，曾于万历十年（1582）分校壬午科乡闱，作者的考卷出自郭子章之手，所以称郭子章是自己的座师。

⑫令公：对中书令的尊称。中唐以后，节度使多加中书令，使用渐滥。这里指代郭子章。

题解 此诗颂扬郭子章的治潮政绩，表达了敬仰之情。

简译 韩山东面凤凰高栖之处，有塔屹立在东南岸如川中之砥柱。巍峨的塔影使波澜中的鳄鱼惊骇，登临塔顶可遥望如彩虹一样的湘子桥。每来祠堂祭拜想起郭公在潮州的种种政绩犹如韩文公一样，其春风化雨的谆谆教诲总让潮人念念不忘。吸引了如我者的无数次登临膜拜，郭公必将永受后人的千年敬仰。

4. 谒韩祠

【清】吴兴祚[①]

过桥寻胜迹，徙倚[②]夕阳隈[③]。绿水迎潮去，青山抱郭来。

文章[④]随代起，烟瘴[⑤]几时[⑥]开？不有韩夫子，人心尚草莱[⑦]。

①吴兴祚（1632—1698）：字伯成，号留村，清浙江山阴（今绍兴）人。贡生。康熙十五年（1676），累官至两广总督。康熙二十八年（1689）以事降副都统，镇守大同右卫。康熙三十四年（1695）随驾北征。《清史稿》有传。喜与文士游，江浙才士望而归之，多共唱酬。著有《宋元诗律选》《史迁句解》《留村诗钞》《留村词》。

②徙倚：徘徊；流连不去。

③隈（wēi）：山水等弯曲的地方。

④文章：礼乐制度。也指文辞或独立成篇的文字。宋代苏轼在《潮州韩文公庙碑》言“文起八代之衰，而道济天下之溺”，这里的八代指东汉、魏、晋、宋、齐、梁、陈、隋，自东汉以后文风衰败，骈文流行，内容空虚，陈言泛滥。“独韩文公起布衣，谈笑而麾之，天下靡然从公，复归于正”，只有韩愈力挽狂澜，倡导古文运动，重视写作者的品德修养，重视写自己的真情实感，强调要有独创精神，从此挽转文坛颓风。

⑤烟瘴：瘴气，比喻未经文化熏陶的落后现象。

⑥几时：什么时候。

⑦草莱：荒芜之地。

题解 这是一首瞻仰韩文公祠，缅怀韩愈治潮业绩的诗。

简译 步过湘子桥前来寻找胜迹，在夕阳中流连于这座建在山坳处的韩祠。绿水逆潮流而上，青山环绕而来。韩公您的文章振起了八代以来积习已久的衰颓文风，您在短时间里便使潮州的面貌焕然一新。

5. 潮惠道中

【宋】刘克庄①

春深绝不见妍华②，极目黄茅③际④白沙⑤。

几树半天红似染，居人⑥云是木棉花。

①刘克庄（1187—1269）：字潜夫，号后村，宋福建莆田人。出身世家，以荫补官。南宋嘉定间，任潮州通判。宋理宗以其“文章久著，史学尤精”，特赐同进士出身，出任广东提举、转运副使兼摄市舶使。后以龙图阁学士致仕。擅诗词，有《后村先生大全集》。

②妍华：美丽的花。

③黄茅：一种野草，生于山野间，三四月花先叶而开。

④际：边际（两边的边际互相连着）。

⑤白沙：白色的沙。

⑥居人：本地居民。

题解 此诗系作者任广东运判时因公干从潮州至惠州道中旅途所见的景色。此诗赞美了木棉花高大红艳的形象，表现了南方春景特色。诗中采用欲扬先抑的手法，很好地突出了木棉花火红鲜艳的特点，极富情趣与魅力。

简译 春意浓郁而见不到美丽的风光，纵目望去唯见无边无际的黄茅、白沙。路旁几棵大树开满大朵红花如同一团火炬照亮晴空，这里的居民说这是木棉花。

6. 韩山

【宋】刘允①

惆怅②昌黎③去不还，小亭④牢落⑤古松间。

月明夜静神游处，三十二峰⑥江上山。

①刘允：字厚中，北宋潮州人。宋绍圣四年（1097）进士。历知新、循、梅三州，权化州知州。唐宋潮州八贤之一。

②惆怅：因失意或失望而伤感、懊恼。

③昌黎：指韩愈，河南河阳（今孟州）人，昌黎属河北，为韩氏郡望，故后人称其为“韩昌黎”。

④小亭：指侍郎亭，在韩山。

⑤牢落：犹寥落。稀疏零落貌，零落荒芜貌。

⑥三十二峰：指韩山山脉绵延的山峰。

题解　作者游览韩山，见到韩祠左侧的侍郎亭，引起对唐元和十四年（819）刺潮的韩愈的怀念，并想象其当月明夜静之时，神游江上诸峰的情景。

简译　可惜韩昌黎一去不能复返，而纪念他的小亭围落在古松间甚零落荒芜。倘若韩公有灵，在月明夜静之时神游旧地，定于江上三十二峰间流连忘返，时刻关注这片魂牵梦萦之土地。

7. 南澳山

【明】王懋中[①]

拔地千峰高插天，连天雪浪[②]浴青莲[③]。

分明海上群仙岛，今宿貔貅[④]万灶烟[⑤]。

①王懋中：字真庵，明河南南城县（今属孟州市）人。明万历十三年（1585）任潮州同知。

②雪浪：卷起的色白如雪的海浪。

③青莲：莲花，比喻南澳山。

④貔貅（píxiū）：中国古代传说中的一种猛兽。此处指称士兵勇猛似貔貅。

⑤万灶烟：军中做饭时的炊烟。此处比喻驻扎很多士兵。

题解　王懋中在明万历十三年（1585）任潮州同知，到过南澳岛。那时海上正闹倭寇，岛上驻扎了军队。此诗描写了南澳山一带的自然景色，对于美丽的海疆作为屯兵之所发出嗟叹，曲折地表达了对和平的渴望。

简译　拔地而起的群山高插云天，海天相连，雪浪翻滚，南澳岛就如白色波浪中的一朵青莲花。这本来应是一个群仙居住的休闲岛屿，却不得不让位给军队来驻守啊！

8. 湘桥[①]即目

【清】曾廷兰[②]

雨霁[③]岚光[④]万叠青，斜阳十里印晴汀[⑤]。

沙船过去宁波寺[⑥]，一个桥洲一画亭[⑦]。

①湘桥：即广济桥，俗称湘子桥。在潮州城东门外，横卧在滚滚的韩江之上，东临笔架山，西接东门街，南眺凤凰洲，北仰金城山，景色壮丽迷人，已有800多年的历史。为全国重点文物保护单位。湘子桥建于南宋乾道七年(1171)，知州曾汪始建为浮梁，称“康济桥”。此后，历两百余年的更迭，到明正德八年（1513），才形成“十八梭船廿四洲”的梁桥与浮桥相结合之独特风格。此外，此桥又提供了一个可供居民做生意的地方，让人置身于熙熙攘攘的人群之中，游观于各种小食店、杂货店之间，感受着古城潮州的文化氛围，身在桥中而不知桥。这是广济桥的一大特色。

②曾廷兰：清代潮州城内人。

③雨霁（jì）：雨晴。

④岚（lán）光：山间雾气经日光照射而发出的光彩。

⑤汀：水之平。引申为水边平地，小洲。

⑥宁波寺：在湘子桥东尽头，原址在今韩山师范学院西大门口。

⑦画亭：像图画一样美丽的亭子。

题解 此诗写雨后黄昏漫步湘桥之所见所感，而吸引诗人的是每一个桥墩上那一个与众不同的亭台楼阁，而这也正是湘子桥的独特之处。

简译 雨晴后在阳光照射下的山林翠色千重，黄昏前一抹斜阳照在桥的各桥洲上风光如画。走过湘子桥的梭船尽头处就是宁波寺，每一个桥墩上都有一个与众不同的亭台楼阁。

9. 潮阳竹枝词[①]

【清】陈作舟[②]

寒食[③]家家扫墓还，相逢同过伏龙冈[④]。

空山日落晚风起，飞挂纸钱多白杨[⑤]。

①竹枝词：本是流行于四川一带的曲调，唐代刘禹锡根据巴渝一带民歌加以剪裁，后传于世。形式多为七言绝句，用语通俗轻快，内容多为当地风俗或男女情爱。见《新唐书·刘禹锡传》。清代王士禛《香祖笔记》卷三：“唐人《柳枝词》专咏柳，《竹枝词》则泛言风土，如杨廉夫《西湖竹枝词》之类。”

②陈作舟（1788—1860）：号笠渔，潮阳人。清廪贡生。官罗定州（今属广东云浮市）训导。有《叠石山房试草》。

③寒食：古代节日名，在清明前一两天。相传春秋时晋文公为纪念大夫介

子推烧山时抱木而死，因而禁火、寒食，后演变成俗。

④伏龙冈：地名。

⑤白杨：树名，又名毛白杨，俗名大叶杨。古代墓地多栽之。晋时陶潜《挽歌诗》：“荒草何茫茫，白杨亦萧萧。”

题解 诗为咏寒食扫墓。翁辉东在民国《潮州志·风俗志》中记录本地清明风俗：“清明或上巳人家多上冢扫墓，祭以牲礼，又取朴子树叶春粿，揭阳尤盛。祭墓者，多以冥镪压于坟头，及挂黄白纸条谓之挂纸，表示寒食禁烟遗意。”所记百年以前风俗，于今竟无一不同。“挂纸”的“挂”，潮音读如“过”，人皆以为“过”，其实这是潮语的文白异读现象，本字正是“挂纸”，是古老的寒食风俗在潮语中留下的印迹。“挂纸”作为墓祭的一个环节，就是将长条形纸镪用石头或者土疙瘩压在坟丘之上。

南朝梁宗懔《荆楚岁时记》所述：“去冬节一百五日，即有疾风甚雨，谓之寒食。”这是一个古老的节日，它最初的内容就如同其名字所表现的一样，是“禁火冷食”。民俗中断火三日，则是为了清灶，以新火换旧火，这主要反映了古人改火习俗的遗存。上古时代，先民们钻木取火，火种来之不易，取火的树种往往因季节变化而不断变换，因此，改火与换取新火是古人生活中的一件大事。春三月正值改火的时节，人们在新火未到之时，要禁止生火。汉代称寒食节为禁烟节，因为这天百姓人家不得举火，到了晚上才由宫中点燃烛火，并将火种传至贵戚重臣家中。这就是所谓的“日暮汉宫传蜡烛，轻烟散入五侯家”（唐·韩翃《寒食》）。

简译 寒食节家家都前往祭扫先茔归还，均在坟茔地伏龙冈相遇过。落日下的幽深山林刮起了晚风，挂在白杨树上的纸钱随风飘扬。

10. 韩江竹枝词

【清】郑昌时①

东西②弦管③暮④纷纷⑤，闽粤⑥新腔取次⑦闻。

不隔城根⑧衣带水⑨，马头高调⑩送行云⑪。

①郑昌时（1769—?）：原名重晖，字平阶，清海阳（今潮州）人。诗有自注：“潮近闽，歌参闽腔，韩江舟声又尚马头调云。”

②东西：指韩江东西两岸。

③弦管：弦乐与管乐，泛指音乐。

④暮：夜晚。

⑤纷纷：接连不断的样子。

⑥闽粤：指福建、两广（广东、广西）。

⑦取次：一个挨一个的。

⑧城根：城脚。

⑨衣带水：也作“一衣带水”，指江面不宽，就像衣带那样。

⑩马头高调：民间曲调名，流行于北方。郑振铎在《中国俗文学史》中说：“‘马头调’的解释，也许便是码头’的调子之意吧，乃是流行于商业繁盛之区、贾人往来最多的地方的调子。歌唱这调子的，当以妓女们为中心。”马头调只有七个曲调，轮流倒换使用，以咏思妇情怀为主，亦歌咏历史人物、地方故事或游戏文章，如古人名、美人名、戏名。潮州民间流行之百屏花灯名、百花名，当是其遗响。

⑪行云：天上的流云。

题解 清代乾嘉年间，潮州商业相当繁荣。自注中之舟户，即指韩江六篷船户。由诗可见当年社会生活之一斑。此外，如乾隆年间，在潮州当官的江西临川人乐钧，其诗作《韩江棹歌一百首》中，有：“马锣喧击杂胡琴，楚调秦腔间土音。昨夜随郎看影戏，月中遗落凤头簪。（原注：潮人演剧鸣金以节丝竹，俗称马锣。夜尚影戏，男女通宵观聚。）”楚调即湖北的皮黄调，秦腔即乱弹调，原是流行于陕西、甘肃、山西的民间小曲，后发展为声腔剧种，这首诗说明清乾隆年间，潮州已有楚调、秦腔等外省声腔流行。

简译 到了夜晚的时候，韩江两岸的弦管乐纷纷奏起，福建、两广一带流行的新颖脱俗的腔调挨次听到。因江上六篷船众多，灯光如白昼，使宽广的韩江江面犹如衣带那样狭窄，流行的马头调之曲声响彻云霄。

11. 潮州元宵

【清】陈坤[①]

上元[②]灯火六街[③]红，人影衣香处处同。

一笑相逢无别讯，谁家灯虎[④]制来工？

①陈坤：清大兴（今北京）人。同治元年（1862）任潮阳知县。

②上元：元宵节。

③六街：唐京都长安的六条中心大街。北宋汴京也有六街。此借指潮州城中几条主要街道。

④灯虎：元宵节写在灯上的谜语，因为猜谜是智慧的角力，有人说难似射

虎，因而雅称猜谜为“商灯射虎”，灯谜也称“灯虎”“文虎”。

题解 潮汕灯谜发展到晚清尤为繁荣，逢年过节，谜棚星罗棋布，导猜的鼓声咚咚响彻云霄。此诗以流畅清新之笔，勾勒出一幅生动的潮州上元猜谜风俗图。由此可见灯谜活动在潮州之普及程度。潮州灯谜 2008 年被选入第二批国家级非物质文化遗产名录。

简译 元宵节的灯彩使潮州几条大街灯火通明，游人如织，到哪里都一样。熟人相遇无别的讯息，都在问哪一家灯谜制作得精巧。

12. 潮州竹枝词

【清】杨少山①

买得田园课②仆③栽，不劳桑扈④苦相催。

儿曹⑤昨岁暹罗⑥去，只望潮头⑦海舶⑧来。

①杨少山（1848—1894）：名洪简，清代海阳（今潮州）人。清光绪二十年（1894）岁贡生。有《澹如书室诗集》二卷。

②课：督促。

③仆：被人雇佣差遣服务的人。

④桑扈：鸟名，即青雀。前两句诗的意思是：买来了田园，督促人去栽种，再也不用听桑扈鸟的声声催促下去耕种了。

⑤儿曹：泛指晚辈的孩子们。

⑥暹罗：即泰国。

⑦潮头：潮水的浪峰。

⑧海舶：海船。这里指从外国来的船只。

题解 此诗咏潮人海外移民与国计民生之关系。

简译 买来了田园，督促人去栽种，再也不用听桑扈鸟的声声催促下去耕种了。孩子们已去暹罗谋生多时，只希望能赚大钱平安从海上归来。

13. 到揭阳

【明】叶元玉①

太守②行春③到揭阳，村村男妇事耕桑④。

道旁野老⑤无拘束，笑指公家⑥马足忙。

①叶元玉（1450—?）：字廷玺，号古崖，明福建清流（今属三明市）人。

成化十七年（1481）进士，授户部员外郎，弘治十三年（1500）出任潮州知府。在任期间，致力于兴利除弊，锄豪右，拒请托，令行禁止，风俗为之丕变。复又倡文教，崇先贤，重修韩文公祠与揭阳县学，弘治十七年（1504）在韩祠麓创建陆秀夫祠。

②太守：知府的别称。

③行春：官吏春日巡查所管州县，督促耕作。

④耕桑：种田与养蚕，亦泛指从事农业。

⑤野老：农村里的老人。

⑥公家：当官的。

题解　诗人写自己于春耕时节到属县揭阳视察的情景，官能勤政，民乐耕桑，野老可以和官家无拘束地搭讪，简短的诗句，描述了当年潮州一带安乐祥和的情景。

简译　太守春日巡查督促耕作来到揭阳，每个村庄男女都在从事耕作。路旁的老人可以无拘束地与官家搭讪，还笑着说我的公务何需要那么繁忙呢。

14. 江涨歌

【清】翁方纲[①]

粤船北去闽船南，船船贩得潮州盐[②]。

西来水多风又急，不敢当心[③]满江帆。

①翁方纲（1733—1818）：字正三，一字忠叙，号覃溪，晚号苏斋，清顺天大兴（今属北京）人。乾隆十七年（1752）进士，授编修。历督广东、江西、山东三省学政，官至内阁学士。精通金石、谱录、书画、词章之学，论诗创“肌理说”。著有《粤东金石略》《复初斋诗文集》等。这首诗是他任广东学政来潮州时所作。

②潮州盐：潮州旧时是著名的产盐地，除供应本地区外，经韩江航运，多销往广东各地，以及福建、江西等。

③当心：当着江。

题解　此诗咏潮州盐在国计民生中的重要位置。食盐在古代向来由国家专卖，粤盐是经过大庾岭商道从广东转输赣省的大宗商品。江西不产食盐，而江西南面的广东省历来却是有名的盐产区。粤盐产地在粤省，但运盐中心有两处，一为省城东汇关（又称省河），一为潮州广济桥（又称潮桥）。潮盐的运销地域基本上是按照韩江流域来划定的。宋元马端临《文献通考》载，宋雍熙四年

(987)以前,“旧潮州有松口等四场,岁煮以给本州及循梅二州”。此为潮盐行销区域载入史册之始。宋嘉定六年(1213),潮盐销界扩及闽省汀州6县,是年,汀州知府赵崇模准改食潮盐,成为潮盐行闽的定制。明正德二年(1507),江西部分州县也改食粤盐,赣州之瑞金、会昌、石城、兴国、宁都等7县划为潮盐销界。至清康熙四十七年(1708),潮盐又扩大销界,将其多余盐引匀销于惠属龙川、和平、永安,以及赣属龙南、定南、信丰3县,连同原有销区,潮盐行销达35县。清雍正以后,潮盐销区调整为潮州府之海阳、潮阳、揭阳、饶平、澄海、普宁、惠来、大埔、丰顺9县;嘉应州之梅县、兴宁、镇平、平远、五华5县;福建汀州府之长汀、连城、宁化、明溪、清流、武平、永定、上杭8县;江西赣州府之长宁、兴国、于都、会昌4县;宁都州之宁都、瑞金、石城3县,总共29县。民国时期,潮州增置汕头市和南澳县,销区增至31县市,直至1949年,历二百多年销界不变。

简译 粤船驾向北、闽船驶来南,每只船都是载满贩卖来的潮州盐。沿江而来水湍风急,船不敢当着江心张帆乘风而行。

15. **劝农**

【清】李文藻①

岁岁相因是蔗田,灵山②西下赤寮③边。

到冬装向苏州卖,定有冰糖④一百船。

①李文藻(1730—1778):清山东益都(今青州)人。乾隆十三年(1748)任潮阳知县。

②灵山:在今汕头潮阳区。

③赤寮:今潮阳谷饶。

④冰糖:白糖。清代潮州盛产蔗糖,除部分在本地销售和卖给韩江上的游客外,大多销往江南的苏州一带以至天津。

题解 这首诗描写潮阳铜盂、赤寮一带的甘蔗种植情况。根据清中期以前文献记载,苏州是粤糖和闽糖的主要消费基地,乾隆年间,宫中档的记载有“广东商人运糖、薯粉到苏州发卖”。又据浙江巡抚三宝在乾隆年间的奏报,可知闽广商船“所载进口货物不过糖、靛、果品、杂货”。本区盛产蔗糖,见诸地方文献的记载很多。清雍正九年(1731)《惠来县志》载:“甘蔗,其汁煮成糖,惠产尤佳,可以裕民。”嘉庆二十年(1815)《澄海县志》中更有详细记述:“邑之富商巨贾,当糖盛熟时,持重赀往各乡买糖,或先放账糖寮,至期收之。有自行货者，有居以待价者，候三四月好南风，租舶艚船装所货糖包，由海道上苏州、天津。”光绪《海阳县志》载黄钊诗句有“国赋输盐铁，家赀擅蔗糖”。这些资料记录了潮糖的生产销售形式与规模、转运方法、倾销地点，还指出潮糖在本区经济发展中的重要地位：可以裕民，可致豪富。此外，其他各县清代的方志“物产”篇也都提到甘蔗和蔗糖。据20世纪30年代中期的调查，仅揭阳一县尚有蔗田面积11万多亩，故民国《潮州志》云：“甘蔗为榨糖原料，本州糖业特盛，故农民植之亦众，于副业作物中首推巨擘。其产量之丰为全国冠，诚州产出口物之大宗也。”

简译 年年种的都是甘蔗，分布在灵山西边的赤寮一带。到了冬天装载往苏州销售，当能载满冰糖一百只船。

16. 达濠①竹枝词

【清】林茂华②

拍板围舟海面来，轰轰烈烈响如雷。
石边③鱼贯④眩波⑤出，下网分捞棹⑥桨回。

①达濠：今汕头市濠江区。

②林茂华：字实之，清代海阳（今潮州）人。副贡生。

③石边：指黄花鱼。

④鱼贯：谓鱼先后而至。

⑤眩（xuàn）波：音眩，迷乱。鱼在水中，被声响所扰，迷惑不知去向。

⑥棹（zhào）：划船的一种工具，形状和桨差不多。

题解 此首写渔民的敲䑩作业，将过程描述尽致。敲䑩是一种霸道的捕鱼法。像武侠世界的六指琴魔用琴声杀人于无形，敲䑩，一种利用声音捕杀鱼类的古老渔法，跟其他一切捕鱼方法相比，其威力实在是太强悍太霸道了！半个世纪前，这种原来只在潮汕疍家渔民之间秘密流传的捕鱼利器突然像魔剑一样出鞘，划过了大半个南中国海，在中国的近海渔业身上留下了一道永远无法弥合的伤口。时间在1954年初，敲䑩作业先是扩散到毗邻潮汕的福建东山和诏安，随即作为一种先进的渔法被福建省水产部门在全省范围内推广；1956年传入浙江后，从温州到舟山渔场，大黄鱼捕获量一下子增产十倍以上，随后又一落千丈。1959年，鉴于敲䑩作业对鱼类资源破坏严重，且屡次引发渔场纠纷，遂被国务院明令禁止，但迟至1964年才完全绝迹。

按：敲䑩是一种大型的集体性渔业，每个组合称为“艚”，有䑩公䑩母即大船各一，配舢团小艇约35只，由200余人协同作业。抵达渔场后，舢公舢母通过旗语和吹号，指挥小艇包围鱼群，并通过击圈驱赶鱼群，缩小包围圈，最后将长有耳石不堪响声刺激而翻浮在海面上的鱼类用大网捞起。

简译 敲击着木板或竹圈的船队从海面向渔场驶过来，其声音如雷声一样轰轰烈烈。石首鱼科的鱼群受惊奔集一处，渔民遂举网捕之而满载而回。

17. **潮州杂兴**

【清】徐乾学①

蛮女②科头③足踏尘④，丈夫⑤偏裹越罗巾⑥。

天无晴雨穿高屐⑦，岂是风流学晋人⑧。

①徐乾学（1631—1694）：字原一，号健庵，清江苏昆山人。康熙时累官至内阁学士、刑部尚书。

②蛮女：指畲族女人。

③科头：头上没有遮戴。

④足踏尘：赤着足走路。

⑤丈夫：男子。

⑥越罗巾：头巾。

⑦高屐：高底木屐。以木制成，状似拖鞋，前后着地，中间略凹。

⑧晋人：晋朝人。晋时，士大夫喜着木屐，宽衣博带，举止风流潇洒。

题解 这是记录昔年潮州畲族生活情况的民俗风情诗，提到了畲族的穿着打扮，女子赤足走路，男子头缠越罗巾、足穿木屐的习俗。畲族是我国少数民族之一，主要分布在福建、广东、浙江、江西、安徽一带。其发源地在潮州凤凰山区，后才迁居各地。故潮州一带畲民甚众，并保留了自己民族的风俗习惯。畲族妇女至今仍保持着富于特色的衣装打扮——凤凰装。而男性服饰已逐渐汉化。凤凰装为传说中盘瓠妻子赐予出嫁女儿一顶凤冠和一袭凤衣承袭而来。畲族妇女所穿“凤衣”是一种衣领、衣袖和衣边都绣上鲜艳花纹图案的上衣，双臂张开，形如一只展翅的飞凤。而足穿木屐，也是吸引外地入潮者之好奇，如康熙年间的苏州人孟亮揆在《潮州上元竹枝词》中也写有：“怪他风俗由来异，裙屐翩翩似晋人。”

简译 南方的女人挽髻赤足，男人下田时常裹头巾蔽日。人不分天晴下雨，裙屐翩翩，好似晋代的豪门贵族。

18. 潮州竹枝词

【清】宋徵璧[①]

新插芭蕉一两丛，女墙[②]多种木芙蓉[③]。

朱唇轻染胭脂色，爱嚼槟榔玉齿红。

①宋徵璧（1602—1672）：字尚木，清江苏华亭（今上海松江区）。康熙元年（1662）任潮州知府。

②女墙：庭院四周的短墙。

③木芙蓉：芙蓉花。落叶灌木或小乔木。叶大，宽卵形至圆卵形或心形，具钝圆锯齿，上面疏被星状细毛和点，下面密被星状细绒毛；托叶披针形，常早落。

题解 这首诗描绘了昔年潮州妇女的一些生活画面，从中可见清代潮州妇女风尚的一斑。潮州人过春节有“请槟榔大橘”的风俗习惯，即在客厅茶几或者桌面上放一盘柑橘和橄榄用以敬客。柑橘寓意为“大吉”，槟榔谐音为“宾临”，与大橘连接起来读，便成为“宾临大吉”的妙语。据乾隆《潮州府志》记载：“槟榔树高十余丈，皮似青铜，节如桂竹，森秀无柯，端顶有叶，叶似甘蕉”，其实味苦涩，而“亲朋来往，不具名酒，勿以为嫌；不设槟榔，便称简慢”，古代潮州人喜欢咀嚼槟榔，咀嚼时包上蒌叶。由于槟榔味辣而甘，且有去湿消暑、祛病杀菌的功效，故古代人们都用槟榔敬客。后渐在潮州消失，代之以橄榄，但名仍保留下来。

简译 新种上一二丛芭蕉，低矮的墙多种有木芙蓉。嘴唇因蒌叶汁染得红艳鲜润，爱嚼槟榔则使齿也红艳，口夹生香。

19. 龙虾

【清】赵执信[①]

神龙[②]好头角，何意落盘中。

莫讶[③]争相嗜[④]，人间尽叶公[⑤]！

①赵执信（1662—1744）：字伸符，号秋谷，清山东益都（今淄博市）人。康熙十八年（1679）进士，任翰林院检讨。28岁因佟皇后丧葬期间观看洪升所作戏剧《长生殿》，被劾革职，终身不仕。

②神龙：指龙虾。龙虾为南海特产，向为潮州菜佳肴。

③讶：惊奇，奇怪。

④嗜：喜欢，爱好。

⑤叶公：成语“叶公好龙”故事里的主角。

题解 第一次见到龙虾的人，可能都难免惊讶。鲁迅说第一个吃螃蟹的人是英雄。其实，螃蟹在江河湖海哪里都有，人们并不以为奇了。而那张牙舞爪的大龙虾，在动物世界里都堪当一霸，加上前面冠了个“龙”字，就等于是龙王爷的直系子孙，谁敢惹得？赵执信面对“真龙”，不知如何下手，自然想起汉代刘向在《新序》书里讲的“叶公好龙”的故事。古代这位叶先生是位龙的爱好者，家中收藏了许多龙的模型。真龙听说后很高兴，便挟风带雨来看他，吓得他屁滚尿流地逃掉了。由此观诗，寓意深远，是嘲弄下场可悲的豪强人物，同时还抨击了好唱高调却不干实事的利禄之徒。他的诗集《因园集》十三卷被收入《四库全书》中，这首诗因针对性强，被四库馆臣删去。

简译 这只“神龙”头角峥嵘，威风凛凛，怎么会落在这个盘中呢？大家争相吃着“神龙”，这没什么好奇怪的，人世间到处都有那叶公式的人物！

20. 潮州春思

【清】丘逢甲[①]

曲院[②]春风啜茗[③]天，竹炉[④]榄炭[⑤]手亲煎。

小砂壶[⑥]瀹[⑦]新鵖咀[⑧]，来试湖山处女泉[⑨]。

①丘逢甲（1864—1912）：字仙根，号沧海，祖籍广东蕉岭，生于台湾彰化，后落籍潮州。清光绪十五年（1889）进士，授工部主事。因反对与日本签订《马关条约》割让台湾，组织义军反抗日军。兵败内渡后，先后在潮梅等地兴办教育，倡导新学。擅诗，梁启超在《饮冰室诗话》中称他为“诗界革命一巨子”。

②曲院：隐僻幽静的庭院。

③啜（chuò）茗：饮茶。

④竹炉：指有竹篾做外壳护卫的红泥炉。

⑤榄炭：用橄榄核做煮水的炭。

⑥小砂壶：用砂土做成的小壶，即今潮州人泡茶时常用的红砂罐。

⑦瀹（yuè）：煮。

⑧鵖咀（jiāozuǐ）：茶名，指凤凰茶。

⑨处女泉：在潮州西湖内。水清味甘，泡茶最宜。饶锷《西湖山志》谓此泉“深居幽谷，从不见人，正如处女，故以处女名之。时有游虾逐队而出，泉

活故也”。因此，昔时潮城中很多老茶客皆往此处汲取活泉，甚至有专以挑运泉水为生者。

题解 诗中所绘是潮州人延续了数百年，至今仍常见的生活场景——烹茶，人称“工夫茶”。这首诗高度概括地描绘了诗人品工夫茶的时序、特定环境、冲泡器具、特殊燃料、茶品、西湖名泉以及品尝时的情景。《清朝野史大观·清代述异》称：“中国讲求烹茶，以闽之汀、漳、泉三府，粤之潮州府工夫茶为最。”翁辉东的《潮州茶经》称：“工夫茶之特别处，不在茶之本质，而在茶具器皿之配备精良，以及闲情逸致之烹制法。”工夫茶的茶具是“一式多件”，有茶壶、茶盘、茶杯、茶垫、茶罐、水瓶、龙缸、水钵、红泥火炉、砂姚、茶担、羽扇等12件，讲究产地、出品。茶壶多用江苏宜兴所产的朱砂壶，要“小浅齐老”；茶杯则要“小浅薄白”。工夫茶之工夫，全在茶之烹法。有所谓“十法”，即活火、虾须水、拣茶、装茶、烫盅、热罐、危冲、盖沫、淋顶与低釃。也有人概括为：“危冲下釃釃，刮沫淋盖，关公巡城，韩信点兵。”

潮州工夫茶不同于一般的喝茶，二者之异首先在于非同一般喝茶那样大口大杯地喝，而是小杯小杯地品味，品茶之意与其说为解渴，不如说在品味茶之香，在以茶叙情；其次，潮州工夫茶特别讲究食茶的礼节，待茶冲完，主客总是谦让一番，然后请长者、贵宾先尝，杯沿接唇，茶面迎鼻，闻茶之香，一啜而尽。

简译 在隐僻幽静的庭院、融和气氛的春天里饮茶，是用竹篾做外壳护卫的红泥炉、橄榄核炭来亲手煎水。用小砂罐冲凤凰茶的新品种鸕咀，来试一试这湖山处女泉的泉水怎样。

4.4 《潮汕文化读本（初中全一册）》体例与特点①

本教材编写时，依据潮汕乡土文化的形式、种类特点以及学生乡土文化学习的规律，遴选的内容力求正确、规范、审美性强，能够激发学生学习兴趣，为课堂教学提供空间和支持。本教材共收录潮汕地区当代名家名作22篇。教材内容涵盖潮汕地区的风土人情，充分展现了潮汕地区的文化特色。

一、教材的体例设计

本教材收录的22篇潮汕地区名家名作，按照“风土人情”的逻辑关系进行编排，每篇为一课。每课体例如下：课文、旁批、交流、注释、阅读导引、文化百科、活动探究、延伸阅读，各部分的具体功能如下。

◎课文

本教材所选取的作品均为体现潮汕文化前沿性的内容，而作者都为潮人，且是各个领域的名家，其文章能很好地彰显潮汕文化的特色。

◎旁批

主要对课文中的关键词进行批注，紧扣课文主题，每课安排2~3条。

◎交流

旨在引发随文阅读、思考，形式和内容稍有变化，每课安排1~2处。

◎注释

主要是作者简介及作品出处。

◎阅读导引

介绍课文的主要内容、思想，帮助学生理解课文。

---

① 本部分内容由欧俊勇编写。欧俊勇：揭阳职业技术学院副教授，《潮汕文化读本（初中全一册）》分册主编。

◎文化百科

选取从文本中延伸出来的有文化内涵的知识点，300 字以内，加经典图片。每篇文章均精选 2 个“文化百科”知识点。

◎活动探究

围绕课文中心内容所涉及的探索性、趣味性、实践性教学活动，根据文章不同的类型设计适应学生学习能力的活动。“活动探究”能够拓展学生的学习能力，帮助学生进一步理解课文。每个“活动探究”均提供活动提示，帮助学生完成探究任务。

◎延伸阅读

选择与课文相关的现当代名家作品，推荐篇目具有代表性和影响力，以扩大学生阅读时收获的信息量，增强课文的对话性。

二、教材的主要特点

1. 文本性与创新性

本教材最大的特点是文本性，选取潮籍名作家的名作，以潮人佳文说潮事，凸显了强烈的乡土特色。

一是凸显了联动性特点。本教材通过学习、交流和探究等互动方式，让家长、学生共同参与到阅读和体验中，如《故乡的擂茶》一文就启发学生了解潮汕美食文化，并且让学生和家长共同制作一道家乡菜。以本教材为纽带，学校和家庭产生了联动，知识和实践产生了联动。

二是教材内在结构的开放性和对话性。一方面，本教材没有灌输式地介绍地方知识，而是结合日常生活进行设计，让学生在阅读中体悟，通过学习和探索认识潮汕地方风土和岭南人文精神，如《明月水中来》一文，学生可以在阅读中了解作为潮汕日常生活习惯的工夫茶习俗背后的文化，更可以透过工夫茶理解岭南人文精神的传承。另一方面，注重本教材与义务教育教材的互动联系，拓展阅读面。如 7 ~ 9 年级义务教育教材课文《社戏》与本教材文章《当年乡里做大戏》同属于乡村民俗活动类型文章；《安塞腰鼓》与《扛标旗的少女——我的春节记忆》同属于民俗活动展演类型文章；《端午的鸭蛋》与《潮州小食》同属于饮食文化类型文章等等，学生将本教材与义务教育教材互读比较，可以拓展学生对义务教育教材知识的理解和学习，从这一层面上讲，本教材既是义务教育教材的有益补充，又可以共同提升学生的文化素养。

本教材的创新性体现在体式和内容上，突破了以往乡土读本分类介绍式的范式，采用以美文名篇为纽带介绍潮汕风土人情，让学生在共同的文化情景中了解潮汕文化。本教材选文范围广泛，视角新颖。既关注国内潮汕作家作品，又关注海外潮籍作家作品，如选取了泰国潮籍作家司马攻《明月水中来》、梦莉《寸草心》，中国香港专栏作家蔡澜的《潮菜天下》等著名散文作品，以及美国潮籍诗人非马的新诗《夜听潮州戏》等，这些作品都反映了海外潮籍作家对家乡深厚的情感；既有传统的文学样式，又吸纳了诸如流行歌词等文学作品，如将陈小奇创作的潮语流行歌曲《一壶好茶一壶月》《彩云飞》《苦恋》的歌词收录其中，这些脍炙人口的歌曲除了反映潮汕风情外，也融入中国古典文学的意境。

2. **审美性与实用性**

本教材所选文章均是名家名作，有不少是当代的文学大家，如秦牧、碧野、陈平原、郭启宏、陈小奇等，其文章蕴含着他们对潮汕文化深深的情意，表现了对潮汕文化美的审读。通过课文学习，可以提升学生的审美情趣，如郭启宏《潮音海韵》一文，深情地描绘了潮汕地区戏剧、歌册、歌谣、俚语、音乐及锣鼓等声音之美，这些美妙的声音让人“联想人世间许许多多的美好”。就实用性而言，本教材在课文设计上注重阅读与知识运用相结合，通过学习交流与活动探究，使学生能够充分提升自身的实践能力。如林墉《潮州小食》一文，其“交流”环节引导学生了解潮汕地区的重大节日所使用的不同粿品；“活动探究”环节引导学生通过调查，了解身边的潮汕小食，并通过制作简单的潮汕小食，提升学生的动手实践能力，认知和实践是本教材活动探究的核心内容。

3. **权威性与立体化**

本教材的作品均为体现潮汕文化前沿性的内容，而作者都为潮人各个领域的名家，很好地彰显了潮汕文化，具有很强的权威性，如著名民俗学家陈平原的《扛标旗的少女——我的春节记忆》、著名美食家蔡澜的《潮菜天下》、著名语言学家黄家教的《“厚茶”小议》、著名史学家黄挺的《石洲与梭船：作为环境艺术的广济桥》等。这些作者本身都是各个领域的专家学者，他们的作品对潮汕文化有着多角度的深入解读，其权威性不言而喻。

此外，本教材以名家名作引出潮汕文化的不同侧面，并从“阅读导引”“文化百科”到最后设置“活动探究”，层层递进，由点到面，读做结合，最后形成立体化的潮汕文化认知。如著名语言学家林伦伦教授的《李新魁师轶事》一文，“交流”环节引导学生结合选文认识潮汕腌制海味；在“阅读导引”环节中指导学生通过阅读了解著名语言学家李新魁教授高超的才学、儒雅的风采和真性情的人格魅力；“文化百科”则结合选文介绍潮汕地区近代教育和潮汕方言两个知识点；“活动探究”栏目的两个活动中，其一让学生回忆一位或者几位师长，并把一些相关往事记录下来，其目的是让学生在体会文章内容的同时，学会感恩和珍惜学习生活，其二让学生介绍潮籍学者或艺术家，使学生了解潮汕地区深厚的人文底蕴；“延伸阅读”则推荐了两篇介绍李新魁教授学术贡献的文章，有兴趣的学生可以通过课外阅读进一步了解李新魁教授和语言学学科。总之，选文的设计环环相扣，既满足了学生的阅读需要，又提升了学生的学习情趣和动手能力，使学生对地方文化有立体化的认知。